1.

Aussi loin que je remonte dans mes souvenirs d'enfant, je ne me vois pas entourée de mes parents. Mon frère Alain et moi avons bien des parents, oui, mais ils n'apparaissent qu'une fois par semaine, et jamais ensemble. Notre mère le jeudi après-midi, notre père le dimanche.

Nous sommes élevés par notre grand-mère maternelle, Félicité. Nous habitons Yerres, une commune voisine de Villeneuve-Saint-Georges, dont les petits pavillons de meulière débordent de chèvrefeuille et de glycine au printemps. C'est même l'une des premières images qu'enregistre ma mémoire – cette beauté de la glycine dans l'odeur chaude et sucrée des pivoines et du chèvrefeuille. J'ai peut-être trois ans. Est-ce ce jour-là, précisément, que j'ai ouvert les yeux sur le monde ? Il se résume alors au jardin de ma grand-mère qui me semble immense et féerique avec ses grappes de fleurs mauves, ses massifs colorés, ses pommiers, son groseillier, et le sophora sous lequel on se tient à l'ombre pour le goûter.

Félicité nous aime plus que tout et c'est sans doute pourquoi elle nous garde jalousement auprès d'elle, se méfiant des gens de la rue, et du monde extérieur en général. D'ailleurs, je ne vais pas à l'école les premiers temps, et c'est elle qui m'apprend à lire et à écrire. Outre les promenades dans la forêt toute proche où nous allons ensemble cueillir les champignons et le muguet, nous rendons visite à sa grande amie qui tient un salon de coiffure dans l'avenue commerçante. Cette femme est voyante à ses heures perdues, et j'observe, sans bien comprendre, combien ma grand-mère apprécie ses prophéties. Il semble que toutes les planètes se soient donné rendez-vous au-dessus de ma tête pour faire de moi une enfant bénie, une enfant chanceuse. Félicité abonde.

— Ah ! s'exclame-t-elle, je le savais ! Je le savais !

Et dans ces moments d'euphorie son visage sombre, fermé et têtu, s'illumine soudain, comme touché par la grâce.

— Cette petite, dit un jour la coiffeuse, elle aura la toison d'or !

Qu'espérer de plus que la « toison d'or » ? Rien, sûrement, puisque par la suite ma grand-mère me répétera inlassablement :

— Ma chérie, n'oublie pas que tu as la toison d'or.

Elle ne doute pas une seconde que j'aurai un destin flamboyant et, aujourd'hui, avec le recul, je devine combien la confiance qu'elle met en moi a dû m'aider à prendre de l'assurance, à grandir.

Parce que ce ne sont pas les visites de notre mère qui y ont beaucoup contribué.

Elle arrive le jeudi en fin de matinée par l'autocar, et nous descendons tous les trois l'attendre à l'arrêt, Alain, qui a deux ans de plus que moi, marchant devant, ma grand-mère et moi nous tenant par la main. Quel éblouissement lorsque je la vois surgir ! Élégante, solaire, nous enivrant bientôt de son parfum délicieux. Est-ce à cela que ressemble Paris ? Toutes les femmes, là-bas, ont-elles la beauté de maman ?

Nous ne sautons pas dans ses bras, et elle ne nous étreint pas en tremblant, la larme à l'œil, comme si elle avait attendu ce moment toute la semaine en se retenant de pleurer. Non, pas du tout.

— Bonjour mes enfants, souffle-t-elle, déposant sur notre joue, ou parfois seulement sur notre front, un baiser discret de ses lèvres écarlates.

Elle est heureuse, néanmoins, elle sourit, mais elle ne cache pas son agacement lorsqu'il lui faut écouter ce que lui dit sa mère, notre grand-mère.

— Oui, maman, oui, et que veux-tu que j'y fasse ?

Puis nous remontons vers la maison, tenant la main de maman, cette fois, tandis que Félicité trottine derrière nous dans ses habits noirs de vieille dame.

Je n'ai pas vraiment le souvenir de ce que nous racontons durant le déjeuner, mais ensuite nous sortons faire le tour du jardin et là maman s'enquiert de nos progrès. Alain a plutôt de bonnes notes à l'école, et moi je lis maintenant *La Semaine de Suzette*, et bien d'autres livres, sans buter sur aucun mot.

— Tu veux que je te montre, maman ?

— Eh bien, oui, voyons.

Aussitôt après le goûter, nous la raccompagnons à l'autocar. Avant de nous dire au revoir, elle remet notre « pension » à notre grand-mère, quelques billets sans lesquels Félicité n'aurait pas les moyens de nous entretenir. Sa visite n'a duré que quelques heures, mais nous ne sommes pas tristes. En tout cas, je n'ai pas gardé le sentiment d'un chagrin quelconque en la voyant repartir. Elle ne nous raconte jamais rien d'elle, nous ne savons rien de sa vie à Paris, tandis que la nôtre est ici, à Yerres, où nous ne manquons pas d'affection.

Le dimanche, c'est au tour de notre père de nous rendre visite. Il arrive au volant d'une petite Simca qu'il a surnommée « Titine », aussi entreprenant et joyeux que notre mère est réservée. Pourtant, il lui faut affronter Félicité qui ne l'aime pas, qui n'aime aucun homme en vérité, découvrirons-nous par la suite, les classant en deux catégories : les cons et les salauds. Notre père fait partie des premiers, aux yeux de notre grand-mère, pour n'avoir pas su, apprendrons-nous bientôt, retenir sa femme, notre mère.

À peine nous a-t-il embrassés qu'il nous emmène en promenade à bord de Titine, abandonnant Félicité à son ressentiment. Il est affectueux, volubile et drôle, mais il me semble que je devine très vite qu'il en fait un peu trop, comme pour nous cacher quelque chose de grave. Et d'ailleurs, il invoque sans cesse son cœur, son « palpitant », dit-il, qui le fait souffrir, pour s'excuser de ne pas courir, de ne pas jouer plus ardemment avec nous. S'il a été un homme plutôt rond aux premiers temps de son mariage, comme je le constaterai plus tard sur les quelques photos dont nous hériterons, il est à présent émacié, et très beau, dans mon regard d'enfant du moins, avec ses yeux d'un bleu profond et cette veste de lainage dans les tons gris-bleu qu'il porte chaque dimanche.

Lorsqu'il s'en va, il y a soudain comme un voile de tristesse qui obscurcit notre ciel, l'ombre de son propre chagrin, me dis-je aujourd'hui, sachant combien il a souffert du départ de notre mère, mais en ce temps-là je ne mets pas de mots sur cette espèce de mélancolie qui me serre le cœur à l'instant où nous agitons la main, tandis que Titine disparaît en cahotant au coin de notre rue et que nous l'entendons encore pétarader dans la grande descente.

Et puis je rentre à l'école. Directement en 9e puisque je sais lire, écrire et compter. Et je découvre alors combien je suis différente. Tandis que les autres vivent avec leurs deux parents, les miens sont pleins de mystère, étrangers et lointains. Je pourrais souffrir de cette singularité, mais j'en éprouve au contraire une forme de fierté. Je trouve intéressant d'avoir une histoire qui ne ressemble à aucune autre, qui me rappelle peut-être celles des livres d'Hector Malot, *Romain Kalbris*, *Sans famille*, où l'on suit les aventures bouleversantes d'enfants frappés par le destin, faisant ainsi de moi une héroïne.

Cette curiosité pour ma propre histoire, qui m'apparaît à ce moment-là et ne va plus cesser de m'aiguillonner dans la vie, me pousse à me singulariser encore plus, comme pour mieux me faire remarquer. Quand on nous demande cette année-là de remplir une fiche d'identité, j'écris en grosses lettres « Étrangère » à la rubrique « Nationalité ».

— Ah bon, tu n'es pas française ? s'étonne l'institutrice. De quelle nationalité es-tu ?

— Bourguignonne !

Je ne sais pas où se situe la Bourgogne, mais j'ai entendu mon père dire que les Barrault étaient originaires de Bourgogne et cela m'a paru immédiatement captivant.

Un autre jour, j'enfile la somptueuse robe de taffetas rose que m'a rapportée ma mère de Paris. Je ne suis pas idiote, j'ai déjà vu des mariages, je sais bien que c'est une robe de petite fille d'honneur, une robe de princesse en quelque sorte, mais c'est justement ce que je veux être, peut-être pas une princesse, non, tout de même, mais une petite fille différente dont la lumière irradie aussitôt qu'elle apparaît.

Ma grand-mère en perd un peu le souffle.

— Enfin, Marie Christine, tu ne vas pas mettre cette robe pour aller à l'école ?

— Si ! Maman ne me l'a pas défendu.

— Enlève ça tout de suite, je t'en supplie.

— Non ! Non et non !

Me souvenant aujourd'hui, tant d'années après, avec quelle force je m'agrippe à ma robe, ce matin-là, je vois combien j'ai déjà besoin de l'attention des autres, de leurs regards sur moi, pour me sentir vivre. Comme si, rejetée dans l'ombre, je craignais de disparaître, absorbée par la nuit.

Ce n'est pas de l'orgueil, ni le sentiment d'être supérieure aux autres, oh ! non, car j'ai si peu confiance en moi, dans le même temps, que je me tords les chevilles aussitôt que je sens peser dans mon dos un regard quelconque. Je crois que je pressens confusément que la vie est une chose à conquérir, la mienne en tout cas, que de gros nuages s'amoncellent au-dessus de ma tête, et que je vais devoir ouvrir grand les yeux et me dresser de toute ma hauteur si je veux qu'on prête attention à ma petite personne.

Parfois, le dimanche, papa n'est pas tout seul : il arrive accompagné d'un couple dont les visages me semblent auréolés d'étoiles. Jean-Louis est le frère de notre père, mais tandis que papa semble fatigué la plupart du temps, les yeux de notre oncle flambent d'impétuosité, d'intelligence, de passion. Quand notre père se tient en retrait, acquiesçant silencieusement et souriant, Jean-Louis paraît tenir le monde à ses pieds et s'en amuser, s'amuser de tout. Quant à sa femme, Madeleine, ma marraine, m'a-t-on dit, elle m'évoque notre mère par son élégance, son raffinement, et aussi par cette espèce de distance qu'elle met entre elle et nous et qui semble bien être la marque des « dames » de Paris.

Ah ! oui, Jean-Louis est un peu le roi du monde. D'ailleurs, il faut voir le sourire de papa quand il parle de son jeune frère ! Sa fierté, sa suffisance presque, comme si Jean-Louis était un demi-dieu, un magicien, et qu'être le frère d'un tel homme vous ouvrait les portes du ciel. Et papa n'a pas tort puisque Madeleine et Jean-Louis arrivent généralement les bras chargés de cadeaux extravagants qu'on n'a jamais vus en France : des marionnettes en plastique, des poupées aux couleurs flamboyantes, des chapeaux invraisemblables, des vêtements dans ce gros tissu bleu qu'on appelle du « jean »... « Et tout ça rapporté d'Amérique », répète notre père comme pour s'en convaincre lui-même. « L'Amérique, confirme Jean-Louis, c'est de la folie ! Il faut le voir pour le croire. »

Un jour, comme s'ils avaient voulu nous faire partager la démesure de ce continent lointain, tous les trois surgissent à bord d'une époustouflante Chevrolet décapotable. Jean-Louis et Madeleine l'ont achetée là-bas. C'est peu dire que la pauvre Titine est écrasée, ridiculisée, elle que nous devons démarrer à la manivelle. Non seulement la Chevrolet, dans laquelle nous nous engouffrons pour une promenade, démarre d'un simple tour de clé, mais il suffit d'appuyer sur un bouton pour descendre les glaces. « Et attendez, nous dit Jean-Louis, vous n'avez encore rien vu. » Un autre bouton, et voilà que la capote s'envole au-dessus de nos têtes pour aller se lover toute seule derrière la banquette arrière. Alors là, nous en restons sans voix !

Ce doit être mai ou juin, car ensuite tout l'après-midi nous roulons les cheveux dans le vent, ivres de bonheur et de fierté, papa chantant entre nous deux sur la banquette arrière. Puis le ciel se couvre, on parle d'un orage, et déjà les premières grosses gouttes viennent nous fouetter le visage. « Miracle de la capote ! » s'écrie alors Jean-Louis. Oh ! oui, miracle de l'Amérique, nous ne craignons rien dans notre Chevrolet ! Mais quand il écrase le bouton du tableau de bord, le miracle ne se produit pas. La capote reste obstinément tapie dans son logement tandis que des éclairs déchirent le ciel et que des trombes d'eau commencent à s'abattre dans l'habitacle.

C'est à bord d'une baignoire que nous regagnons la petite maison de Félicité. « Mes pauvres enfants ! Mes pauvres enfants ! » clame-t-elle en s'affairant. Et tandis qu'elle nous frictionne de la tête aux pieds, nous fait chauffer du lait, elle n'a pas un mot de réconfort pour les deux hommes responsables de ce pitoyable naufrage. « Des imbéciles en plus du reste », doit-elle songer.

C'est pourtant cette même Félicité qui nous conduit un après-midi au petit cinéma du patronage, à l'autre bout de la rue, voir notre oncle Jean-Louis. « Ah ! cet après-midi, nous allons voir votre oncle. » Cela semble la réjouir, et je ne comprends pas pourquoi. Comme je ne comprends jamais ce que dit notre père lorsqu'il s'exclame, plein de fierté : « Jean-Louis et Madeleine rentrent de tournée. Ils ont été ovationnés, ce sont d'immenses acteurs ! » Acteurs ? Je ne sais pas ce que ça veut dire. Je ne suis jamais allée au cinéma. C'est la première fois. D'où va donc surgir notre oncle Jean-Louis ? Se peut-il qu'il nous rejoigne au patronage au volant de sa Chevrolet ?

Ma stupéfaction lorsque je le reconnais sur l'écran !

— Mais c'est le frère de papa ! C'est Jean-Louis !

— Oui, ma chérie, je t'ai dit que nous allions le voir... Et maintenant tais-toi, on n'a pas le droit de parler au cinéma.

Le frère de papa ! Alors là, je n'en reviens pas. Le film s'appelle *Les Enfants du paradis*, et mon oncle y interprète un acteur de théâtre...

Je crois que c'est à peu près tout ce que je retiens de l'histoire, trop petite pour en saisir la complexité – je dois avoir sept ans cette année-là – mais surtout sidérée de voir mon oncle dans une vie que je ne lui soupçonnais pas, et aussi embrassant une autre femme que Madeleine.

Cependant, c'est peut-être ce jour-là que commence à s'enraciner dans mon esprit, insensiblement, et sans que je sois capable de le formuler, bien sûr, l'idée que pour être vu, pour échapper à la nuit, c'est là qu'il faut être, dans le cinéma, sur l'écran. Bien plus sûrement que dans ma robe de princesse en taffetas rose... Dans les mois qui suivent, je repense sans cesse à l'émotion qu'a suscitée en moi ce premier film, *les émotions*, devrais-je écrire, de la curiosité nouvelle que m'inspire mon oncle Jean-Louis aux petites étoiles qui s'allument désormais dans mes rêves lorsque j'entrevois que moi aussi... enfin peut-être... je ne sais pas.

Comment découvrons-nous, Alain et moi, que nous avons deux petites sœurs ? La chose ne nous est pas dite officiellement. Aucun des adultes que nous côtoyons ne prend la peine de nous expliquer quoi que ce soit. Nous le comprenons petit à petit, mais sans parvenir à le formuler clairement parce que nous n'avons pas les mots. Juste des images dont je devine aujourd'hui dans quel état de trouble elles doivent nous précipiter sans que nous en ayons conscience.

Parfois, plutôt que de venir le jeudi, notre mère vient le samedi après-midi. Mais dans ce cas, elle est accompagnée d'un monsieur et de deux petites filles. Ce sont des visites bien plus cérémonieuses que celles du jeudi, car, en dépit de la rancœur que semble éprouver notre grand-mère pour cet homme, elle dresse la table de jardin sous le sophora pour offrir du thé et des petits-fours aux visiteurs. Le monsieur ne nous a pas été présenté, bien qu'il soit mon parrain, paraît-il (mais comment un homme qui m'est si étranger peut-il être mon parrain ?), il n'a pas de nom dans mon souvenir, nous ne l'appelons pas. Les petites filles se prénomment Anne-Catherine et Emmanuelle. Bien qu'elles vouvoient notre mère, elles l'appellent « maman ». Nous devrions, sans doute, en déduire qu'elles sont ses filles, et donc nos sœurs, mais puisque aucune voix autorisée ne le dit, nous n'allons pas jusque-là. À six ou sept ans pour moi (et deux de plus pour Alain), je suppose qu'exprimer ce lien tout haut serait un saut dans l'inconnu qui nous épouvante.

Quant au monsieur, il se fait également appeler « papa » par Anne-Catherine et Emmanuelle. Et vouvoyer aussi. Il n'a rien de commun avec notre père, si lumineux, si tendre et fantaisiste, c'est un homme très brun, sévère, aux sourcils broussailleux et sombres, et qui ne semble guère enclin à plaisanter.

Quand ils sont là, tous les quatre, Alain et moi nous rapprochons insensiblement de notre grand-mère. Je crois que nous n'envions pas les petites de devoir vivre sous l'autorité d'un tel père (et de notre mère ?), nous qui avons la chance d'avoir rien que pour nous l'amour inépuisable d'une Félicité. C'est à peu près tout ce que nous inspirent ces deux fillettes avec lesquelles nous nous gardons bien de jouer, bien qu'elles n'aient que deux et trois ans de moins que moi.

Et soudain, au printemps 1952, alors que je viens de fêter mes huit ans, notre mère nous fait cette annonce incroyable tandis que nous remontons avec elle de l'arrêt de l'autocar : « À la rentrée, vous allez venir vivre à Paris avec nous. »

Je crois que l'excitation l'emporte immédiatement dans mon esprit sur le chagrin, que j'entrevois à peine, de devoir quitter notre grand-mère. Paris ! Je vais donc découvrir Paris ! Une nouvelle vie va commencer et je suis assez grande pour en éprouver le désir et le vertige.

Puis l'annonce fait lentement son chemin, éclairant ici et là quelques zones d'ombre. « Vivre avec nous », a dit notre mère. C'est indiquer qu'elle vit avec l'homme aux gros sourcils et les deux petites. C'est suggérer à demi-mot que celles-ci pourraient être leurs filles à tous les deux, n'est-ce pas, et donc nos sœurs. Je ne formule sûrement pas les choses si explicitement, mais je devine sans doute que ces quatre-là vont être désormais notre famille.

« J'ai enfin trouvé un appartement assez grand pour nous abriter tous », a ajouté notre mère pour justifier notre rapatriement. Je me répéterai cette phrase durant des mois, des années, avant de parvenir à mettre le doigt sur la blessure sournoise qu'elle a ouverte : notre mère nous aurait donc abandonnés toute notre petite enfance à Yerres, finirai-je par me dire, simplement parce qu'elle n'avait pas de quoi nous loger. Est-ce possible ? Notre mère aurait donc préféré se passer de nous, huit années durant, plutôt que de partager avec nous un logement trop petit. Trop petit pour nous, mais suffisamment spacieux, malgré tout, me dirai-je aussitôt, pour héberger nos deux sœurs…

Bon, mais je n'en suis pas encore là de mes réflexions tandis que je vis mon dernier printemps chez Félicité. Il me semble que j'en suis seulement à me demander ce que va devenir papa dans tout ce chambardement. Et quelle place va désormais tenir dans ma vie l'homme aux gros sourcils, mon soi-disant parrain. Est-ce que je m'interroge déjà sur la façon dont il est entré dans la vie de notre mère ? sur la façon dont il a pris la place de notre père ? sur la façon dont ils ont eu nos petites sœurs, lui et maman, pendant que nous étions tranquillement en train de cueillir des champignons avec Félicité ? Non, c'est trop tôt, je crois que je suis dépassée par l'ampleur des événements.

2.

À la rentrée scolaire, Alain et moi emménageons dans le fameux appartement trouvé par notre mère. Pour être grand, il l'est, oui, à tel point qu'on se perd un peu, le premier jour, entre le salon immense et cérémonieux au milieu duquel trône un piano à queue, la salle à manger, l'office, la cuisine et les multiples pièces que distribue le long corridor.

« Voici ta chambre, tu la partageras avec tes sœurs », m'a indiqué maman en s'effaçant pour me laisser découvrir les lieux.

Elles sont donc bien mes sœurs, c'est enfin dit. Quant à la chambre, elle est spacieuse, certes, mais je dois tout de même me faire à l'idée de cohabiter désormais avec deux petites filles que j'ai soigneusement ignorées jusqu'à présent.

C'est une surprise, mais je vais de surprise en surprise, de sorte que l'une chassant l'autre j'ai un peu le tournis. À peine ma valise défaite sous l'œil des deux petites, me voici présentée à Julienne, notre femme de chambre et gouvernante. Puis à Marcelle, notre délicieuse cuisinière à l'accent rocailleux, découverte dans la cuisine occupée à préparer un petit salé aux lentilles. En somme, et si je devine bien, Alain et moi venons de passer sans préambule des soupes de légumes et compotes de pommes du jardin de notre vieille Félicité, et de sa petite maison de banlieue chauffée au poêle à charbon (que l'on remonte de la cave), à la comtesse de Ségur, Anne-Catherine et Emmanuelle dans le rôle des petites filles modèles, et moi dans celui de Sophie. D'ailleurs, le soir, notre mère se met au piano, et nous sommes bientôt priés de l'accompagner en chantant des chansons de Prévert et de Kosma…

Nous habitons boulevard Murat, dans le prestigieux triangle d'Auteuil, et je passe donc de l'école communale de Yerres au cours Dupanloup, sis au milieu d'un parc somptueux en lisière du bois de Boulogne. Dupanloup est tenu par des religieuses, les Dames de Saint-Maur, qui ne plaisantent pas avec l'éducation des jeunes filles, et je troque donc ma robe de taffetas rose et ma blouse grise d'écolière de la République contre une jupe plissée bleu marine, un chemisier blanc assorti aux socquettes et un chapeau !

L'homme sévère aux sourcils broussailleux – mon « beau-père » – s'appelle Jean Domec. Mais je continue à ne pas l'appeler, à ne pas le voir. Pourtant, il nous a aussitôt ouvert son cœur, manifestement soucieux de nous donner toute notre place dans la nouvelle organisation, et sans doute aussi de rattraper le temps perdu.

— Je dois te donner trois fois plus d'affection, m'a-t-il dit dès la première semaine, me prenant à part et soucieux sans doute de m'amadouer, puisque je suis à la fois ton parrain, ton beau-père, et un peu ton papa.

Mon papa ? Sûrement pas ! Au lieu de m'attendrir, sa déclaration m'a révoltée. Je ne veux pas de son affection, je ne veux rien de cet homme, et je persiste donc à ne pas le nommer. Ce n'est pas facile de vivre sous le même toit que quelqu'un que l'on ne peut ni désigner ni interpeller par un nom quelconque, mais je me débrouille et cela témoigne à mes yeux d'un esprit de résistance qui ne va plus me lâcher.

Je me bats confusément pour mon père dont il a pris la place, me berçant d'une colère aveugle et têtue d'enfant. Aujourd'hui, avec le recul, je vois combien j'ai été dure à l'égard d'un homme qui a constamment voulu bien faire dans une position difficile, et n'a jamais été injuste ou déloyal avec nous. Mais c'est que de nouveau on ne nous explique rien de la situation, nous laissant nous débattre dans des chagrins que nous devinons sans les comprendre, et des sentiments qui nous dépassent.

Comment nos parents en sont-ils venus à se séparer ? Comment s'aimaient-ils avant que tout cela ne survienne ? Avant ma naissance, en somme ? Jean Domec a-t-il joué un rôle dans leur rupture ? Rien. Maman ne nous dit rien. D'ailleurs, la première fois que je l'entendrai prononcer le mot « divorce », ce sera vingt ans plus tard pour évoquer mon propre divorce. Du sien d'avec notre père, pas un mot, jamais. Comme si leur amour, leur mariage, leur bonheur, nos deux naissances, celle d'Alain en 1941, la mienne en 1944, n'avaient jamais existé.

C'est devenue femme, et après être tombée sur des lettres déchirantes de notre père à maman, que je commencerai petit à petit à découvrir leur histoire, notre histoire à Alain et à moi, et le drame qu'a été leur séparation pour papa.

Ils se rencontrent au milieu des années 1930. L'un et l'autre musiciens, l'un et l'autre artistes. Maman, prénommée Marthe, est la fille unique du peintre Georges Valmier (1885-1937) et de Félicité. Douée pour le chant, objet d'adoration pour son père qui la prend pour modèle à maintes reprises, elle démarre très tôt le piano. Elle se destine sans doute à devenir concertiste, compose et chante en s'accompagnant au piano, et se produit au Théâtre de Dix Heures, boulevard de Clichy. C'est à travers la musique, semble-t-il, qu'elle fait la connaissance de papa. Max Barrault chante remarquablement, et il est séduit par la jeune femme qui l'accompagne ce jour-là au piano. Il est lui-même le fils d'une mère pianiste à ses heures et d'un beau-père violoniste amateur, élevé donc entre Saint-Saëns, Chopin et Massenet. Notre père ne deviendra pas comédien, comme son frère cadet Jean-Louis, mais administrateur de différents théâtres, et il organisera après la guerre des tournées restées mémorables à travers l'Allemagne en reconstruction (à l'époque où Alain et moi habitions Yerres avec notre grand-mère Félicité).

Marthe et Max se marient en 1937 (l'année où meurt le père de Marthe). Ils forment un couple joyeux, fantaisiste, que l'on croise avec bonheur dans la vie parisienne d'avant guerre, très lié à Jean-Louis que l'on voit beaucoup sur les planches et qui tourne alors avec Marc Allégret, Abel Gance, Sacha Guitry et Marcel Carné. Ils sont impatients d'avoir un enfant, mais devront attendre quatre ans avant que Marthe tombe enceinte (et ce sera mon frère Alain). Comme Jean-Louis, qui rencontre Madeleine Renaud peu avant l'embrasement de l'Europe, nos parents traversent la guerre dans une relative indifférence, ne s'engageant ni dans la Collaboration ni dans la Résistance.

Jean Domec, notre futur beau-père, est alors un ami de nos parents, et un partenaire de papa aux échecs. Quand je vois le jour, le 21 mars 1944, il accepte d'être mon parrain (je découvrirai tout cela bien après sa mort). Est-il déjà épris de maman, la femme de son ami ? C'est bien possible puisque deux années seulement séparent ma naissance de celle de ma sœur Anne-Catherine. Dans ses lettres si douloureuses à notre mère, papa écrira avoir même douté un temps être mon véritable père.

Jean Domec et maman démarrent en tout cas une liaison peu après ma naissance. Ceux qui ont connu nos parents à cette époque témoignent qu'ils semblaient toujours très attachés l'un à l'autre, que rien ne laissait deviner qu'ils allaient se séparer, ce qui me fait penser que si maman cède à son penchant pour Jean Domec, elle n'est pas prête pour autant à quitter notre père. Sa troisième grossesse, qui n'était pas prévue, est sans aucun doute vécue dans un premier temps comme un « problème ». Tandis qu'Alain et moi sommes confiés à notre grand-mère Félicité, avec l'intention de nous reprendre rapidement, sans doute, maman accouche d'Anne-Catherine qu'elle place aussitôt en nourrice dans le souci évident de réfléchir et de s'organiser.

J'imagine qu'à ce moment-là elle n'a encore pris aucune décision quant à sa vie sentimentale, très amoureuse de notre futur beau-père, sûrement, mais toujours profondément liée à notre père. C'est la grossesse suivante, survenant quelques mois seulement après la naissance d'Anne-Catherine, qui va la contraindre à choisir, scellant alors son engagement auprès de Jean Domec. Quand Emmanuelle vient au monde, en juin 1947, elle reprend Anne-Catherine, s'installe avec notre beau-père, et commence alors cette vie familiale qui nous semble si lointaine et mystérieuse vue depuis notre exil de Yerres. Elle n'avait sans doute pas prévu de nous y laisser si longtemps – huit années finalement –, mais les rebondissements de sa vie ont de toute évidence décidé pour elle.

L'homme qui nous accueille boulevard Murat, me faisant très vite cette déclaration – « Je dois te donner trois fois plus d'affection puisque je suis à la fois ton parrain, ton beau-père, et un peu ton papa » –, est assurément pétri de culpabilité. Avec le recul, je comprends quel drame a dû être pour lui la grande histoire d'amour de son existence : il a dû, pour la vivre, trahir la confiance de son ami, notre père, briser une famille et briser son propre couple (dont nous ne saurons jamais rien, si ce n'est qu'il n'y avait pas d'enfant). Or Jean Domec, je l'ai compris très vite, est un homme profondément moral, profondément croyant, et constamment soucieux de faire le bien autour de lui.

Il ne prend d'ailleurs pas ombrage de la guerre de tranchées que je lui livre, comme s'il la trouvait légitime. Dès les premières semaines, il nous manifeste, à Alain comme à moi, une attention qui nous semble plus appuyée que celle qu'il porte à ses deux filles. Non seulement il ne fait pas de différence, mais il paraît nous privilégier.

Sous son autorité, car il ne transige pas avec l'éducation et les « principes », notre vie prend du jour au lendemain un tour complètement nouveau. Les enfants ne parlent pas autour de la table familiale, sauf s'ils y sont invités, et en ce cas les questions portent essentiellement sur notre scolarité. Ni télévision ni radio ni journaux ne sont admis à la maison (Alain, surpris en train de lire *Le Journal de Tintin*, se souvient encore de la sèche admonestation de notre beau-père). Et pour ce qui concerne la musique, un professeur, Suzanne Dieudonné, vient nous enseigner le solfège à la maison afin que nous puissions chanter les soirs où notre mère se met au piano, et jouer un peu nous-mêmes. Notre mère, qui a complètement cessé de jouer en public, qui a renoncé à mener une carrière artistique, comme elle le faisait au temps de papa, apprendrons-nous bien plus tard, car son nouveau mari, qui prend grand plaisir à nous écouter jouer et chanter, ne veut pas qu'elle travaille. Elle est son épouse, se préoccupant des enfants et tenant son foyer, ce qui se résume à donner des instructions aux « domestiques » et à « recevoir ».

Notre beau-père nous assure à tous un train de vie confortable, nous ne manquons de rien, mais c'est au prix d'un travail acharné. Ingénieur, d'origine bordelaise, il a créé sur les rives de la Gironde, au lendemain de la guerre, une usine de moteurs Diesel. Ses bureaux, cependant, sont à Levallois, de sorte qu'il partage ses semaines entre Bordeaux et Paris.

Les week-ends, Alain et moi repartons pour Yerres visiter notre vieille et fragile Félicité (je revois encore Alain la poussant pour l'aider à grimper la côte depuis l'arrêt de l'autocar). Je suppose que c'est un engagement qu'avait dû prendre maman pour compenser l'immense chagrin qu'a eu notre grand-mère lorsque nous sommes partis. Elle ne s'attendait sans doute pas à nous avoir pour toujours, mais, les années passant, Alain et moi étions devenus toute sa vie. Comment supporter de nous perdre alors qu'elle nous avait élevés, complètement élevés ? Et comment réorganiser si brusquement sa vie dans la solitude, autour du vide abyssal que nous avions laissé ? Nous mesurons combien nous lui manquons à ses larmes, chaque vendredi soir, lorsque nous descendons de l'autocar et qu'elle nous aperçoit.

— Oh ! mes chéris ! mes chéris !

Elle nous presse contre son cœur, elle nous a préparé pour dîner ses fameuses pommes de terre sautées et sa compote de pommes, et le poêle à charbon ronfle, et nos chambres sont bien chauffées, et puisque c'est l'automne, pourquoi n'irions-nous pas aux champignons samedi comme autrefois ?

Pour nous qui grandissons désormais dans l'esprit raffiné de la bourgeoisie d'Auteuil, Alain au lycée Claude-Bernard, moi à Dupanloup, ces pèlerinages dans notre existence passée ont un goût étrange. Nous éprouvons soudain la simplicité de notre vie d'avant, nous regrettons secrètement d'être systématiquement privés de week-ends avec nos nouveaux amis d'école, et en même temps nous sommes touchés par l'émotion de notre grand-mère, par cette forme d'amour tendre et charnel que notre mère ne nous donne pas. Je crois que nous nous sentons partagés, une partie de notre âme abandonnée à Yerres, dans l'immobilité du souvenir, l'autre s'enracinant et grandissant dans l'éblouissement de tout ce que nous découvrons à Paris.

Partagés, et même déchirés, lorsque certains dimanches soir notre père surgit au volant de sa vieille Titine pour nous ramener boulevard Murat. Papa que nous ne voyons plus, comme autrefois, tous les dimanches. Papa qui est sorti de notre vie, insensiblement, sans que rien soit jamais formulé. Il profite de ce *no man's land* entre Yerres et Paris pour partager un moment avec nous et nous épargner le triste retour en autocar.

— Papa !

Avec quel bonheur nous lui sautons dans les bras !

Mais il a encore maigri, et on voit bien le mal qu'il se donne pour rire, pour dissimuler son chagrin, alors que ses yeux sont fatigués et vides.

Il s'enquiert de notre nouvelle vie, de nos progrès à l'école, et c'est comme cela que je prends conscience, un de ces dimanches soir d'hiver, qu'il ne voit plus nos bulletins scolaires, que nous l'avons, sans le vouloir, chassé de notre vie. C'est notre beau-père qui signe désormais nos relevés de notes, comme il décide de tout pour nous sans que jamais l'existence de papa soit mentionnée par maman ou par lui.

Quand apprenons-nous que notre père souffre d'une sclérose en plaques ? Il me semble que nous comprenons petit à petit qu'il est atteint d'une maladie dont le nom n'est pas prononcé, au début du moins. Une maladie dont nous ne mesurons pas la gravité, ne soupçonnant pas un instant, bien sûr, qu'elle pourrait l'emporter. Lui continue à se plaindre de son cœur, et aujourd'hui j'entends ce qu'il nous dit : maman et Jean Domec lui ont brisé le cœur, la maladie dont il souffre, dont il ne parvient pas à se relever (jamais il ne refera sa vie), est donc bien logée là, dans son cœur.

À Dupanloup, je me fais ma première amie, Françoise-Marie. Je crois que nous nous reconnaissons au premier coup d'œil, l'une et l'autre un peu rondes, comme encombrées par notre corps, déjà, et ne portant pas l'uniforme avec l'élégance d'autres filles. Françoise-Marie est la dernière d'une famille de douze enfants. Comme elle habite un hôtel particulier à trois pas de Dupanloup, je la raccompagne jusque chez elle, et puis, les mois passant, je prends l'habitude d'entrer et de partager le goûter familial. Sa mère, qui a plutôt l'allure d'une grand-mère à mes yeux, nous reçoit avec chaleur. Elle irradie la bonté, la générosité, et elle prend visiblement plaisir à nous voir engouffrer nos tartines de confiture tout en écoutant bavarder les frères et sœurs de Françoise-Marie, beaucoup plus âgés que nous et, pour la plupart, étudiants.

C'est ici, dans cette maison, que je prends lentement conscience que le monde n'est pas aussi aseptisé que notre mère et notre beau-père nous le laissent croire. Ici, des journaux traînent sur toutes les tables, la radio est souvent allumée, et surtout, surtout, les « grands » parlent politique, à voix forte, sans complexe, se coupant brutalement la parole lorsqu'ils ne sont pas d'accord entre eux. La guerre d'Indochine (dont j'ignore alors l'existence) doit être sur la fin, car je les entends avec ravissement évoquer le nom de Mendès France, l'idole de ma grand-mère Félicité, et donc mon idole également, pour avoir instauré le verre de lait dans les écoles de Yerres (et peut-être ailleurs, mais je n'en suis pas certaine à ce moment-là). Je ne saurais sûrement pas dire le nom du président de la République, mais je connais celui de Mendès France.

Notre famille, en comparaison de celle de Françoise-Marie, m'apparaît bientôt étrangement peu vivante, et comme étouffée entre de hauts murs invisibles qui ne laissent presque rien filtrer du monde extérieur. Ce monde agité et brillant que je peux toucher du doigt chez mon amie et vers lequel je reviens, goûter après goûter, sans mettre encore de mots sur cette curiosité nouvelle, mais attirée comme un papillon par la lumière.

À Pâques, puis pour les longues vacances d'été, nous partons pour Margaux, dans le Médoc, où notre beau-père possède une propriété. Songeant aujourd'hui à la place qu'occupe cette maison dans mon cœur, et à l'émotion qui m'étreint aussitôt que j'en pousse la porte, comme si elle était la mémoire silencieuse de toutes nos vies, de tous ceux que j'ai le plus aimés, je me demande comment, à neuf ans, à dix ans, j'ai pu la parcourir avec autant d'ennui, espérant chaque jour une lettre de Françoise-Marie, et priant pour qu'un événement quelconque nous rappelle à Paris.

Et pourtant si, je me suis ennuyée, enfant, à Margaux, encore insensible à la sobre élégance du château des Domec, à la beauté fanée de ses pièces figées dans une autre époque, la salle à manger sévère où nous écoutions notre beau-père donner le programme de l'après-midi, le salon de musique où maman se mettait au piano certains soirs, les chambres immenses et un peu effrayantes avec leurs lits de marquise, leurs sombres cheminées, et ces abat-jour de velours qui découpent le soir de vastes coins d'ombre où pourrait fort bien se dissimuler un voleur.

Nous inventons des jeux de cache-cache ou de chat perché dans le parc avec les enfants du château voisin, parfois nous allons à pied ou à vélo par la petite route jusqu'à la Gironde et nous jouons à lancer des cailloux dans ses eaux boueuses, certains après-midi notre beau-père et maman nous emmènent en voiture jusqu'aux plages de l'Océan, Lacanau ou Carcans. Mais lui ne se baigne jamais, nous n'imaginerions pas le voir en maillot de bain, il s'en tient à nous surveiller depuis son fauteuil de plage, sous un parasol, dans ses impeccables vêtements de ville.

3.

Comment dire l'éblouissement qu'ont été pour moi mes premières lectures, en 6e, puis par la suite ? *Le pays où l'on n'arrive jamais*, d'André Dhôtel, *Le Petit Prince*, de Saint-Exupéry, et bientôt Rimbaud, Corneille, Racine... La découverte de ces textes provoque en moi une émotion sidérée, presque douloureuse, puis une excitation grandissante proche de l'ivresse. J'avais pressenti, grâce à la famille de Françoise-Marie, que nous vivions en marge du monde, qu'il semblait exister des maisons où, au contraire de la nôtre, on n'hésitait pas à mettre des mots sur les événements et sur les sentiments, et voilà soudain que les livres me le confirment. Ils m'apportent la lumière, ils m'ouvrent des horizons dont jamais je n'aurais pu soupçonner l'immensité. Ils agissent sur moi comme une armée de libération, bousculant puis effondrant les hauts murs impalpables dressés autour de nous par notre mère et notre beau-père. Tous ces sentiments qui m'ont traversée durant notre enfance à Yerres, puis boulevard Murat, du chagrin indicible que j'éprouve en croisant le regard de mon père à la rancœur têtue qui me fait détester silencieusement mon beau-père, tous ces sentiments, je ne suis pas la seule à les connaître, à les avoir connus. Bien d'autres avant moi les ont partagés, je le lis ici et là, et je n'en crois pas mes yeux. Et tous ces vivants, qui ont vécu cela, osent en parler. Certes, ce ne sont que des personnages de livres, mais derrière eux il y a l'écrivain. Et l'écrivain ose leur faire dire tout haut, avec une abondance de détails et de mots – oh, comme je me mets à aimer les mots, soudain ! –, ce que je garde enfoui au fond de mon cœur depuis si longtemps, commençant à suffoquer sous le poids des secrets. Je pensais que nous n'avions pas le droit de parler de ce que nous vivions. Eh bien, si, on a le droit, puisque les livres le font !

« Tu n'es pas toute seule, me disent-ils, regarde, on a déjà fait le chemin avant toi. On connaît tout ça, c'est normal de le ressentir. Tu n'es ni plus sensible ni plus méchante qu'une autre. » C'est une révélation dont je ne me lasse pas, commençant maintenant à m'enfoncer toutes les nuits sous mes couvertures avec un livre et une lampe électrique, mue par cette avidité des gens qui ont été trop longtemps privés de nourriture. Et bientôt, les livres me disent autre chose entre leurs lignes, une chose qu'il faut savoir entendre, car elle n'est pas écrite noir sur blanc : ils me disent qu'avec toutes ces pensées qui nous habitent, et parfois nous torturent, on peut aussi faire de la beauté. Mais oui, de la beauté, puisqu'on peut avoir les larmes aux yeux à la lecture de Rimbaud, puisque *Le Petit Prince* est un objet si précieux, si troublant, qu'il continue de nous hanter dans notre sommeil, puisqu'on ne peut pas s'empêcher d'avoir le cœur qui cogne en lisant *Andromaque* ou *Bérénice*.

Au contraire des autres élèves de la classe, quand Mlle Lambert, notre professeur de français, nous donne dix vers à apprendre, j'en apprends trente, quarante, et je ne peux pas me retenir de lire l'œuvre jusqu'à la fin. Seule Françoise-Marie partage cette passion un peu extravagante pour les mots, pour les textes, et nous prenons l'habitude de travailler ensemble.

Bientôt, je suis celle que le professeur désigne pour déclamer les auteurs que nous étudions, parce que je n'ai pas honte de laisser paraître mon émotion et qu'alors toute la classe semble la partager. Durant l'atelier de couture, il est de coutume qu'on se relaie sur l'estrade pour lire un roman de façon à couper court aux bavardages. Très vite, c'est moi qui suis plébiscitée pour la lecture, de sorte que je suis aujourd'hui une couturière lamentable, incapable de raccommoder les chaussettes de mes petits-enfants.

Cette liberté de ton que je découvre dans les livres, je la retrouve chez Jean-Louis et Madeleine. Parfois, Alain et moi sommes invités à déjeuner chez eux. Jean-Louis nous ouvre, ébouriffé et habillé négligemment comme ne l'est jamais notre beau-père.

— Ah, bonjour les enfants ! Venez, venez, j'étais en train de bavarder avec Madeleine.

Et nous sommes aussitôt plongés dans leur conversation. Ils parlent de leurs projets, de telle ou telle pièce qu'ils envisagent de monter, de tel ou tel comédien auquel conviendrait parfaitement le rôle, ils discutent, ils se coupent la parole, ils crient, ils éclatent de rire, ou ils évoquent leur prochaine tournée, et s'ils nous sentent curieux, ils nous demandent notre avis, sans cérémonie, avec un naturel auquel nous ne sommes pas habitués. Je les écoute et je les aime, à cette période-là de ma vie, comme j'aime les livres. À l'instant où Jean-Louis nous ouvre leur porte, comme à l'instant où j'ouvre un livre, j'ai le sentiment d'entrer dans un monde de lumière.

Quelle conscience ai-je, à dix ans, à onze ans, de l'immense célébrité du couple de comédiens que forment mon oncle Jean-Louis et Madeleine Renaud, ma marraine ? Depuis que nous vivons à Paris, nous ne ratons aucune de leurs premières et je me souviens d'eux dans *Les Fausses Confidences*, de Marivaux, mais c'est à l'occasion de ma communion solennelle que je me rends soudain compte qu'ils sont aussi connus que Mendès France, et même peut-être plus. La cérémonie se tient à Dupanloup, et c'est à la sortie, sur le parvis de la chapelle, que se produit un événement absolument insolite pour moi : tous les regards se tournent vers nous, on chuchote, on sourit, parfois même on nous montre discrètement du doigt comme si une auréole lumineuse flottait au-dessus de nos têtes. Mais non, ça n'a rien à voir avec le ciel, et je le comprendrai les jours suivants quand élèves et professeurs viendront respectueusement s'enquérir :

— Jean-Louis Barrault et Madeleine Renaud sont de ta famille ?

— Oui, mon oncle et ma tante. Jean-Louis est le frère de mon père.

— Eh bien, dis donc ! tu en as de la chance… Bravo !

On me considère différemment désormais, et pour moi qui ai tant besoin du regard des autres pour avoir la certitude d'exister, ou plutôt de ne pas disparaître, c'est une excellente nouvelle dont je ne me prive pas de tirer parti. Nous avons la nièce de Chaban-Delmas dans notre classe, je l'enviais sans doute secrètement, eh bien, maintenant je lui dame gentiment le pion.

— Mon oncle est plus connu que le tien!

— Tu es folle, le mien est ministre!

— Oui, eh bien, acteur, c'est mieux que ministre!

Sur la photo de ma communion solennelle, que j'ai conservée jusqu'à ce jour, nous posons tous dans le grand salon du boulevard Murat. Maman et Madeleine Renaud m'entourent, mes deux petites sœurs, Anne-Catherine et Emmanuelle, se tiennent au premier rang (pour elles, ce jour était celui de leur première communion), Jean-Louis semble un peu perdu, planté à côté d'Alain, dans le rôle secondaire de l'oncle tombé du ciel, lui qui tient le haut de l'affiche d'habitude, tandis que mon beau-père, très droit, les cheveux plaqués, assume avec une élégance naturelle sa place incontestée de chef de famille, souriant à peine de ses lèvres minces, et que ma grand-mère Félicité (mais oui, Félicité était là!) fixe sévèrement l'objectif. Et puis papa aussi est présent, et c'est évidemment pourquoi cette photo m'est si précieuse. Papa boulevard Murat, chez cet homme qui lui a tout pris, sa femme, ses enfants, son bonheur, sa santé peut-être, longue silhouette au regard tragique, d'une maigreur ahurissante.

La maladie progresse, il ne travaille plus et habite alors une pension de famille non loin de chez nous. Je passe souvent l'embrasser en rentrant de l'école, et l'homme que je trouve n'a même plus la force de me sourire.

— À quoi est-ce que je sers ? Je n'ai plus qu'à crever, me dit-il un jour.

— Mais papa, tu es mon père et je t'aime. Comment peux-tu dire ça ? Alain et moi on a besoin de toi. Tu m'entends ? Tu me crois ?

— Oui, ma chérie, oui. Pardonne-moi, ne te fais pas de souci.

Je suis triste, mais je ne me fais pas de souci, non, incapable d'envisager que mon père puisse disparaître. L'idée ne me traverse même pas, comme si la mort n'avait aucune réalité dans les pensées d'un enfant. Ce qui m'anime, en revanche, c'est le projet de grandir vite pour prendre mon père avec moi, l'installer dans ma maison et m'occuper de lui. Je pense tous les jours à notre vie, plus tard, moi le gâtant, lui offrant tout ce qu'il aime, et lui enfin heureux et détendu.

En attendant, je veux qu'il continue de croire en la vie, je ne veux pas qu'il se laisse aller, et je suis chaque fois blessée de le découvrir négligé, ne prenant plus aucun soin de lui.

— Papa, tu ne veux pas mettre cette jolie chemise ? Tu serais plus élégant qu'avec celle-ci.

— À quoi bon ?

— Le col est tout froissé... Viens, je vais t'aider, et après tu te sentiras mieux.

Il se laisse faire, et ensuite nous évoquons la seule personne qui rallume encore une petite flamme dans son regard : Jean-Louis, son frère adoré.

— Et Jean-Louis, parle-moi de Jean-Louis, ma chérie.

— Il est parti pour le Mexique, papa. Avec Madeleine

— Ah, formidable ! Tu te rends compte qu'on le réclame dans le monde entier ?

— Oui, on a déjeuné chez eux avec Alain. Ils nous ont raconté...

— Quand tu le verras, dis-lui que je pense à lui.

— Il passera sûrement t'embrasser, papa.

Mais non, Jean-Louis ne passera pas. Jean-Louis, qui a été si proche de son frère avant la guerre, semble se désintéresser de lui, à présent, enivré de son propre succès. Il ne passe plus voir Max qu'une fois tous les six mois, et comme pressé de repartir. Je suis secrètement déçue, je lui en veux, je le trouve méchant, mais je suis encore trop jeune pour oser le lui dire.

À la maison, les choses se gâtent. Plus je découvre le monde grâce à l'école, grâce à tout ce que m'apportent mes lectures et mon amitié avec Françoise-Marie, plus l'éducation que me donne ma mère me semble insuffisante, étriquée, et comme immature. C'est une interrogation qui me poursuit aujourd'hui encore, tant d'années après : comment une femme élevée dans un milieu artistique, très tôt initiée à la peinture, au piano et au chant, a-t-elle pu se fermer à ce point au monde une fois devenue épouse et mère ? Jamais, durant toute notre enfance, elle ne nous a emmenés dans un musée, visiter une exposition, ou écouter un concert. Jamais elle n'a eu avec nous une conversation sur nos lectures, sur l'embrasement que pouvait provoquer en nous, en moi en particulier, la découverte d'un auteur, d'une pièce de théâtre, d'un poème. Les seuls spectacles auxquels nous avons assisté sont ceux donnés par Jean-Louis et Madeleine, et ces spectacles eux-mêmes n'ont jamais suscité la moindre conversation intéressante avec notre mère.

Au lieu de ça, maman semble se crisper sur son pauvre rôle de maîtresse de maison, de mère au foyer, et développer un sentiment de possession à notre égard qui va à l'encontre de toutes les ouvertures qu'un enfant peut, et doit espérer. Nos premiers conflits se nouent très tôt autour de mon amitié pour Françoise-Marie. Comme si elle pressentait que la famille de Françoise-Marie me donne ce qu'elle ne peut pas, ou plutôt *ne veut pas* me donner, maman me surveille, m'interdisant de traîner en rentrant de l'école, pointant mes horaires comme un petit adjudant de caserne, furieuse lorsque je me suis arrêtée pour goûter chez mon amie. Elle semble ridiculement jalouse, coupant du même coup la possibilité du plus petit échange entre nous, et nous enfermant chacune dans un rôle : elle, celui de garde-chiourme ; moi, celui de l'enfant rebelle.

Mais les affrontements les plus durs entre elle et moi éclatent à propos de ma sœur cadette, Anne-Catherine. Anne est la mal-aimée de la famille, et très vite le sort qui lui est fait me choque. Aujourd'hui, je sais combien sa vie a démarré dramatiquement : à peine mise au monde, Anne a été placée. On ne peut sans doute pas imaginer enfant moins désirée qu'elle, puisque fruit d'une liaison secrète et qui le serait peut-être restée si elle n'était pas venue au monde. Anne semble donc porter sur ses épaules le poids de la culpabilité de ses parents et la responsabilité du chamboulement qui a suivi son apparition. Sans doute notre mère la rejette-t-elle plus ou moins consciemment pour tout cela. Et Anne, qui doit le sentir, fait comme la plupart des enfants mal aimés : elle aggrave son cas. Mauvaise élève dès les petites classes, elle déçoit son père et exaspère notre mère.

À l'âge de huit ans, deux ans après mon arrivée boulevard Murat, la décision est prise de faire d'elle une pianiste. Elle ne va plus à l'école, elle a un précepteur à domicile, et pour le reste, elle doit être devant son piano. Elle n'en a pas envie, on la sent malheureuse, les yeux battus, introvertie, mais notre mère se fiche absolument de ses états d'âme. Plus garde-chiourme que professeur, elle la surveille du matin au soir, allant jusqu'à faire semblant de sortir pour s'assurer que même en son absence Anne demeure attachée à son clavier. À peine entend-elle la porte claquer qu'Anne file se réfugier aux toilettes ou dans notre chambre. C'est alors que revient notre mère, qui n'était pas allée plus loin que le palier, et ce sont des hurlements, des menaces, des mots blessants. J'ai très tôt conscience que ce que subit Anne est inhumain, plus proche du domptage que de l'éducation.

Cette espèce de torture quotidienne se prolonge durant les repas où notre sœur, qui dit beaucoup de bêtises du fait du peu de confiance qu'elle a en elle-même (mais comment pourrait-elle croire en elle avec ce qu'elle subit ?), est systématiquement ridiculisée et humiliée. Ne cachant pas la déception qu'elle lui inspire – d'autant qu'Emmanuelle, la plus jeune, est à la fois brillante et drôle –, son père l'accable de ses reproches, et un repas sur deux elle est priée de quitter la table sur quelques mots cinglants dont je devine, même à mon âge, combien ils peuvent être destructeurs pour un enfant.

C'est lors d'un de ces repas catastrophiques, en tentant de porter secours à Anne, que je reçois de mon beau-père la gifle de ma vie. La seule qu'il m'ait jamais donnée. Je n'ai pas gardé la mémoire de ce qui a motivé la énième mise à la porte de ma sœur, mais je me souviens bien de ma colère soudaine, inextinguible.

— C'est dégoûtant, dis-je, vous vous acharnez sur Anne.

Stupéfaction du très autoritaire Jean Domec, guère habitué à être contredit, surtout par un enfant.

— Pardon, Marie Christine ? Peux-tu répéter ce que tu viens de dire ?

— J'ai dit : c'est dégoûtant et injuste, vous vous acharnez sur Anne. Je trouve...

Mais je n'ai pas le loisir de finir ma phrase, une formidable claque me cueille par surprise, me dévissant littéralement la tête.

Je me rappelle avec quelle jubilation vengeresse, constatant que je saignais abondamment du nez, je me suis levée de table pour me diriger vers le salon où j'ai soigneusement aspergé de mon sang les précieux tapis. Je savais combien ma mère y tenait, et j'étais donc certaine de posséder là le moyen de la punir.

Ma joie, quand je l'ai entendue s'exclamer :

— Mon Dieu ! mes tapis ! Mais c'est une catastrophe ! Marie Christine, viens voir ici immédiatement, je te prie. Regarde ! Enfin comment as-tu pu... ?

Et moi, théâtrale déjà :

— Le sang n'est pas tombé tout seul, maman.

C'est dans ce climat étouffant qu'apparaît un soir un nouveau visage qui va rapidement revêtir à mes yeux l'éclat d'un astre solaire : Daniel Toscan du Plantier.

Daniel nous est amené par notre grand frère Alain. Tous les deux se sont rencontrés au lycée Claude-Bernard, le jour de la rentrée scolaire. Alain était seul à un pupitre quand a surgi un « nouveau ».

— Je peux m'asseoir à côté de toi ?

— Bien sûr.

— Bonjour, Daniel Toscan. Et toi, c'est comment ton nom ?

— Alain Barrault.

— Barrault, comme Jean-Louis Barrault ?

— Oui, c'est mon oncle.

Daniel nous racontera par la suite qu'il eut le sentiment, dans la seconde, d'être touché par la grâce. Jean-Louis était son étoile, il avait vu plusieurs de ses films, et en particulier *La Symphonie fantastique*, où Jean-Louis interprète Hector Berlioz, qui l'avait terriblement impressionné.

— Ton oncle ! Jean-Louis Barrault est ton oncle, vraiment ? Tu ne me fais pas marcher ?

— Non, non, je t'assure.

À partir de ce moment, Daniel n'avait plus quitté Alain.

Quand ils se rencontrent, Daniel arrive tout juste de Chambéry où il a passé son enfance avec les siens. Il étouffe dans une famille de notables de province, entre un père assez conventionnel et une mère issue d'une aristocratie quelque peu décadente. Il aspire à découvrir Paris, à échapper à l'étroitesse de son milieu, et tomber sur le neveu du comédien le plus en vue du moment lui apparaît sûrement du meilleur augure.

Le hasard a voulu que les Toscan du Plantier emménagent également boulevard Murat, et dans l'immeuble qui se trouve précisément en face du nôtre...

Il me semble que dès le premier soir où surgit Daniel, dans le sillage d'Alain, je suis subjuguée par sa verve, sa vivacité d'esprit, sa curiosité. J'ai onze ans, lui en a quatorze, et c'est un peu comme si toute la richesse que je découvre alors dans les livres venait de s'incarner comme par miracle en un lumineux jeune homme pour entrer chez nous et y prendre racine.

Oui, y prendre racine, car curieusement ma mère et mon beau-père, si peu enclins à nous initier au monde de l'art et de la culture, tombent immédiatement sous le charme de Daniel, l'adoptant bientôt comme le cinquième enfant de la famille. Ils apprécient son éloquence, son esprit brillant, sa culture, sa soif de connaissances, et ils commencent très vite à le retenir à dîner.

Daniel, de son côté, est ébloui par le raffinement de notre appartement, le bon goût de maman, la beauté des objets dont elle a su s'entourer, meubles signés, tapis précieux, sans oublier, bien sûr, les tableaux de son père, Georges Valmier, d'inspiration cubiste aux couleurs flamboyantes.

Est-il exagéré de dire que je tombe aussitôt amoureuse de Daniel Toscan du Plantier ? En tout cas, à partir de ce jour, aucun autre garçon ne va m'intéresser (du moins jusqu'à notre mariage, car ensuite ce sera autre chose) et je n'aurai de regards et d'attention que pour lui.

Il me semble que les premiers mois je suis toute au plaisir silencieux de le voir prendre place à notre table, et d'écouter sa conversation. Maman est manifestement subjuguée par l'étendue de sa culture, et sa présence nous fait oublier à tous les pesanteurs familiales

Anne peut enfin respirer, notre beau-père se détendre, et chacun intervenir librement comme si les codes avaient soudain moins d'importance.

Puis j'ai douze ans, treize ans, il n'y a plus de timidité entre nous, et je trouve en Daniel un interlocuteur inespéré pour toutes les émotions qui me traversent au fil de mes lectures. Certes, j'ai déjà Françoise-Marie pour confidente, mais elle a mon âge, elle n'en sait pas plus que moi sur la vie, tandis que Daniel, mélomane, cinéphile et grand lecteur, a réponse à tout. Il a tout lu, tout vu, tout entendu, ou fait du moins comme si... Nos compagnons de soirée, après le dîner, et tandis que maman se met au piano, sont Claudel, Saint-Exupéry, Rimbaud, Schumann, Mozart, Péguy...

C'est Daniel qui me fait connaître Kathleen Ferrier, l'interprète bouleversante de Mahler, Strauss, Schumann, morte à quarante et un ans, au moment où le monde entier la découvrait, et j'ai le sentiment que nous partageons une émotion secrète, indicible encore, mais pleine de promesses lorsque nous écoutons ensemble *L'Amour et la vie d'une femme*, dédié par Robert Schumann à Clara, son grand amour, en laquelle je m'identifie, le cœur brûlant.

4.

Comment maman et mon beau-père ont-ils pu avoir l'idée, et j'allais écrire la cruauté, d'installer papa dans leur propriété du Médoc ? Il semble que maman, constatant que la maladie empirait, soit allée demander à Jean-Louis et à Madeleine de se préoccuper de mon père, et que ceux-ci l'aient sèchement éconduite. Ce serait alors qu'elle et Jean Domec seraient arrivés à la conclusion que la meilleure solution était de loger papa à Margaux, non pas dans le château, mais dans un modeste pavillon de gardien, au fond du parc.

C'est là que nous découvrons mon père pour les vacances de Pâques, puis d'été. Il partage ce pavillon minuscule avec un infirmier, ou une infirmière. Tout est pour le mieux en apparence, il est parfaitement pris en charge, et maman et mon beau-père peuvent avoir la conscience tranquille, et même le sentiment d'être de grandes âmes, compatissantes et généreuses.

Pourtant, en dépit de mon jeune âge, je ressens immédiatement combien la situation de papa est humiliante, abominable. Depuis sa petite chaise, posée devant sa maison, sous le pin parasol, il est contraint d'assister à l'emménagement de son ex-femme et de ses enfants dans le somptueux château de son rival. Et même s'il se tient absolument silencieux, nous suivant les uns et les autres de son regard vide, je dois éprouver son désarroi, sa souffrance, parce que dans l'instant j'en veux énormément à ma mère et à mon beau-père de l'avoir placé dans ce piège. Je suis en colère, et bientôt pleine de mépris et de haine pour eux deux.

Bien des années plus tard, devenue femme, j'apprendrai que papa, sur son lit de mort, aurait dit à maman et à mon beau-père qui se trouvaient auprès de lui, cette phrase effrayante : « Je ne sais pas comment vous paierez ce que vous m'avez fait, mais vous le paierez. » Alors seulement, retrouvant ma colère intacte d'enfant, je demanderai à maman comment elle avait pu humilier ainsi notre père, son premier mari, dans les derniers mois de sa vie. « Ton beau-père et moi avons voulu son bien, me rétorquera-t-elle. Nous avons cru faire pour le mieux, je t'assure que nous n'avons pas imaginé une seconde qu'il pourrait en souffrir. »

Et je pense, avec le recul, que cela n'a pas dû les traverser, en effet, puisque, après avoir fait de papa, « sans le vouloir », le spectateur muet de leur bonheur, ils l'invitent à déjeuner certains jours au château, dans le souci sans doute d'égayer un peu ses longues journées de malade.

Il entre dans la salle à manger les membres tremblants, marchant difficilement, long fantôme décharné et voûté, alors qu'il n'a que cinquante et un ans, et durant tout le repas on le sent perdu, cherchant à quoi se raccrocher. À Jean-Louis, bien sûr, son frère adoré, qui semble demeurer sa seule raison d'espérer, de sourire encore, dans ce long naufrage et tandis qu'il perd petit à petit l'intelligence des choses.

— Et Jean-Louis, demande-t-il soudain, où est-il en ce moment ?

— Au Brésil, papa.

— Ah ! Crois-tu... ?

Ses mots se perdent, mon beau-père ou maman tentent alors de relancer la conversation dans une autre direction, mais un moment plus tard, papa y revient.

— Et Jean-Louis, où est-il en ce moment ?

— Au Brésil, papa. Tu ne te souviens pas ? Je te l'ai dit tout à l'heure.

— Ah ! bien, bien, au Brésil.

Après le déjeuner, il se lève pour regagner sa petite maison, mais il a perdu la direction, se trompe de porte, revient, tourne sur lui-même, et cette errance que l'on hésite à interrompre pour ne pas ajouter à son humiliation me semble symboliser son immense détresse. Touché par la maladie et le malheur au plus profond de sa conscience, papa a perdu le sens de sa vie.

C'est un samedi de novembre, maman et mon beau-père sont partis précipitamment pour Bordeaux deux jours plus tôt sans nous expliquer les raisons de ce voyage, quand le téléphone sonne dans le grand appartement du boulevard Murat.

— Allô ! dit une voix d'homme âgé que je reconnais immédiatement, celle de Louis Martin, le beau-père de papa et de Jean-Louis. Qui est à l'appareil ?

— Marie Christine.

— Ma petite fille, sois courageuse, ce que j'ai à te dire n'est pas facile : ton papa est mort ce matin.

Maman pensait nous annoncer la nouvelle à son retour de Bordeaux, mais elle s'est fait prendre de vitesse par ce vieil homme charmant, un peu trop zélé en la circonstance.

J'ai quatorze ans cette année-là, le choc est d'une violence inouïe, car en dépit de l'aspect qu'offrait mon père je n'avais pas songé un instant qu'il pourrait disparaître. Je nourrissais encore l'espoir de le prendre chez moi quand je serais grande, m'imaginant en train de lui repasser ses chemises et de le gâter à tous les repas. « Papa, regarde ce que je t'ai préparé ! »

Je me revois cette nuit-là, sanglotant, éperdue de chagrin, incapable de surmonter l'idée que plus jamais, plus jamais, je ne croiserais le regard de mon père, ne tiendrais sa main. C'est la première fois que je suis confrontée à la mort et, au fond, je ne peux pas croire la chose possible. C'est une éventualité bien trop douloureuse, bien trop injuste. Et puis songer qu'il est mort sans qu'on ait pu se dire combien on s'aimait...

Comme je n'ai personne à qui me confier au matin, quand le jour se lève, si ce n'est mon frère Alain, aussi affligé que moi, je cours jusqu'à Dupanloup dans l'espoir d'y découvrir un adulte qui saura trouver des mots pour me réconforter. C'est dimanche, l'école est ouverte puisque des élèves y sont internes, et je croise par chance mon professeur de mathématiques, ma matière de prédilection, une religieuse, Mme Saint-Maurice. J'aime la subtilité de ses cours, son intelligence, sa bienveillance, et ce n'est pas la première fois que nous bavardons gravement. Je surgis hors d'haleine, en larmes, et je tombe dans ses bras.

Cinquante ans après, je n'ai rien oublié de ce qu'elle m'a dit ce matin-là, m'ouvrant pour la première fois les yeux sur la gravité et la profondeur de notre condition, mais me donnant aussi à espérer. « Les vivants ferment les yeux des morts, Marie Christine, mais ce sont les morts qui ouvrent les yeux des vivants. » Il m'a semblé que Mme Saint-Maurice me rapportait là ce que mon père n'avait pas eu le temps de me dire avant de partir. Qu'elle était son messager en quelque sorte. Par sa mort, par le chagrin de sa mort, papa m'ouvrait une fenêtre sur l'au-delà. Il me contraignait à lever les yeux des plaisirs insouciants et ardents de la terre pour scruter les ténèbres, et il illuminait ces ténèbres d'une lumière dont on pouvait fort bien se détourner, mais qui nous élevait, nous enrichissait infiniment, si nous trouvions la force de contempler ce qu'elle nous donnait à voir. « Je ne suis pas mort, j'ai seulement changé d'espace, écrit Michel-Ange dans un de ses *Sonnets*, je marche à travers vos rêves, là où, touchés par la métamorphose, nous demeurons unis. Vous me croyez mort, mais je continue à vivre dans le cœur de ceux qui m'aiment. Non, je ne suis pas parti, l'immortalité m'a délivré de la mort. » Papa non plus n'est donc pas mort, il a disparu matériellement mais son esprit demeure en moi, en nous qui l'avons aimé et continuons de l'aimer. « Et c'est une chance immense, me confie Mme Saint-Maurice, de tenir la main de quelqu'un qui est lui-même dans cet autre espace, invisible, et cependant bien vivant, enfin délivré de la mort, car il va désormais guider tes pas. »

C'est ce jour-là que s'ancre en moi cette conviction qui me portera, quarante-deux ans plus tard, lorsque je perdrai l'autre homme de ma vie, Roger Vadim : la mort est une terrible épreuve, mais la mort n'est pas l'anéantissement de l'être aimé, le croire reviendrait à effacer la force et la beauté de tout ce que nous avons vécu ensemble. Comme cette relation continue d'exister secrètement en nous, nous ne devons jamais oublier que l'autre est bien là, qui nous aime et nous regarde, et nous devons nous montrer à la hauteur de ce que nous avons partagé avec lui au fil des années. Se dire que s'il revenait, il faudrait qu'il nous trouve meilleur, encore plus digne d'être aimé que lorsqu'il a disparu.

Quand ils rentrent de Bordeaux, les traits marqués par la peine, ma mère et mon beau-père n'ont pas un mot pour nous rapporter les derniers instants de papa, et nous réconforter. Il ne leur vient pas à l'esprit de nous prendre un moment à part, Alain et moi, et de nous dire : « Venez, on va s'asseoir ici tranquillement. Voici de quelle façon votre père s'est éteint, et voici quelles ont été ses dernières paroles... » Aujourd'hui, connaissant les derniers mots qu'aurait prononcés notre père, si pleins d'amertume, si douloureux, je m'explique mieux leur silence. Et en même temps, au fond de moi, sachant leur incapacité à mettre des mots sur les sentiments, je me dis que, quelles qu'aient été les ultimes paroles de notre père, ils ne nous en auraient rien dit. Puisqu'ils étaient partis pour Bordeaux sans nous prévenir que c'était la fin, puisqu'ils avaient voulu nous tenir à l'écart d'un événement qui pourtant nous appartenait intimement, si déchirant soit-il...

Comme à son habitude, maman fuit le spirituel, la complexité des sentiments, pour se réfugier dans le matériel. Pourquoi nous a-t-elle abandonnés huit années durant chez notre grand-mère à Yerres ? Parce que son appartement parisien était trop petit, tout simplement. Il faut l'avoir entendu pour le croire. De la même façon, plutôt que d'évoquer notre chagrin et la mémoire de papa, elle se concentre sur l'organisation des obsèques. De sorte que je retiens aujourd'hui de ce triste jour de novembre qu'il fut le premier où elle m'autorisa enfin à porter des bas, moi qui en rêvais depuis longtemps, terriblement complexée par mes jambes. Comme quoi, l'aveuglement matérialiste peut être parfois de bon secours.

Cependant, je prends le chemin exactement opposé à celui de maman. Plus j'entre dans l'adolescence, plus je cherche à m'élever dans la spiritualité. À quatorze ans, l'année de la mort de mon père, je me lève souvent à six heures pour assister à la messe avant le début des cours. Je perçois très vite combien ma ferveur religieuse agace ma mère, et cela me permet de mettre le doigt sur l'une des incohérences majeures de sa vie : elle m'a mise à Dupanloup, école religieuse, mais la religion l'ennuie visiblement. Depuis des années, elle nous expédie à la messe, le dimanche matin, mais elle n'y va pas elle-même.

La famille de mon amie Françoise-Marie m'apparaît bien plus cohérente en comparaison. Françoise-Marie partage mon goût pour le mysticisme, mais chez elle on s'en réjouit. Ses parents n'ont pas choisi Dupanloup par hasard, ils ont voulu que leur fille partage leur foi, et ils se félicitent du résultat. Ce sont des gens qui vivent selon les préceptes de l'Église, qui ont voulu leurs douze enfants, et qui les élèvent dans la religion, ne ratant jamais la messe, heureux dans leur vie matérielle, ne manquant de rien, certes, mais constamment tournés vers le spirituel.

L'incohérence de maman me gênerait sans doute moins si elle ne pesait sur ma vie de tous les jours. Quand Françoise-Marie, qui me ressemble par ses formes généreuses, est à l'aise dans son corps, ou du moins le paraît, je me sens, moi, encombrée du mien. C'est que personne chez mon amie ne se préoccupe du physique, des apparences, absorbés que sont ses parents par l'âme, tandis que chez moi, maman me harcèle. Elle nous envoie à la messe, mais notre enveloppe corporelle semble l'intéresser bien plus que notre âme, dont elle ne parle jamais. Elle paraît de plus en plus horrifiée à l'idée que je puisse être grosse, lourde, moche, et elle mène une sorte de guerre d'usure pour me faire maigrir.

Si par hasard l'idée d'être complexée ne m'avait pas déjà effleurée, maman se serait chargée de me rattraper au tournant. Impossible de ne pas lire dans son regard combien ma silhouette la déçoit, elle si gracieuse, n'est-ce pas ? Et du coup, nous courons les médecins, en quête d'une recette miracle pour me transformer en liane, moi qui avais déjà un corps de femme à onze ans. C'est un combat perdu d'avance, mais maman s'acharne, comme elle s'acharne sur Anne pour faire d'elle une grande pianiste. Je n'ai droit qu'à une pomme râpée le matin, moi qui suis affamée au petit déjeuner, pendant que mes sœurs et mon frère s'empiffrent de tartines. Les desserts me sont défendus, les goûters censés se résumer à une (autre) pomme... Censés seulement, puisqu'en sortant de Dupanloup je fais escale chez Françoise-Marie où la table du goûter familial nous attend, croulant sous les brocs de chocolat chaud, les pyramides de tartines et les pots de confiture…

Je m'éloigne un peu plus de maman qui me semble décidément pitoyablement superficielle, et j'apprends à lui tenir tête. Nos affrontements sont effrayants, mémorables, que ce soit à propos de mes éclipses chez Françoise-Marie, à propos d'Anne dont le calvaire se poursuit, ou de ma vie en général qu'elle voudrait régenter. J'ai le souvenir d'esclandres qui se prolongent jusque dans la cage d'escalier, elle m'apostrophant depuis notre palier du sixième, et moi lui répondant du rez-de-chaussée, l'une et l'autre criant de plus en plus fort, bien trop en colère pour songer à nos malheureux voisins.

Après ça, il arrive que nous ne nous adressions plus la parole pendant huit jours, dix jours, mon beau-père jouant les bons offices pour tenter de nous réconcilier.

— Je t'en prie, Marie Christine, parle à ta mère. Tu lui fais beaucoup de peine.

— C'est à elle de s'excuser.

— Tu es allée beaucoup trop loin toi aussi.

— Elle n'avait pas à se mêler de ma vie.

— Marie Christine !

Lui m'appelle par mon prénom, tandis que moi, en dépit de toute l'attention qu'il me porte, de l'amour qu'il me donne, je continue à ne pas le nommer. Sept ans que nous vivons sous le même toit, sept ans que je lui refuse une identité quelconque. Alain, lui, l'a très vite appelé Daddy, lui rendant largement son affection. Mais moi je m'obstine à le nier, avec une cruauté que sa mort prématurée va bientôt me faire regretter.

J'ai une alliée de poids dans la défiance têtue que je lui voue : notre grand-mère Félicité. Papa était un

« con » à ses yeux pour s'être fait voler sa femme, mais Jean Domec est un « salaud » pour la lui avoir chapardée. Elle le hait, et prétend qu'il cherche à l'empoisonner les dimanches où elle vient déjeuner boulevard Murat. Nous en rions, mais jaune, car Félicité, elle, ne plaisante pas. Issue d'une famille de pieds-noirs d'origine italienne, les Pessina, elle est pétrie de croyances un peu moyenâgeuses. « Votre beau-père, il a vendu son âme au diable, nous répète-t-elle. Vous le croyez à un endroit, mais il est partout, et quand vous êtes seuls dans une pièce il peut très bien être là à vous regarder, cherchant de quelle façon vous faire du mal. »

Avant de passer à table, nous la voyons changer subrepticement l'assiette qui lui était destinée.

— Ah, je vois que vous m'avez confondu, s'amuse Jean Domec, dommage, je vais devoir vous remettre un peu de poison.

Elle se garde bien de lui répondre, mais on devine que si elle en avait les moyens elle le changerait volontiers en crapaud.

— Je ne veux pas de cette assiette, qu'on me la change, dit-elle de nouveau, à peine servie.

— Maman, tu es ridicule, soupire notre mère.

— Eh bien, si c'est ça, je ne mangerai pas !

À quinze ans, Françoise-Marie et moi nous engageons dans « Les cadettes du Christ ». C'est un mouvement national purement spirituel, une sorte de scoutisme, mais sans les camps et les marches forcées. Nous réfléchissons au sens de la vie, participons à des retraites où nous méditons sur les Évangiles, évoquons nos engagements futurs (une de nos camarades entrera au Carmel, j'assisterai à sa prise d'habit, et j'en reviendrai d'ailleurs un peu refroidie...) et faisons quelques voyages édifiants, dont un pèlerinage à Rome, bien entendu. On peut difficilement imaginer centres d'intérêt plus éloignés de ceux dont se nourrit quotidiennement maman, seulement préoccupée de l'élégance de son intérieur et du train de sa maison.

Cependant, mon mysticisme ne m'empêche en aucune façon de demeurer sous le charme de l'éblouissant ami de mon frère : Daniel Toscan du Plantier. S'il n'habite pas chez nous, il y est en demi-pension, fuyant un certain ennui chez ses parents, et trouvant à la maison un auditoire qui lui est acquis. Il sait tirer le meilleur parti de ses lectures, de ce qu'il apprend au lycée, pour mener une conversation brillante qui amuse mon beau-père et enchante maman (seule notre grand-mère Félicité ne succombe pas, fulminant à sa façon qu'il n'est qu'un parvenu, un Rastignac, dont nous devrions nous méfier).

S'il existe désormais un lien amoureux entre nous, il est absolument platonique, innocent, éthéré, et nous aurions sûrement violemment protesté si quelqu'un s'était avisé d'y faire une allusion quelconque. Pourtant, nous sommes toujours assis à table l'un à côté de l'autre, nos genoux se frôlant, et c'est un déchirement secret si je dois me lever pour aller remplir la carafe d'eau ou couper du pain.

Daniel est maintenant mon cavalier lorsque nous allons voir jouer Jean-Louis et Madeleine, et ces soirs-là c'est moi qui l'éblouis en l'emmenant à travers les coulisses jusqu'à la loge de mon oncle, son oracle, dont il peut enfin serrer la main.

C'est Daniel qui propose un jour de monter entre nos deux familles *Cyrano de Bergerac*. Nous avons vu la pièce quelques mois plus tôt, chacun de notre côté, et à présent il veut s'essayer à la mise en scène. Entre les Barrault-Domec et les Toscan, nous avons appris à nous connaître. Les parents se sont mutuellement invités à prendre le thé et, dans leur sillage, les enfants se sont mis à circuler d'un appartement à l'autre. Les Toscan, qui ont trois garçons, et auraient adoré avoir une fille, m'accueillent les bras ouverts. C'est comme cela que je fais la connaissance du frère aîné de Daniel, Philippe, futur agrégé de philosophie dont l'intelligence et le charme me font un peu tourner la tête (mais pas au point de me distraire de Daniel). C'est également comme cela que ma plus jeune sœur, Emmanuelle, entreprend de jouer à la poupée avec le plus petit des Toscan, Bernard… qui deviendra son mari quinze ans plus tard.

Dans cette première production de la pièce d'Edmond Rostand, je suis la belle Roxane. Daniel a peut-être songé à s'octroyer le personnage de mon amoureux flamboyant, Christian de Neuvillette, mais comme un baiser doit être échangé, il a cédé le rôle à mon frère Alain, avec beaucoup d'élégance (même pour l'amour de l'art, nous n'envisagerions sûrement pas de nous embrasser). Il se garde le personnage de De Guiche, qui lui convient parfaitement, et on fait appel à un autre lycéen pour Cyrano, tandis qu'Emmanuelle s'incarne au cinquième acte en sœur Marthe. Une affaire de famille, en somme.

Il me semble qu'après nous être fait applaudir par les nôtres (Félicité comprise), nous donnons quelques représentations chez des voisins, ici ou là.

C'est après ce premier succès, et l'année de mes quinze ans, que Mme Saint-Maurice, mon professeur et ma confidente, a l'idée de monter à Dupanloup *L'Annonce faite à Marie*. Je viens de déclamer devant toute l'école *La Vierge à midi*, du même Claudel, et on me confie donc le rôle magnifique de Violaine, dont je rêvais, tandis que Françoise-Marie reçoit celui du père de Violaine (eh oui, tous les rôles sont tenus par des filles).

Étrangement, je n'ai aucune difficulté à mémoriser mon texte. C'est Mme Saint-Maurice qui nous met en scène, et plus les répétitions avancent, plus j'éprouve un sentiment insolite de libération, comme si mon corps se craquelait petit à petit, s'entrouvrant ici et là pour laisser respirer mon âme. Moi qui n'ai pas appris à mettre des mots sur les sentiments, moi qui ne saurais sûrement pas dire « je t'aime », parce que ça ne se dit pas chez nous et que jamais ma mère ne me l'a dit, je me rends soudain compte que je suis capable de le proclamer sur scène. Timidement au début, puis avec de plus en plus de force, de plus en plus de conviction, comme si, après avoir été emmurée des années durant parmi les miens, dans mon propre corps, dans mon propre esprit, le théâtre me permettait soudain d'échapper à ma prison. C'est peu dire que je suis la proie d'une ivresse qui me fait attendre nos répétitions comme on attend un moment d'extase, un moment où je m'extrais comme par miracle des ténèbres pour me sentir enfin trembler, entendre mon cœur cogner, tous mes sens en éveil brusquement, et mesurer dans un éclair ce que pourrait être la vie si je parvenais à me libérer complètement de mes chaînes.

Pour la représentation, le gymnase a été transformé en théâtre. Mais en dépit de la foule impressionnante qui s'y presse, je n'ai pas le trac, j'ai hâte d'y être, au contraire, sachant qu'aussitôt sur scène je ne suis plus exactement la même, comme transcendée par la lumière et emportée par le texte.

Jean-Louis est là quand le rideau retombe et que nous nous retrouvons dans nos loges de fortune. Jean-Louis, que nous regardons toutes comme un dieu vivant, maintenant, qui échange quelques mots avec Mme Saint-Maurice, et qui dit, avec une émotion que je ne lui ai jamais vue, qu'il a beaucoup aimé notre interprétation, si fidèle à la sobre pureté du texte de Claudel.

Est-ce ce soir-là que je prends secrètement la décision de devenir comédienne ? Oui et non. Il me semble que je l'ai toujours voulu, depuis la petite robe en taffetas rose de Yerres, depuis le délicieux vertige qui m'avait saisie lorsque j'avais réalisé que j'étais une étrangère, une Bourguignonne ! et non pas une simple Française. Mais sans pouvoir le formuler à ce moment-là (et comment l'aurais-je pu alors que j'ignorais même l'existence du théâtre ?). C'est étrange comme notre inconscient semble nous montrer le meilleur chemin pour nous sauver de ce qui risque de nous étouffer. On dirait que petite j'avais déjà pressenti que la singularité, la « théâtralité », me sauverait du mutisme. Puis j'avais vu mon oncle Jean-Louis dans *Les Enfants du paradis* (et le cinéma était devenu comme un conte de fées auquel je repensais avant de m'endormir). Puis j'avais découvert les livres, et j'avais couru vers cette lumière, dévorant avec appétit tout ce qui me tombait sous la main, de *La*

Semaine de Suzette à Rimbaud, quelques années plus tard, de Chardonne à Racine, trouvant dans les livres toutes les réponses aux questions que je me posais. Puis, grâce à nos professeurs de Dupanloup, j'avais découvert l'ivresse de dire tout haut des textes dont la lecture m'avait bouleversée. Alors mon émotion en avait été décuplée parce que je devenais le texte moi-même, je le servais et il me portait, me sortant de ma pauvre condition pendant quelques instants sublimes et me donnant à voir combien la vie pouvait être merveilleuse à cette altitude. Alors j'étais prête pour incarner la Violaine de Claudel, lui prêter mon cœur et ma bouche pour glorifier des sentiments dont il n'était jamais question à la maison.

Et cependant, quelque chose me retient encore de dire tout haut : « Je veux être actrice », « Je veux être comédienne », comme si je pressentais que ça n'allait pas susciter l'enthousiasme. Y compris chez Jean-Louis et Madeleine, les mieux placés pour me conseiller et en lesquels je devrais voir mes initiateurs, mes parrains.

Depuis la mort de notre père, mon frère et moi déjeunons tous les mercredis chez eux. J'ai confusément conscience que Jean-Louis a abandonné papa, les dernières années, lui causant un chagrin supplémentaire, mais j'évite d'y penser, comme si tout cela était trop douloureux, ou me dépassait. J'ai le souvenir que, peu de temps après les obsèques, maman me charge de remettre à Jean-Louis un petit porte-monnaie en cuir ayant appartenu à mon père. « Tiens, donne cela à ton oncle, je pense que ça le touchera. » Jean-Louis demeure un instant interdit, comme touché, en effet, puis il range le porte-monnaie dans un tiroir et se remet à bavarder joyeusement.

Nous ne parlons pas de papa, nous ne parlons pas de mon intention de marcher sur leurs traces, mais j'aime ces déjeuners qui sont comme un souffle de vie dans notre univers familial où la parole est si peu libre. Jean-Louis a une ouverture d'esprit, une liberté de pensée, de ton, que je ne trouve nulle part ailleurs autour de moi. J'entends l'amour, la révolte, l'espoir, derrière tout ce qu'il dit, j'entends surtout la sincérité et sa volonté de ne pas tricher, d'être toujours au plus près de ce qui nous traverse, nous, humains, artistes.

À travers tout ce qu'il nous raconte, j'entrevois que le métier de comédien est bien plus qu'une profession : c'est une façon d'être dans la vie, une façon de traquer sans cesse les ressorts tumultueux et passionnés de l'âme, pour dire notre drame et notre grandeur. Et c'est exactement ce à quoi j'aspire.

Oh ! l'inoubliable scène d'amour du *Partage de midi*, dans le cimetière chinois, quand Jean-Louis, interprétant Mesa, enlace Ysé, alors jouée par Edwige Feuillère ! Daniel est mon cavalier, ce soir-là, et tandis que nous éprouvons jusqu'à la douleur le désir de Mesa pour Ysé, il pose délicatement la main sur mon cou, me faisant venir les larmes.

Quelle émotion de retrouver Jean-Louis le mercredi suivant ! Jean-Louis qui nous parle de Claudel, justement. « Tiens, ça, c'est une lettre de lui. Ça t'amuse que je te la lise ? — Oh ! oui, s'il te plaît. » Ça ne m'amuse pas, non, ça me bouleverse. « Et voilà une lettre de Gide… »

Quelle mouche me pique, alors que je ne dis rien de mon secret à Jean-Louis et Madeleine, de me trahir devant mon beau-père ?

Je dois avoir quinze ou seize ans et, cette année-là, Jean Domec, fatigué d'aller et venir entre Bordeaux et Paris, envisage que nous nous installions tous à Bordeaux, à proximité de son usine.

— Alors ça c'est impossible, dis-je, effrayée.

— Et pourquoi donc ? Ça ne changerait rien pour toi, on te trouverait une école équivalente à Dupanloup.

— Ça changerait tout, si, parce que je veux être actrice.

— Actrice ? Tu perds la tête, Marie Christine. Tu ne seras pas actrice. Les actrices sont toutes des putes !

5.

C'est l'automne, je viens d'entrer en terminale quand, pour la première fois depuis que nous le connaissons, mon beau-père s'alite. Maman évoque le surmenage, et je m'en veux subrepticement de m'être opposée à notre installation à Bordeaux, même si mon avis n'a compté en rien dans la décision de rester à Paris.

« Il est donc réellement épuisé », me dis-je. Puis il reprend ses activités, en particulier ses navettes entre Paris et Bordeaux, et pendant quelque temps nous n'y pensons plus.

Mais avant Noël il doit de nouveau s'arrêter, garder le lit, et cette fois nous percevons de l'inquiétude dans le regard de notre mère. Parfois, elle s'enferme longuement avec lui dans leur chambre et nous les entendons bavarder. Jamais cela n'était arrivé, Jean Domec nous offrant toujours l'image d'un homme extrêmement occupé, silhouette élégante filant à travers l'appartement tôt le matin pour disparaître au volant d'une voiture dernier modèle (la prestigieuse DS19 en cette année 1960) et revenir pile à l'heure pour le dîner, ou ne pas revenir du tout s'il avait passé la journée dans son usine de Bordeaux.

Quand entendons-nous murmurer pour la première fois le mot « cancer » ? Il me semble qu'il s'infiltre insensiblement dans nos conversations durant l'hiver, sans que l'on sache bien ce qu'il signifie. Cancer de quoi ? On ne nous le dit pas. Et puis des médecins viennent à la maison, et il n'y a aucune raison de penser que la maladie ne va pas leur céder. Comme pour papa, deux ans plus tôt, nous n'envisageons pas un instant que notre père et beau-père puisse être vaincu par son mal. D'ailleurs, bien qu'amaigri, il se relève, retourne travailler à ses bureaux de Levallois, et maman retrouve le sourire.

Quand arrivent les vacances de Pâques, la décision est prise de partir comme chaque année pour Margaux. Cependant, Jean est encore trop fatigué pour conduire, et je suis désignée pour voyager avec lui en train, tandis que le reste de la famille descendra en voiture.

Mon beau-père emprunte le très luxueux wagon pullman, et je découvre à cette occasion combien il est connu sur la ligne, et aimé. Pas un agent qui ne s'arrête pour s'enquérir de sa santé, étonné de ne l'avoir plus croisé depuis plusieurs semaines.

— Ah ! monsieur Domec, quel plaisir de vous revoir ! On se demandait...

— J'ai été bien fatigué, mais à présent tout est arrangé. Nous allons passer quelques jours en famille dans ma propriété du Médoc, et, après ça, vous me reverrez chaque semaine.

Il remercie, sourit, avec cette élégance dont il ne se départ jamais, et, comme il croise mon regard, il m'étreint furtivement le poignet.

— N'est-ce pas Marie Christine ?

— Oui.

— Vous avez une fille charmante, et soucieuse de son père. Eh bien, bon voyage, monsieur Domec, et à vous aussi mademoiselle.

Sait-il qu'il ne lui reste que quelques semaines à vivre ? Oui, j'en aurai bientôt la preuve, mais il ne montre rien, faisant marque d'un courage dont je conserve le souvenir intact tant d'années après.

À la fin des vacances, il ne remonte pas avec nous, et c'est notre mère qui nous annonce la nouvelle, précisant au passage qu'elle a choisi de rester auprès de lui.

— Jean a encore besoin de repos, vous allez regagner Paris sans nous, et je suis certaine qu'à la Pentecôte les choses reprendront comme avant.

Mais c'est un autre homme que nous découvrons à la Pentecôte, décharné, un teint de cire, les yeux agrandis par une douleur qu'on devine mais dont il ne dit rien.

À tour de rôle, nous venons nous asseoir à son chevet.

Un après-midi où je me tiens silencieuse près de son lit, le croyant endormi et écoutant maman bavarder gaiement avec le jardinier, à quelques pas des persiennes à demi closes, je l'entends soudain murmurer :

— Approche-toi, ma petite fille... Je vais mourir, je n'en ai plus pour bien longtemps. Je veux que tu le saches pour t'y préparer, mais je t'en supplie, ne dis rien à ta mère, ça lui ferait trop de peine.

Et comme je ne trouve rien à répondre, à la fois touchée et effrayée, je l'entends poursuivre :

— Tu vois, dans la vie, on paie toujours pour ses fautes. Je suis en train de payer pour les miennes. Je sais combien ton père a souffert, et combien tu as été malheureuse de le perdre. Eh bien, j'offre ma vie, aujourd'hui, pour réparer le mal que j'ai pu faire, et pour que tu sois heureuse et réussisses.

Il parle sans émotion apparente, mais avec gravité, me donnant le sentiment qu'il sait exactement ce qu'il veut me dire, et qu'il va à l'essentiel, conscient du peu de forces qu'il lui reste.

Et de nouveau, je me sens paralysée. Ce qu'il me confie est si inattendu, si profond, de la part d'un homme qui n'a jamais évoqué devant moi sa culpabilité dans le divorce de mes parents, dans le lent calvaire de mon père, qu'il me faut du temps pour laisser les mots me pénétrer et faire leur chemin.

Mais il ne semble pas attendre de réponse de ma part et, cherchant mon regard, il ébauche un sourire.

— Va, maintenant, et sois heureuse. Je pars serein, nous savons tous les deux, n'est-ce pas, quel sera le compagnon de ta vie...

Je suis si troublée par ce dernier aveu que je sors de sa chambre comme une somnambule. Ainsi, il a vu pour Daniel et moi, et si lui a deviné, c'est que tout le monde a deviné. Rien n'a été dit entre nous, aucun baiser n'a été échangé, et cependant mon beau-père nous a déjà mariés. Sur son lit de mort. Cela ressemble à une scène de tragédie, ça pourrait être du Corneille, du Racine, et d'un seul coup ça me semble trop lourd. Bien trop lourd. Voilà que notre relation, si délicieusement secrète, si éthérée, s'enracine dans l'évangile familial, le patriarche la bénissant avant de disparaître...

De retour à Paris, je me sens le cœur tiraillé, prise d'une douloureuse culpabilité à l'égard d'un homme qui, en dépit de sa faute originelle – s'éprendre de la femme de son ami –, aura constamment tenté de faire mon bonheur. Or, jusqu'à la fin, je lui aurai refusé mon amour.

Quelques jours avant le baccalauréat, je me décide soudain à lui écrire pour lui exprimer mes regrets de m'être si mal conduite, lui dire que je le remercie pour tout l'amour qu'il m'a donné... Et je reçois la veille de l'examen une lettre qui, aujourd'hui encore, un demi-siècle plus tard, ne me quitte jamais :

« Ma fille tant chérie... Je sais les sentiments qui t'ont animée, ce n'est rien, tu n'as rien à te reprocher... Je sais tout ce qui bat dans ton cœur sous des dehors qui parfois peuvent paraître brusques... Je souffre beaucoup et j'offre mes souffrances au bon Dieu pour vous tous, pour que tu réussisses ta vie, quelle que soit la voie que tu choisisses, c'est-à-dire pour que toute ta vie tu restes fidèle au Christ et à l'idéal que j'ai essayé de te tracer... Je te serre bien fort sur mon cœur, toi en qui j'ai mis tant d'espoir. »

En une dizaine de phrases mon beau-père me sauve d'une culpabilité qui m'aurait sans doute poursuivie toute la vie.

Cependant, je rate mon bac, tandis qu'il s'éteint le jour de l'examen dans son château du Médoc.

L'année suivante, découvrant mon sujet de philosophie – « Le sentiment de culpabilité a-t-il une valeur morale ? » –, je rédige un devoir très personnel, sans doute assez peu philosophique, mais extrêmement grave et convaincu qui me vaut un 14/20... et mon diplôme !

La disparition de Jean marque le second grand tournant de notre vie (après le passage de la petite maison de Yerres aux fastes de la vie familiale boulevard Murat). Du jour au lendemain, maman se retrouve à la tête d'une entreprise dont elle ne sait strictement rien et dont les comptes lui apparaissent catastrophiques : une trésorerie dans le rouge, des millions d'emprunts à rembourser. Chef d'entreprise courageux et talentueux, Jean Domec avait bénéficié de la confiance des banques qui l'avaient soutenu fidèlement quinze années durant, et auraient évidemment continué à le faire si le destin avait été autre. Notre mère n'ayant aucune des qualités requises pour lui succéder, le système s'effondre dès l'annonce de sa mort.

Tandis que j'entreprends une seconde terminale, au lycée La Fontaine, cette fois, les commandements d'huissiers se succèdent à la maison. Non seulement nous n'avons plus ni cuisinière ni femme de chambre, mais nous sommes menacés de la saisie de tous nos biens. Maman vend plusieurs de ses meubles les plus précieux pour dégager de quoi nourrir ses quatre enfants, ajoutant, avec un courage et un humour qu'on ne lui soupçonnait pas : « Nous en avons sûrement bien plus besoin que les créanciers de Jean, alors profitons-en avant qu'ils viennent se servir. »

Si on m'avait interrogée avant la disparition de mon beau-père, j'aurais sûrement prédit que notre mère ne s'en remettrait pas. Elle s'était pliée à ses quatre volontés, acceptant par amour de renoncer à une carrière d'artiste, de ne plus gagner un sou, de ne plus conduire, devenant au fil des années une de ces grandes bourgeoises dont l'existence même semble dépendre de la baguette magique d'un époux omniscient, or voilà qu'elle se révèle dans l'épreuve d'une force extraordinaire, d'une *habileté* extraordinaire, perdant parfois son sang-froid à la maison, certes, pleurant et hurlant, mais trouvant, aussitôt dehors, le ressort et les mots pour négocier nos dettes comme la plus âpre des femmes d'affaires. Les huissiers continueront longtemps de nous menacer, mais aucun ne franchira jamais notre porte, et nous ne connaîtrons jamais l'humiliation de voir tous nos biens saisis, ou d'être expulsés.

Mais nous connaissons le manque d'argent, oui, et il est clair que certains jours maman n'a même plus de quoi aller faire le marché.

Durant tous ces mois difficiles, elle doit en plus se préoccuper de sa mère, notre grand-mère Félicité, qui vit désormais avec nous. Félicité, qui a donc enterré les deux hommes de maman, le « con », puis le « salaud », ou plutôt l'« empoisonneur », et qui règne enfin sur une maisonnée de femmes (ma mère et ses trois filles), débarrassée des hommes qu'elle tient en piètre estime, si l'on excepte Alain, qui a vingt ans cette année-là mais songe déjà à partir le plus loin possible (il s'envolera bientôt pour l'Afrique après avoir bouclé Sciences-Po).

Maman est cependant soutenue par un ami de Jean Domec, Pierre Derruppé, que l'on voit alors beaucoup à la maison. Derruppé est l'inventeur d'une petite pelle mécanique qui porte son nom, équipée d'un moteur Diesel fabriqué par Domec. Les deux hommes ont été très liés et, dès la mort de son ami, Pierre est venu nous réconforter et nous assurer de son aide. C'est sans doute auprès de lui que notre mère apprend à ruser avec les huissiers, à négocier avec les banquiers, et dans son amitié qu'elle puise la force nécessaire pour rester debout, et même pour plaisanter certains jours.

C'est avec son concours qu'en pleine berezina elle décide de se lancer dans le commerce des antiquités. Elle a la passion des meubles et des objets anciens, elle en a acquis la culture au fil des années. A-t-elle pour autant le sens du commerce, indispensable dans ce genre d'entreprise ? Pierre Derruppé le croit, et c'est lui qui la pousse à oser. Je crois même que c'est lui qui lui offre sa première boutique, en plein centre de Paris.

Pour échapper aux huissiers, la société est mise au nom de mon frère Alain. À quarante-neuf ans, et après quinze années de vie bourgeoise et d'inactivité, maman se lance sur les routes de France au volant d'une petite fourgonnette d'occasion, à la recherche de pièces rares qu'elle chine ici ou là et revend un bon prix aux amateurs parisiens. Disons tout de suite qu'elle se révèle une extraordinaire commerçante, puisque, criblée de dettes en 1961, elle mourra quarante ans plus tard assise sur un petit tas d'or et étant parvenue non seulement à conserver son château du Médoc, mais à en faire une propriété viticole d'une grande valeur. Aujourd'hui, je remercie le Seigneur d'avoir fait d'elle une veuve, car sinon, me dis-je, elle aurait continué d'ignorer ses immenses capacités.

Avec le recul, cependant, Alain et moi nous demandons si notre mère n'est pas passée à deux doigts de se réinstaller dans une existence d'épouse au foyer. L'amitié fidèle de Pierre Derruppé ne se serait-elle pas transformée en amour au fil du temps ? Notre mère était encore ravissante à cinquante ans, et peut-être avons-nous surpris, certains jours, une émotion particulière dans le regard de Pierre. Mais le destin ne l'a pas voulu : tandis qu'il rejoignait maman au volant de sa voiture, pour l'un de leurs déjeuners au restaurant, Pierre Derruppé a trouvé la mort dans un accident de la route.

Décidément, en conclurons-nous bien des années plus tard, notre mère fut une tueuse d'hommes. Obéissant peut-être sans le savoir aux prières secrètes de Félicité qui les enterra tous, avant de mourir elle-même, en 1974.

J'avais été très déçue par la philo, à Dupanloup, notre professeur démarrant l'année par cet enterrement de première classe : « Voici les dix preuves de l'existence de Dieu, je vous prie de les noter. » Que restait-il, après ça, du fameux « doute philosophique » qui fonde la discipline ?

Au lycée La Fontaine, en revanche, la philo m'enivre grâce à un professeur érudit et lumineux. Philippe Toscan du Plantier, le futur agrégé, accepte de me donner en plus des cours particuliers qui me transportent au firmament de l'esprit, bien au-delà du programme. Daniel ne voit pas ces leçons particulières d'un très bon œil et, un soir où je lui dis mon admiration pour l'intelligence de son frère, sortant de la chambre de celui-ci et encore sur un petit nuage, j'ai la surprise de l'entendre maugréer : « Bon, la philo, ça va bien comme ça ! »

Me voilà enfin bachelière, une année exactement après la mort de mon beau-père. Je n'en peux plus de l'ambiance à la maison, les soucis qui s'accumulent sur nos têtes, maman qui court toute la journée après l'argent et traverse parfois des moments d'angoisse insupportables, le loyer qu'elle ne peut plus payer, les huissiers qui ne nous lâchent pas... Il n'y a plus beaucoup d'espace pour respirer, songer à soi et essayer de se projeter dans la nouvelle vie qui s'offre à tous les jeunes bacheliers. Je veux être comédienne, oh ! oui, je ne pense même plus qu'à cela, mais je ne me vois pas annonçant la grande nouvelle à maman, transie d'émotion, le cœur battant, dans cette ambiance de sauve-qui-peut.

« Maman, je veux être comédienne. Sais-tu d'où je tiens la certitude que je mourrais si je renonçais ? De ma lecture de Rainer Maria Rilke. Écoute ce qu'il écrit au jeune poète qui lui demande s'il peut prendre le risque de consacrer sa vie à l'écriture : "Personne ne peut vous conseiller ni vous aider, personne. Il n'existe qu'un seul moyen : plongez en vous-même, recherchez la raison qui vous enjoint d'écrire; examinez si cette raison étend ses racines jusqu'aux plus extrêmes profondeurs de votre cœur; répondez franchement à la question de savoir si vous seriez condamné à mourir au cas où il vous serait refusé d'écrire. Avant toute chose, demandez-vous, à l'heure la plus tranquille de votre nuit : est-il nécessaire que j'écrive? Creusez en vous-même en quête d'une réponse profonde. Et si elle devait être positive, si vous étiez fondé à répondre à cette question grave par un puissant et simple 'je ne peux pas faire autrement', construisez alors votre existence en fonction de cette nécessité." »

Non, je ne me vois pas, entre deux coups de fil d'huissiers, lisant du Rainer Maria Rilke à notre mère.

Et cependant oui, je serais condamnée à mourir s'il m'était refusé d'être comédienne. Je le sais, j'en ai la conviction profonde, et je ne suis plus une enfant, j'ai dix-huit ans. Mais je préfère attendre de meilleurs augures pour avertir les miens, et c'est ce qui me décide à partir pour Londres comme jeune fille au pair, en quête d'oxygène et de liberté. J'ai découvert que je pouvais faire là-bas une année d'hypokhâgne au lycée français, et Jean-Louis, à qui j'ai soumis l'idée, a tout de suite accepté de me financer cette année d'études.

C'est la première fois que Daniel et moi mettons une telle distance entre nous. Rien n'a encore été dit, nous sommes aimantés l'un par l'autre mais nous ne sommes pas fiancés, et jamais les mots « je t'aime » n'ont été prononcés entre nous. Cette longue séparation va enfin nous permettre d'ouvrir nos cœurs. Et de la façon la plus romantique qui soit : à travers une correspondance d'autant plus enflammée que nous avons retenu nos élans six années durant.

Enfin nous nous disons combien nous nous aimons, mais nous ne sommes pas dans la sensualité, pas du tout, ce serait sans doute tomber bien bas à nos propres yeux, nous nous élevons au contraire mutuellement vers les sphères transcendantales de l'amour, à une altitude où le mariage nous apparaît comme un chemin merveilleux semé de pétales de roses où notre couple, en plein ravissement, s'envole insensiblement vers la sainteté, ou quelque chose d'approchant. Oui, car, pour la première fois, nous parlons bel et bien de mariage, de « projet de vie », que dis-je : d'éternité ensemble.

Une ivresse très pure grandit au fil des lettres et nous transporte. L'écriture de Daniel, que je reconnais instantanément, me fait bondir le cœur. Je ne vis plus que par lui, osant à peine imaginer ma félicité le jour où nous allons nous retrouver.

Et ce jour approche : il est entendu qu'en février Daniel viendra passer une semaine à Londres. Je m'emploie à lui préparer un séjour enchanteur, entre récital du célèbre baryton Dietrich Fischer-Dieskau et découverte des fast-foods, entre visites des musées et promenades romantiques le long de la Tamise. Il habitera une chambre voisine de la mienne, hébergé par la famille qui m'a prise au pair (cinq enfants dont je suis en partie responsable !). Je me refuse à imaginer quoi que ce soit, trop innocente, mais à la fois la tête me tourne par moments. Il est plus âgé que moi, me dis-je alors, lui saura que dire, que faire, et je n'aurai qu'à me laisser conduire.

Je ne touche plus terre en me rendant à l'aéroport. Après toutes ces lettres éperdues d'amour, allons-nous enfin tomber dans les bras l'un de l'autre ? nous étreindre et nous embrasser pour la première fois ? Et quels mots allons-nous trouver pour prolonger dans la vraie vie nos élans épistolaires ? Je suis consciente qu'il va nous falloir nous montrer très inventifs pour continuer de nous élever ensemble vers cet idéal fusionnel que nous avons construit sur de belles phrases.

Et la chute est d'autant plus effrayante. Je ne reconnais rien du poète transi dans le jeune homme froid et irritable qui s'engouffre derrière moi dans un autobus, après m'avoir gratifiée de quelques considérations affligeantes sur son voyage, et oublié même de me rendre mon baiser. Daniel semble ailleurs, fatigué, agacé, peu disponible, et en quelques minutes seulement tous les rêves qui me portaient s'effondrent. Est-ce bien le même homme qui m'écrivait, il y a quelques jours seulement… qui m'écrivait… quoi déjà ?… Dans le bus, je cherche à me remémorer ses mots tant la scène me semble impossible. Puis je m'accroche à l'idée qu'il doit être éprouvé par son vol, par le dépaysement, et je me dis que demain matin peut-être je le retrouverai tel que je l'ai imaginé depuis mon installation à Londres.

Mais non, c'est le même homme distant qui m'attend le lendemain matin à la table du petit déjeuner. Un sourire ébauché comme à regret, et puis sur le visage le masque glacial du visiteur qui paraît se demander ce qu'il fabrique ici quand il aurait tant à faire de l'autre côté de la Manche. Me serais-je complètement trompée sur ses intentions ? Dans la demi-heure qui suit, et tandis qu'il se prépare dans sa chambre pour notre première sortie, je relis deux ou trois de ses lettres… Je ne me suis pas trompée, oh, non ! Mais alors, me dis-je, se peut-il qu'il ait été, au premier regard, affreusement déçu par moi ? C'est la seule explication, et je sens revenir au galop mes vieux complexes d'adolescente.

La journée est épouvantable, et tous les espoirs que je fondais sur le sublime Fischer-Dieskau s'effondrent à leur tour lorsque Daniel, sortant du récital, trouve encore à redire : « Pas mal, mais je dois vous avouer que j'ai été un peu déçu… » Oui, car nous nous vouvoyons, n'est-ce pas, ce qui ne contribue sans doute pas à réchauffer l'atmosphère.

Je brûle mes dernières cartouches, deux ou trois jours plus tard, en prenant un air détaché pour évoquer notre projet de mariage.

— Nous avons tout le temps devant nous, Marie Christine, rien ne presse. Et pour être tout à fait sincère, je trouve que nous sommes encore un peu jeunes pour prendre un tel engagement qui nous lierait pour la vie.

Voilà, si j'avais encore besoin d'une petite douche froide, je suis servie.

Aussitôt après son départ pour Paris, je m'effondre en larmes. Complètement perdue, doutant soudain de moi, de mes sentiments, de mon regard sur les autres. Comment avais-je pu m'inventer cette cathédrale, alors que de l'autre côté il n'y avait rien d'autre qu'une amitié un peu lasse ? C'était affolant, la passion m'avait aveuglée.

La vie reprend, mais silencieuse et lourde maintenant que mon étoile s'est éteinte. Car Daniel ne m'écrit plus. Il ne semble soudain plus rien rester de notre belle histoire, de toutes nos promesses, et je dois par moments me pincer pour me prouver que tout cela n'est pas un cauchemar. Je balance entre incrédulité et détestation de moi-même. Non seulement je dois être moche, mais je dois être idiote, et peut-être même un peu cinglée.

Enfin, un matin, m'arrive une lettre. Elle n'est pas de Daniel, mais de mon frère Alain.

« Ma petite sœur chérie, m'écrit-il, tu dois oublier Daniel, son cœur est désormais pris par une autre jeune fille dont le sort a voulu qu'il fasse connaissance quelques jours seulement avant son voyage à Londres. Il restera ton ami, rien de plus, rien de moins. Pardonne-lui de ne pas avoir su te l'expliquer lui-même ; je sais que tu es suffisamment forte pour envisager ton avenir sans lui… »

Je devrais sans doute être effondrée, mais c'est tout le contraire qui se passe. D'abord, je ne suis pas idiote, j'avais parfaitement bien compris les sentiments de Daniel, jusqu'à l'apparition impromptue de cette rivale, dans les cinq dernières minutes, et cela me rassure sur mon état mental. Ensuite, je sens venir de loin une colère salutaire. Non pas contre Daniel, dont la couardise m'aiderait plutôt à tourner la page, mais contre moi-même : comment ai-je pu souffrir à ce point – comme une damnée, n'ayons pas peur des mots – et tout cela pour un homme ? Comment ai-je pu m'effondrer, hypothéquer toute ma vie, au point d'en oublier ma vocation de comédienne, mon amour du théâtre, simplement parce qu'un homme ne m'a pas donné l'amour que j'avais attendu de lui ? Je m'en veux, et bientôt je me méprise de m'être laissé réduire à *ça* : une femme haletante et désespérée par la faute d'un homme.

Marchant à travers les rues de Londres dans les premiers jours de ce printemps 1963, animée d'une colère qui me fait oublier ma fatigue, je me fais le serment de ne plus jamais être la victime d'un homme, la victime d'un amour. De ne plus jamais me laisser emprisonner dans des sentiments qui ne dépendent pas de moi. Souffrir pour devenir la femme et l'artiste que je veux être, oh ! oui, cent fois, mais quelle indignité, me dis-je, du haut de mes dix-neuf ans, de souffrir par l'arbitraire d'un homme, au point d'être anéantie et de me résumer à cette minable douleur. Quelle indignité ! Quelle pauvreté !

6.

J'ai toujours pensé que ma mère avait dû ressentir une grande fierté à l'instant où je lui ai annoncé que je voulais devenir comédienne. Elle-même artiste et fille d'artiste, me dis-je, elle a dû être secrètement flattée que je marche sur ses traces.

Mais elle se garde de le montrer, et, avec le recul, je peux facilement la comprendre : courant après l'argent, elle avait sans doute espéré qu'à mon retour de Londres je me lancerais dans des études brèves et « rentables », or je lui propose tout l'opposé. « Très bien, ma fille, mais quand gagneras-tu enfin ta vie ? » a-t-elle dû penser, sachant combien les artistes mettent de temps à s'imposer, quand ils ne disparaissent pas de la scène avant même d'être repérés.

Je ne lui lis pas Rilke, je ne lui explique pas que pour moi c'est ça ou mourir, mais elle le devine sans doute, car elle ne cherche pas à me dissuader.

Une heure plus tard, cependant, elle est au téléphone avec Jean-Louis.

— Ton oncle et ta tante souhaitent te voir, Marie Christine. Je pense qu'ils peuvent être de bon conseil.

— Je pensais bien leur en parler, maman.

Oui, je songeais évidemment à eux, aux conseils qu'ils pourraient me donner, mais jamais je n'aurais soupçonné qu'ils m'accueilleraient avec autant d'acrimonie.

— Qu'est-ce que tu veux donc faire dans ce métier, ma pauvre fille ! s'exclame Jean-Louis. Il n'y a qu'à te regarder pour voir que tu es faite pour la scène comme moi pour être notaire.

— ...

— Sous prétexte que ta tante et moi sommes comédiens, tu te figures pouvoir le devenir. Mais c'est une vocation, mon enfant, ce n'est pas un métier comme les autres.

— Je sais.

— Tu sais ! Tu sais ! Mais qu'est-ce que tu sais donc du théâtre ? Plante-toi devant une glace, observe-toi, et dis-moi si tu te vois en Antigone ? en Ysé ?

L'Ysé du *Partage de midi*, de Claudel. L'inoubliable Ysé incarnée par Edwige Feuillère, cependant que Jean-Louis était Mesa. Ysé, le rôle dont je n'ose pas rêver, même dans mes délires les plus fous, mais dont je rêve cependant. Comment Jean-Louis a-t-il deviné ?

Mais je me tais. J'ai compris que, quoi que je dise, je serai impuissante à le convaincre.

— Tu veux faire du théâtre, reprend-il, parce que tu t'imagines qu'avec notre soutien cela va t'être plus facile qu'aux autres...

Le coup de grâce ! Moi qui détesterais tellement qu'ils me pistonnent. Pas un instant je n'y ai pensé.

Et c'est alors que Madeleine s'en mêle.

— L'autre jour, j'ai rencontré une jeune femme passionnante, figure-toi. Tu ne devineras pas ce qu'elle fait : décoratrice-étalagiste ! Pourquoi ne choisirais-tu pas ce genre de métier ? Ça me semblerait correspondre bien mieux à ta nature. Qu'en penses-tu ?

Rien, je n'en pense rien. Je suis effondrée. Pressée de me retrouver en tête à tête avec moi-même, avec la bienveillante sévérité de Rilke pour guide, et d'oublier la sourde malignité que je sens rôder sous les mots de ces deux-là.

Mais Jean-Louis, finalement, feint de me faire une concession.

— En tout cas, si tu ne renonces pas à ton projet, une chose est certaine : tu dois faire le Conservatoire. On ne devient pas comédien sans être passé par le Conservatoire. Et si je peux te donner un conseil, avant de présenter le concours, passe donc une année au cours Simon, ça te donnera une petite idée du métier.

Sous ce brutal revirement se cache en vérité le coup de pied de l'âne. Jean-Louis sait parfaitement que le Conservatoire n'accepte qu'une trentaine de candidats sur les huit cents qui se présentent. Il escompte évidemment qu'on ne voudra pas de moi (comment croire le contraire après l'image qu'il m'a renvoyée de moi-même ?). Je le comprendrai bientôt, mais en attendant je prends son conseil au pied de la lettre et je file ingénument me présenter au cours Simon.

Oh ! comme j'aimerais avoir aujourd'hui quelques instantanés de ce matin de septembre où j'ai franchi pour la première fois les portes du cours Simon, pour être témoin de la stupéfaction qui a dû se lire sur les visages lorsque je suis apparue ! Toutes les filles qui sont là se destinent au cinéma, elles sont les futures starlettes des années 1960, la taille de guêpe, maquillées comme des bimbos, décolletées jusqu'au nombril, tandis que celle qui surgit – moi, Marie Christine Barrault – ne s'est toujours pas séparée de la jupe à plis bleu marine de Dupanloup, des chaussures plates et du petit col Claudine. Outre que je n'ai rien perdu de mes rondeurs, j'ignore tout du maquillage (« un trompe-couillons », prétendait mon beau-père), et pour ce qui est des cheveux, dont on fait ici grand cas, je les lave au savon de Marseille et les laisse retomber raides sur mes épaules, façon Jeanne d'Arc. La stupéfaction de mes futures camarades, oui, que je devine aujourd'hui, mais dont je n'ai pas eu conscience sur le moment.

Je me souviens seulement du regard qu'a posé sur moi René Simon. Curieux, puis bienveillant, puis comme attendri. Quand Jean-Louis, qui connaissait parfaitement les clientes du cours Simon, avait dû se dire : « Avec la silhouette qu'elle a, elle ne tiendra pas trois jours », René Simon paraît au contraire, peut-être pas enchanté, mais heureusement surpris par l'improbable candidate que lui envoie le destin.

A-t-il vu au premier coup d'œil le parti singulier qu'il allait tirer de moi ? Sans doute, puisque dès le deuxième mois, et alors que j'ânonne péniblement Anouilh et Musset, il me prend à part :

— Viens voir par ici, ma petite. Qui est-ce qui paie ton cours ? Tes parents ? Ton oncle ?

— Moi. Je travaille.

À mon retour de Londres, Jean-Louis a en effet cessé de m'aider (peut-être aurait-il consenti à le faire si j'avais choisi un métier dans la comptabilité ou le secrétariat, mais pour devenir comédienne, certainement pas). J'ai donc trouvé un poste de surveillante au cours

Charles-Péguy, et je complète mon revenu en faisant des enquêtes pour des études de marché.

— Ah ! tu travailles. Je ne savais pas. Eh bien, pour les mensualités du cours, on verra plus tard, garde donc tes sous pour vivre, mon enfant.

Je ne paierai jamais. René Simon, qu'on disait pourtant très attaché à l'argent, me gardera toute l'année gratuitement. J'aime cet homme, mystérieux et caractériel, passionné surtout, auquel je dois sans doute le bonheur d'avoir accompli mon rêve. Le sien s'était brisé à la guerre de 14-18 d'où il était rentré défiguré. Il avait dû réapprendre à parler, renoncer à la belle carrière qu'il avait commencée avant guerre, et ouvrir ce cours où il avait formé les plus grandes actrices, dont Michèle Morgan.

J'assiste, horrifiée, à la façon dont il traite certaines élèves qu'il juge trop coincées. Il est du genre à surgir sur scène en pleine répétition, et, devant tout le monde, à relever la jupe de la fille. Mais à moi, jamais. Il m'observe toujours avec beaucoup de respect et de bienveillance, comme s'il se doutait des difficultés que je pourrais rencontrer pour trouver ma voix, ma place, tout en étant certain que j'y arriverai. Et d'ailleurs, il me laisse cultiver mon jardin, aller vers les textes qui m'attirent et me ressemblent, et quand les autres travaillent Marivaux, quelques pièces de boulevard, également, je répète Tchekhov, Claudel, Giraudoux. Je suis sûrement l'élève la plus décalée de son cours.

Et guère prometteuse, si j'en crois l'un de mes pires souvenirs cette année-là. Un jour, une camarade me demande de lui donner la réplique durant un cours particulier qu'elle prend avec une ancienne actrice de la

Comédie-Française, Madeleine Clervanne. La leçon commence, mais au lieu de corriger son élève, Madeleine Clervanne s'en prend immédiatement à moi.

— Si vous vous destinez au théâtre, mademoiselle, me lance-t-elle, il serait temps de vous secouer. Vous avez autant de sensibilité que le banc sur lequel vous êtes assise !

Durant toute la leçon, Madeleine Clervanne me harcèle, à tel point que ce soir-là je rentre en larmes, me disant que je ne suis bonne à rien, et sûrement pas à devenir comédienne.

Mais ce n'est visiblement pas l'avis de René Simon qui décide, contre toute attente, de me retenir pour la grande audition de fin d'année, en juin, au cours de laquelle il présente à un parterre de comédiens ses élèves les plus prometteurs. Théoriquement, ce sont des étudiants de troisième année, je suis donc cette année-là l'exception.

Suis-je portée par la confiance qu'il me fait ? ou dans un très bon jour ? En tout cas, je décroche la Médaille de l'espérance avec une tirade de doña Musique dans *Le Soulier de satin*, quatre mois donc avant de présenter le concours d'entrée au Conservatoire qui se tient traditionnellement en octobre.

René Simon, qui décidément croit en moi, s'intéresse de très près à la scène que je compte présenter pour le Conservatoire. Pendant plusieurs semaines, il me laisse travailler le rôle de Camille, personnage tragique, dans *On ne badine pas avec l'amour*, de Musset. Et puis soudain, huit jours avant l'examen, il m'arrête en pleine répétition.

— Tu ne vas pas présenter ça, mon petit. Tu vas

prendre une autre pièce de Musset, *Il ne faut jurer de rien*, le rôle de Cécile...

Je n'ose pas protester, et je me précipite sur ce texte que je ne connais pas. Cécile est une jeune première, d'une ingénuité désarmante, bien loin de la sombre Camille.

J'apprends le rôle à toute vitesse.

— Bien, dit René Simon. Et maintenant, est-ce que tu aurais une robe de très jeune fille, genre bal des débutantes ?

Eh bien, oui, j'ai cet article. Une robe en mousseline bleu ciel, cousue de mes mains lors d'une série de cours que maman avait exigé que je prenne pour ma vie future de femme et d'épouse (elle qui ne sait pas coudre un bouton !).

Le lendemain matin, je me présente devant René Simon avec cette robe sur le dos, et je vois son visage s'illuminer.

— C'est exactement ça, souffle-t-il. Exactement ça. Tu es la Cécile qu'a imaginée Musset.

Le concours d'entrée au Conservatoire se déroule en trois tours. Au premier, le plus meurtrier, puisque les trois quarts des candidats sont éliminés, chaque élève se présente dans le rôle qu'il s'est choisi.

Je suis donc Cécile, dans ma robe en mousseline bleu ciel, sortant tout droit du couvent de bonnes sœurs où nous avons grandi l'une et l'autre (on ne saurait mieux se confondre avec son personnage), et portant mon petit bouquet avec l'éclat ravi de l'ingénuité sur mon visage rose et lisse.

Je perçois le tendre amusement des membres du jury à l'instant où j'apparais, et l'émotion aussitôt que j'ouvre la bouche. Ma voix un peu trop haut perchée, voyez-vous, affreusement juvénile (ma voix que je n'aime pas, qui m'agace tellement aujourd'hui encore lorsque je revois mes premiers films – et que j'apprendrai bientôt à corriger, à poser), mais qui, à n'en pas douter, est celle qu'on attend d'une jeune fille si innocente.

Il me semble qu'ils ne me laissent dire qu'une phrase : « Bonjour, Octave, je vous ai apporté mon petit bouquet… », avant de me ranger à l'unanimité parmi les admis.

Les deux tours suivants ne sont plus qu'une formalité. Et voilà, je suis reçue au Conservatoire. Un triomphe, en somme, pour la jeune fille complexée que Jean-Louis et Madeleine auraient mieux vue en étalagiste aux Galerie Lafayette.

Leur ai-je annoncé la nouvelle ? Oui, sans doute, mais je ne me souviens pas d'avoir entendu d'eux des mots de félicitations et d'encouragement. Je me rappelle, en revanche, avoir relu Rilke, et l'avoir remercié silencieusement, lui que j'aurais aimé connaître, de m'avoir mise au défi d'accomplir mon rêve : « Répondez franchement à la question de savoir si vous seriez condamné à mourir au cas où il vous serait refusé d'écrire [de jouer, pour moi]. Et, si [la réponse] devait être positive, construisez alors votre existence en fonction de cette nécessité. »

C'est durant cet été si joyeux, si prometteur (j'ai reçu la Médaille de l'espérance et je prépare alors mon entrée au Conservatoire), que je tombe amoureuse de Jérôme. Je le rencontre au bal de fin d'année de son école de commerce où m'emmène mon frère Alain, et je cède dans la seconde au charme de ses yeux bleus, de son sourire, de son élégance... Lui est dans le même état de ravissement. Il a découvert, me dit-il, la femme de sa vie. Et pour que je n'aie aucun doute sur la pureté et la grandeur de ses sentiments, il me présente dès le lendemain à ses parents et à ses frères et sœurs comme sa « fiancée ».

Sans doute est-ce ce qu'on appelle un coup de foudre. Oublié Daniel, dont je me suis appliquée à enfouir la blessure, mon cœur appartient désormais à Jérôme. Formidablement épris l'un de l'autre, et ne nous lâchant plus la main, nous tricotons à toute allure des projets d'avenir dans le bel été qui commence, nous raccompagnant le soir à tour de rôle, échangeant des baisers fougueux, incapables de nous séparer. Je lui parle de ma vocation de comédienne, et il acquiesce, comme transporté. Oh ! oui, il y a de la beauté, de l'idéal, à consacrer sa vie au théâtre – Racine, Shakespeare, Claudel, Tchekhov... « Comme c'est enthousiasmant, et comme je te comprends, Marie Christine. »

Jérôme est empreint d'idéaux qui réveillent en moi ceux que m'ont enseignés les Dames de Saint-Maur, à Dupanloup. Quand je l'entends nous raconter notre vie future, je redeviens l'adolescente mystique que je fus au temps de *L'Annonce faite à Marie* et de *La Vierge à midi*, et je repense avec émotion aux parents de Françoise-Marie et à leurs douze enfants. Car Jérôme ne conçoit pas le mariage autrement qu'eux.

— Nous aurons autant d'enfants que Dieu nous en enverra, n'est-ce pas, ma chérie ?

Eh bien, oui, sans doute, dix enfants, douze enfants, pourquoi pas quinze ? Mais là, dans le moment présent, je suis trop bouleversée, trop amoureuse, pour me projeter si loin. Je viens seulement de fêter mes vingt ans, et je suis pleine d'appétit et de curiosité pour ce que m'offre la vie.

Un soir où la passion nous fait carrément perdre la tête, je parviens à me glisser dans le lit de Jérôme, n'en pouvant plus d'attendre et escomptant que nous allons enfin connaître l'accomplissement de ce vertige qui nous tient depuis des jours ivres d'excitation, et comme au bord du gouffre.

— Non ! s'exclame alors mon fiancé, mais à moitié nu déjà et se redressant vertueusement sur un coude. Vois-tu, Marie Christine, je veux être comme les chevaliers du Moyen Âge avec leur dame : une épée entre nous !

Comme j'aurais aimé qu'il oublie cette nuit-là le Moyen Âge et l'épée pour écouter simplement son désir, dont j'avais eu la preuve, et me prendre dans ses bras !

Mais non, il se maintient sur les cimes, et me propose quelques jours plus tard une retraite réservée aux futurs mariés, dans un monastère. Pourquoi est-ce que j'accepte avec ferveur ? Parce que je ne renie pas la jeune fille de Dupanloup, tout en observant avec intérêt et curiosité la jeune femme éprise de liberté qui se manifeste en moi. Laquelle va l'emporter ? Je me le demande confusément, balançant à chaque instant entre mon penchant pour le spirituel et une sensualité qui semble prête à me déborder, à tout emporter.

La question de la contraception est évidemment au centre des prêches qui se succèdent. Jérôme se projette de nouveau en père de famille nombreuse et, dans ce huis clos où nous avons le sentiment de vivre dans l'extrême proximité de Dieu, je crois que je consens plus ou moins à tout.

Cela pour dire le choc que dut être pour lui mon brutal revirement.

C'est un télégramme d'Yves Robert qui déclenche le séisme. Le cinéaste m'a repérée au cours Simon, le soir où j'ai obtenu la Médaille de l'espérance, et il me propose un petit rôle dans son prochain film, *Les Copains*, d'après l'œuvre de Jules Romains. Jérôme et moi rentrons juste de notre retraite, et cependant je ne réfléchis pas plus d'une seconde, j'accepte. Je vais faire du cinéma, je suis folle de joie. Mais le soir, je vois la tête de Jérôme. Le théâtre est une chose, surtout si l'on s'en tient à Claudel, le cinéma en est une autre. Parler de cinéma, c'est suggérer que je vais devenir actrice, tandis que jusqu'ici nous nous en sommes prudemment tenus au mot de « comédienne ». Jérôme pense-t-il, comme mon beau-père, que les actrices « sont toutes des putes » ? Il ne l'exprime pas comme ça, mais je devine à son embarras combien il juge difficile d'engendrer une famille nombreuse tout en exerçant ce métier-là.

— Mais Jérôme, c'est le métier auquel je me prépare !

— Réfléchis, ma chérie. Penses-tu que nous puissions fonder la famille de nos rêves et que tu puisses...

— Tu me demandes de renoncer à ma vocation ?

— Oh, non, pas un instant ! Tu es une artiste, tu dois suivre ton chemin. Cependant...

— Écoute, n'en parlons plus, je ne veux pas qu'on se dispute. Je vais réfléchir. Prends-moi dans tes bras maintenant.

Mais c'est tout réfléchi. Je suis amoureuse de Jérôme, je n'ai jamais rencontré un garçon si charmant, j'ai une formidable envie de faire l'amour avec lui (même si je n'ai toujours pas expérimenté la chose), mais tout cela ne pèse pas grand-chose en regard de mon engagement pour la scène. Je m'en rends compte en faisant mes premiers pas devant une caméra, aux côtés de Claude Rich, Philippe Noiret, Pierre Mondy… Je tourne notamment une scène de baiser avec Claude Rich qui me confiera, des années plus tard, en avoir été troublé. « J'aurais bien été plus loin ! » L'aurais-je giflé s'il avait essayé, ou lui aurais-je cédé, donnant ainsi raison aux sombres prophéties de mon chaste fiancé ? Je pencherais plutôt pour la seconde hypothèse.

Cependant, même sans le beau Claude Rich, ma décision est prise et, quand on me propose dans la foulée, cet été 1964, de tourner pour la télévision dans *Les Joyeuses Commères de Windsor*, de Shakespeare, j'accepte immédiatement, en oubliant même de consulter Jérôme. Cette fois, j'ai un véritable rôle, et je retrouve le plaisir d'être transcendée par un texte.

C'est durant ce tournage, et tandis que Jérôme m'attend sagement chez ses parents, rêvant sans doute à notre nombreuse progéniture et à nos messes dominicales en famille, que je trouve la force de lui écrire une lettre de rupture que je vais déposer dans la nuit sur son paillasson.

Comment trouver les mots pour avouer à un homme, en tout point parfait, qu'on lui préfère les lumières de la scène ? Nous aurions peut-être eu douze enfants, mon bel amour, mais vois-tu, j'aurais petit à petit dépéri pour finalement mourir de chagrin. Et jamais tu n'aurais compris.

7.

— Vous êtes Marie Christine Barrault ?

Un jeune homme me tape sur l'épaule. C'est le jour de la rentrée au Conservatoire, et je me trouve au milieu du hall.

— Oui, c'est moi.

— Je suis l'assistant de Gabriel Garran. Accepteriez-vous de passer une audition pour une pièce que nous allons monter au nouveau théâtre d'Aubervilliers ?

— Une audition ? Mais bien sûr ! Avec plaisir !

— Eh bien, alors fixons tout de suite un rendez-vous, si vous voulez.

Je n'ai pas encore assisté à un seul cours que je suis déjà attendue pour une audition ! Mais du calme, ne perdons pas la tête, je vois que ce même jour l'assistant de ce M. Garran, dont je n'ai jamais entendu parler, prend rendez-vous avec plusieurs autres filles, sans doute bien plus intéressantes que moi. En somme, il est venu faire son marché. Combien serons-nous le jour de l'audition ? Une dizaine ? Une vingtaine ?

Au moins quatre-vingts ! Et pourtant le nombre ne me décourage pas. Qu'est-ce qui me porte alors ? Ma passion pour la scène, bien sûr, sans laquelle je serais demeurée l'adolescente emmurée que j'étais à quatorze ans. Ma passion pour les mots, pour les sentiments, moi qui étouffais, enfant, qu'on ne m'explique jamais rien. Une sorte de sursaut vital, mâtiné d'une ingénuité qui frise sans doute la bêtise, oui, mais les deux me procurant une force qui me ferait déplacer les montagnes. Une force qui m'a déjà permis de passer outre le défaitisme acrimonieux de mon oncle Jean-Louis et de ma tante Madeleine, et qui vient de me pousser à rompre brutalement mes fiançailles avec le plus charmant des garçons.

Les auditions se déroulent au Théâtre de Poche, à Montparnasse. Nous sommes propulsées l'une après l'autre sur la scène pour y lire un bout de dialogue qu'on nous a remis dix minutes plus tôt. Le public se résume à Gabriel Garran et à son assistant.

— Merci, mademoiselle, on vous rappellera.

On me rappelle ! Et cette fois-ci nous ne sommes plus que trente.

Retour sur la scène, avec un petit dialogue que j'ai le sentiment d'ânonner pitoyablement.

— Merci, on vous rappellera.

Et on me rappelle encore.

Et cette fois, nous ne sommes plus que cinq.

Mon émotion, ce soir-là, lorsque Gabriel Garran vient en personne m'annoncer que c'est moi qu'il a choisie !

Plus tard, lorsque nous serons devenus d'inséparables amis, j'oserai lui demander par quels étranges détours il avait pu en arriver à me désigner, moi, parmi quatre-vingts candidates, et alors que j'ignorais à peu près tout du métier de comédienne.

— Tu étais la seule, me dira-t-il, à prendre la lumière aussitôt que tu entrais en scène. C'est un signe qui ne trompe pas, je savais que le reste viendrait en travaillant.

La pièce dans laquelle je vais tenir le premier rôle féminin est *Andorra*, du romancier et dramaturge suisse alémanique Max Frisch. Dès le lendemain, je découvre le texte. C'est une mise en scène des mécanismes sournois et implacables de l'antisémitisme, bien que le mot « Juif » ne soit jamais prononcé. Andorra est un petit pays imaginaire qui vit dans la peur de la dictature voisine où règnent les Casaques noires. Là-bas, on extermine les « étrangers », tandis qu'en Andorra on se targue de les tolérer. Et d'ailleurs, il y en a un, Andri, qui habite chez le maître d'école. Celui-ci prétend l'avoir adopté dans la dictature voisine pour lui sauver la vie.

Je suis la fille du maître d'école, Barbeline, transie d'amour pour Andri, mon frère par l'adoption et non par le sang.

Le climat se détériore brusquement en Andorra quand on apprend que les Casaques noires s'apprêtent à envahir notre petit pays. Soudain, la présence d'Andri devient compromettante, en dépit des professions de foi du passé. Le menuisier ne veut plus de lui comme apprenti, l'aubergiste refuse de le servir, le médecin répugne à le soigner, et le soldat se met à l'insulter et à le brutaliser.

Quand finalement on dresse le gibet pour le tuer, l'instituteur, fou de douleur, avoue qu'Andri n'est pas un « étranger ». Il a trouvé ce subterfuge pour le faire accepter par les siens, car il est l'enfant d'une liaison extraconjugale. Mais il est trop tard, Andri, lui, se considère comme « étranger », c'est son identité, celle dans laquelle il a grandi et s'est construit, et il préfère mourir plutôt que d'y renoncer.

C'est une pièce très forte qui a été choisie pour inaugurer le Théâtre de la Commune d'Aubervilliers, alors en plein chantier.

Je suis consciente de l'investissement qu'elle va me demander, tandis que j'entre tout juste au Conservatoire. Va-t-on m'y garder si je rate les cours ? Et quelles seront mes chances de devenir comédienne si je suis exclue du Conservatoire ?

J'en parle à René Simon, dont j'ai quitté le cours, mais que je retrouve comme professeur au Conservatoire.

— Vas-y ! me dit-il. Vas-y, fonce, tu apprendras bien plus en jouant *Andorra* qu'en trois ans de Conservatoire. Mais essaie quand même d'être là de temps en temps, qu'on te voie.

Dès les premières répétitions, je me trouve précipitée dans un drame dont j'ai été éloignée jusqu'à présent : l'extermination des Juifs (car la parabole ne trompe personne). Élevée dans la religion catholique, à Dupanloup, en plein XVIe arrondissement, je n'ai même jamais croisé de Juifs. Or une grande partie de la troupe est d'origine juive, plusieurs techniciens le sont également, de sorte que je me sens à la fois étrangère et d'une coupable ignorance. Mon émotion et mon trouble sont immenses le jour où j'apprends que Gabriel Garran a traversé toute la guerre caché, enfant puis adolescent, et qu'il doit sa survie à des gens qui ont risqué leur propre vie pour lui.

Je suis confrontée à la fois à l'effroyable destinée des Juifs et à l'indifférence à leur sort de la plupart des Français non juifs pendant l'Occupation. À la résignation de mes parents, de Jean-Louis et de Madeleine, de tous les miens… C'est à partir d'*Andorra* qu'interrogeant ma mère j'aurai la surprise de l'entendre me répondre :

— Oui, on savait que les Juifs étaient envoyés dans des camps.

— Et vous ne disiez rien, ça vous paraissait normal ?

— Que voulais-tu qu'on dise ? C'était la guerre, c'était comme ça.

Le même mouvement d'impuissance, ou de regret, qu'aura Jean-Louis lorsque je lui parlerai de son ami Desnos, résistant, et de ses amis juifs disparus dans les camps. Jean-Louis et Madeleine qui venaient de se rencontrer quand éclata la guerre, et dont les lettres d'amour témoignent qu'ils avaient bien d'autres soucis que de se préoccuper de résistance, ou du sort des Juifs.

Les interrogeant, je n'étais pas en train de faire leur procès, oh ! non, j'aurais détesté m'ériger en juge quand tout était fini et qu'on ne risquait plus rien, mais j'étais en train de me demander avec effroi : et moi, aurais-je agi comme eux, fermant les yeux quand on arrêtait mes amis, quand on emportait des innocents ? Comment savoir si ma capacité de révolte et de courage l'aurait emporté sur mon aspiration égoïste à vivre, à être heureuse, envers et contre tout ? Comment savoir, quand les braves gens de ce petit pays d'Andorra au cœur prétendument pur, le médecin, le menuisier, l'aubergiste (dont toutes les maisons sont blanches pour signifier la virginité de leur âme), basculent dans l'ignominie quand ils pressentent que leur vie est mise en danger par la seule présence d'un Juif ?

Je me lance à corps perdu dans les répétitions, soucieuse sans doute de me laver de ces doutes qui me hantent. Je ne suis pas juive, mais dans ces moments où l'émotion est intense, presque insupportable, j'aimerais l'être, *je le deviens*. Quelques années plus tard, je mettrai d'ailleurs un terme aux diatribes antisémites d'un jeune attaché d'ambassade en lâchant au milieu d'une réception : « Vos propos sont insupportables ! Vous ignorez donc que je suis juive ? »

Tous les jours, nous nous retrouvons pour répéter, dans cette ambiance à la fois studieuse et lourde. On sent bien que chacun porte ce drame au fond de son cœur, dans sa chair, et nous donnons le meilleur de nous-mêmes, conscients de parler au nom des morts et pour qu'une telle indifférence ne se reproduise jamais.

Certains jours, nous allons tous ensemble dans les usines, invités par les comités d'entreprise, pour parler de notre spectacle en préparation et donner aux gens l'envie de venir. Nous sommes portés par la gravité du sujet, et par un homme remarquable, l'adjoint au maire d'Aubervilliers chargé de la culture, le communiste Jack Ralite, qui s'est battu pour que naisse le Théâtre de la Commune et pour que son spectacle inaugural soit celui-ci.

Une complicité s'installe petit à petit entre Gabriel Garran et moi. Je suis émue par sa façon de nous diriger, sa sensibilité, l'émotion qu'il nous transmet, et je peux lire dans son regard combien il est touché par la confiance que je mets en lui, par ma foi, par mon ingénuité, et sans doute aussi par l'éclat de mes vingt ans. Pour les quelques scènes pleines de sensualité que je dois interpréter avec Andri (joué par Denis Manuel, aussi peu à l'aise que moi dans les échanges amoureux), Gabriel Garran en vient à nous diriger plus directement. Il doit être criant que je ne connais rien à l'amour physique, le plaçant dans l'obligation de me prendre par la main et de mimer des gestes que nous répétons ensemble. Sans difficulté bientôt, et même avec cette dévotion qui nous anime tous.

Sommes-nous en train de tomber amoureux l'un de l'autre ? Sans doute, et nous vivons toutes ces semaines dans une intensité fiévreuse exceptionnelle, un tourbillon d'émotions qui nous porte et nous bouleverse. Gabriel me propose de me raccompagner certains soirs, et j'accepte avec bonheur, parce qu'il est trois heures du matin et qu'au fond je ne suis pas pressée du tout de le quitter après les heures enivrantes que nous venons de partager.

Nous nous étreignons furtivement, nous nous embrassons, mais nous n'allons pas plus loin. Gabriel le souhaiterait-il ? Oui, sûrement, mais il est trop pudique, ou trop délicat, pour l'exprimer plus ostensiblement. De mon côté, je suis séduite par l'homme, mais il m'impressionne, il me fait même un peu peur, et pour tout dire je ne pourrais rien envisager de plus tant il me paraît d'une autre génération que la mienne, presque un vieillard. Je souris en écrivant cela, sachant aujourd'hui que Gabriel Garran a seulement quinze ans de plus que moi, et qu'il avait donc trente-cinq ans cette année-là...

D'ailleurs, voilà que ressurgit dans ma vie Daniel Toscan du Plantier. Le grand amour qui l'avait détourné de moi quand j'habitais Londres n'a pas tenu la distance, et il revient à pas de velours, charmant, à peine confus. C'est l'automne, nous sommes dans le feu des répétitions, et Daniel ne peut pas tomber mieux. Jamais je n'ai eu tant besoin d'un ami auquel confier mon émotion et mon trouble à propos du drame des Juifs, de notre passivité sous l'Occupation… Je peux tout dire à Daniel qui est comme un double de mon frère aîné, qui sait tout de moi, qui connaît intimement les miens. Nous reprenons là où nous les avions laissées nos conversations sur le théâtre, sur la philosophie, sur Rilke et l'engagement. Il ne cache pas sa fierté de me voir bientôt à l'affiche d'une pièce, et d'un théâtre, qui commencent l'une et l'autre à susciter la curiosité dans les milieux culturels.

Je me retrouve alors en pleine confusion sentimentale, touchée mais transie par l'amour que me manifeste Gabriel Garran d'un côté, et rassurée, réconfortée de l'autre, par la présence de Daniel. Je pressens la part d'émotion et de folie qui préside à mon attirance pour Gabriel Garran. « Il me fascine parce qu'il me dirige, parce qu'il porte en lui l'intelligence de la pièce », me dis-je. J'aime cette complicité que je découvre, qui est au cœur de mon métier, entre le metteur en scène et sa comédienne, faite d'une sensibilité partagée mais aussi, bien sûr, d'une forme d'innocence, d'initiation, comme si le metteur en scène avait pour tâche secrète de me faire naître à mon personnage, *de me mettre au monde*. Dans un éclair de lucidité, j'entrevois alors qu'inévitablement je risque de tomber amoureuse à l'avenir de tous les hommes qui me dirigeront. Parce que je suis attirée, comme un vertige, par cette dépendance. Parce que, à travers cette relation si complexe, je le comprendrai bien des années plus tard, c'est sans doute un père que je cherche, celui que la vie m'a enlevé avant que nous ayons eu le temps d'écrire notre propre histoire.

Suis-je promise à devenir une de ces comédiennes libertines, volant de bras en bras ? « Certainement pas ! » proteste en moi la jeune fille de Dupanloup. C'est elle qui me ramène à la raison. C'est elle qui me dépeint sous un jour admirable ma vie future d'épouse et de mère auprès de Daniel. « Lui te connaît mieux que tous les autres, me dit-elle, vous avez les mêmes valeurs, vous partagez les mêmes idéaux, vous formeriez un couple solide et Daniel saurait te détourner de la tentation, t'empêcher de céder à ta part de folie. » Ah ! la raisonnable jeune fille catholique de Dupanloup !

Un après-midi de la fin décembre, ma décision est prise, tout le plan de ma vie tracé, tandis que j'attends pour le goûter Daniel Toscan du Plantier. Nous nous sommes donné rendez-vous dans un salon de thé.

Un baiser sur la joue, il retire son manteau et s'assoit.

— Daniel, dis-je, il faut que je vous demande quelque chose, mais je veux que vous me répondiez franchement.

— Parlez, je vous répondrai.

— Eh bien voilà, voulez-vous m'épouser ?

— Je vous réponds sans détours : c'est mon vœu le plus cher.

— Très bien, je vous remercie. Alors considérons-nous comme fiancés.

— Absolument, chère amie. J'en suis très flatté.

— Encore un peu de thé ?

Et tandis qu'il semble méditer cette grande nouvelle, pour s'en réjouir, si j'en crois l'éclat de son sourire, je songe déjà à l'étape suivante.

— Puisque nous sommes désormais fiancés, dis-je, entre deux petits gâteaux, nous pouvons parfaitement coucher ensemble, n'est-ce pas ?

— C'est également mon avis, Marie Christine.

— Alors quand pourrions-nous envisager la chose ?

Et je nous vois encore sortir nos agendas.

— Pourquoi pas jeudi prochain ? propose-t-il.

— Mais tout à fait ! En milieu d'après-midi, ça vous conviendrait ? Ce jour-là, justement, nous ne répétons pas.

— Parfait. Alors retrouvons-nous chez moi, si vous voulez.

J'allais écrire que je n'étais pas très romantique, à l'époque, mais à la lecture de ce dialogue ça serait un pléonasme.

Le jeudi suivant, nous nous retrouvons donc comme prévu chez Daniel. J'ai bientôt vingt et un ans, c'est la première fois que je vais faire l'amour avec un garçon, mais je ne suis pas plus émue que si je me rendais à un rendez-vous d'embauche. Avec le recul, je me dis aujourd'hui que tout cela aurait dû m'alerter, bien sûr. N'a-t-on pas le cœur qui bat à tout rompre lorsqu'on se sent amoureux ? et la poitrine en feu, les jambes qui se dérobent, lorsqu'on court à son premier cinq à sept ? Les miennes ne se dérobent pas, je n'ai pas la tête qui tourne, et si je devais décrire ce qui m'anime tandis que je traverse Paris en métro pour rejoindre le lit de mon fiancé, je parlerais plutôt d'une curiosité d'anthropologue. Comment procèdent donc les hommes et les femmes pour pratiquer cet acte entouré de non-dits, censé nous faire perdre le souffle, la tête, et que j'imagine assez primitif, pour ne pas dire barbare ?

Arrivant dans cet état d'esprit, il était sans doute inévitable que je reparte vaguement déçue. Ah bon, ce n'était donc que ça... Mais Daniel, lui, m'a semblé en être tout retourné, et c'est à mes yeux un gage de réussite pour notre union future.

Cet après-midi d'initiation à la vie conjugale a au moins un mérite : du jour au lendemain, Gabriel Garran note mes progrès dans les scènes d'amour que mon personnage, Barbeline, partage avec Andri. Je brûle de devenir son amante, avant qu'on l'emmène et le tue, et l'enlaçant, le couvrant de mon corps, je restitue désormais avec beaucoup d'authenticité ces gestes crus de l'amour que j'ignorais mais qu'à présent je connais.

— Oui, souffle Garran, c'est très bien Marie Christine. Maintenant, tu nous fais parfaitement passer ta passion désespérée pour Andri.

Soupçonne-t-il quelque chose ? Non, je ne le pense pas, car de son côté il continue de me signifier, chaque soir, sa propre émotion pour moi. Et je l'accueille avec bonheur, me laissant étreindre, embrasser parfois, sans y voir de contradiction avec l'engagement moral que Daniel et moi avons contracté. Comme si la passion, l'élan des corps et de l'esprit, n'avait rien à voir avec l'amour tel qu'on le pratique dans un couple marié, ou qui se destine à l'être.

Nous sommes dans les dernières répétitions avant la première, programmée durant le mois de janvier 1965. Le Théâtre de la Commune est enfin sorti de terre, on attend pour son spectacle inaugural les personnalités les plus prestigieuses du monde des arts.

Pour cette soirée mémorable, j'ai le souvenir de voir prendre place au premier rang Louis Aragon et Elsa Triolet, que rejoignent un instant plus tard Jean-Louis Barrault et Madeleine Renaud, les quatre se congratulant sans que je puisse deviner, cachée derrière le lourd rideau de scène, ce qu'ils se disent.

Avons-nous bien joué ? Ai-je été à la hauteur de mon personnage ? Durant la réception qui suit, on ne me complimente pas particulièrement, ma mère me glissant simplement, faisant allusion aux quatre monstres sacrés : « Ils ont trouvé que c'était bien. » Qu'est-ce qui était bien ? La pièce ? La mise en scène ? Moi ? Jamais je ne saurai. C'est dire si je fais une entrée discrète dans le monde, ô combien exigeant, du théâtre.

Cependant, la pièce connaît un tel succès, qu'après la quarantaine de représentations prévues nous la reprenons au Théâtre-Antoine à Paris.

Entre-temps, j'ai appris la nouvelle la plus bouleversante de toute ma vie : je suis enceinte ! Je devrais sans doute en être consternée, comme le seront mes camarades du Conservatoire lorsque je leur annoncerai l'événement, puisque cet enfant se présente au pire moment : je suis tous les soirs sur scène, je lance ma carrière artistique sur ce premier rôle, le compromettre serait une catastrophe, je n'ai pas un sou, je suis encore étudiante, je ne suis pas encore mariée… Et pourtant, je ne touche plus terre en sortant de chez mon médecin. Je suis si heureuse que j'aimerais le dire à tous les passants, les prendre dans mes bras, leur crier combien j'aime la vie soudain, combien je lui suis reconnaissante… Ai-je connu un tel bonheur en vingt années d'existence ? Non, jamais.

Mais pourquoi ? Pourquoi ce qui apparaît comme un désastre aux autres filles du Conservatoire me semble-t-il à moi être le plus beau cadeau que je pouvais espérer de la vie ? Je mets quelques jours à le comprendre, méditant sur la joie profonde qui m'habite et ne faiblit pas, en dépit des réflexions abominables que j'entends ici et là (« Tu vas le garder ? — Comment ça le garder ? — Tu ne vas pas te faire avorter ? — Mais quelle horreur ! Comment peux-tu imaginer une chose pareille ? Je suis tellement heureuse. — Heureuse ? Alors que tu vas devoir renoncer à jouer, renoncer à tout ! — Mais pourquoi est-ce que je renoncerais à quoi que ce soit ? On ne peut donc pas être mère et comédienne ? »). Oui, quelques jours à comprendre que cet événement extraordinaire me réconcilie avec mon corps. Ç'aurait pu être ma première nuit d'amour qui m'apporte cette réconciliation, mais ça n'avait pas été le cas, loin de là, et je continuais d'être gênée d'apparaître nue devant Daniel. Jusqu'à l'annonce de cet enfant, mon esprit s'efforçait d'ignorer ce corps qui m'avait posé tellement de problèmes depuis l'adolescence. Nous étions deux, mon esprit d'un côté, qui me donnait toute satisfaction ; mon corps de l'autre, qui m'encombrait plutôt avec ses formes généreuses dont ma mère n'était pas venue à bout en dépit de régimes à répétition. Or, voilà qu'avec la promesse de cet enfant mon corps me semble soudain trouver sa légitimité. N'a-t-il pas été exactement dessiné pour porter un enfant ? pour en porter cinq, six, autant que j'en voudrai ? Ce corps si généreux était donc un don du ciel, et je l'avais ignoré, caché, combattu. Maintenant, je m'en veux de mon aveuglement, de ma bêtise, et je rends grâce à cet enfant qui rétablit mon unité. Me voilà la tête enfin posée sur les épaules, tellement heureuse d'être telle que je suis.

Mais à présent nous devons nous marier, et vite ! Daniel ne demande que ça, et Jean-Louis, que nous mettons dans la confidence, se montre aussitôt grandiose : non seulement il prendra à sa charge tous les frais de l'événement, mais il nous offre pour la réception le grand foyer du Théâtre de l'Odéon qu'il dirige avec Madeleine. De quel lieu plus symbolique, plus prometteur, aurait pu rêver la jeune comédienne que je suis ?

Il me reste à prévenir Gabriel Garran. J'ai le souvenir de son effondrement lorsque je lui annonce dans la même phrase que je suis enceinte et que je vais me marier. Je peux juger à son désespoir – qu'il ne cherche même pas à cacher – combien il a dû croire à quelque chose de possible avec moi. Et tandis que je laissais s'installer cette complicité entre nous, je me suis donc donnée à un autre homme, construisant secrètement des projets d'avenir… Il est abasourdi.

Mais toute la troupe l'est également. Nous étions devenus une famille au fil de nos répétitions, de nos nuits blanches, de nos visites dans les usines, et sans doute ont-ils le sentiment qu'en construisant ma vie loin d'eux je reprends brusquement mes billes, je ne les aime plus, je les trahis.

En suis-je blessée ? Non, je ne crois pas. Ma grossesse capte tout mon intérêt, toute ma curiosité. Et pour le reste, la jeune fille de Dupanloup a provisoirement repris la direction de ma vie. Fini les emportements du cœur et de l'esprit, les élans débridés de l'âme.

D'ailleurs, je me confesse à la veille de la cérémonie, ce qui ne m'était pas arrivé depuis longtemps.

Nous nous marions par une belle journée d'avril 1965, et alors que je suis enceinte de trois mois. Mais ça ne se voit pas encore, et j'enfile sans difficulté la traditionnelle robe blanche. Puis Christian, le coiffeur de maman, réalise le chignon de sa vie sur lequel il épingle l'incontournable voile de tulle.

C'est Jean-Louis, assumant pour l'occasion le rôle de père de substitution, qui me conduit jusqu'à l'autel où m'attend Daniel, dans son costume de jeune marié.

La cérémonie est somptueuse, je me laisse porter par l'émotion. Puis nous nous retrouvons tous au grand foyer de l'Odéon, et la tête me tourne un peu tandis que je reçois tant de preuves d'affection, tant de félicitations ! Quel beau couple nous formons, n'est-ce pas ? Promis au bonheur éternel, à la réussite. Daniel visant l'ENA après avoir réussi Sciences-Po, moi marchant sur les traces prestigieuses de mon oncle et de ma marraine.

Cependant, j'écourte la fête pour courir au Théâtre-Antoine où je replonge pour deux heures dans le drame de Barbeline, jeune vierge au cœur pur à qui l'on vient arracher son fiancé parce qu'il ne veut pas renoncer à son identité d'étranger-Juif.

Tout est confus dans mon cœur et dans ma tête lorsque, la dernière coupe de champagne bue avec toute la troupe, je regagne au bras de Daniel notre petit appartement en rez-de-chaussée. C'est notre nuit de noces, je devrais être ivre de champagne et de bonheur, et pourtant, le dernier baiser échangé, ma vie me semble soudain si peu réjouissante, si étriquée, que je me tourne vers le mur pour sangloter silencieusement.

8.

Je suis mariée depuis un mois et nous sommes dans les dernières représentations d'*Andorra* quand je reçois un appel de Pierre Cardinal. Il s'apprête à tourner pour la télévision *La Grande Peur dans la montagne*, d'après le roman de Charles-Ferdinand Ramuz, et il a pensé à moi pour un rôle. « Pouvons-nous nous rencontrer ? — Mais avec plaisir ! »

Pierre Cardinal me reçoit dans son appartement de Boulogne. Charmant, et visiblement enthousiasmé par sa recrue – dans les premiers moments du moins. Il envisage de me confier l'un des premiers rôles, celui de la jeune fiancée, et nous en évoquons les grandes lignes. Le tournage aurait lieu en Savoie, le pays de Ramuz, écrivain suisse, né à Lausanne, mais également celui de Daniel, et je me réjouis secrètement de le découvrir à cette occasion.

— Et quand tournerions-nous ? m'enquiers-je, quand l'atmosphère me semble propice à évoquer mon unique souci.

— Juillet, août, en plein été.

— Ah !

— Quelque chose vous pose un problème ?

Nous sommes en mai. Jusqu'ici tout va bien. Mais comment lui annoncer qu'en août je serai à sept mois de grossesse ? Difficile, dans cette situation, de jouer la jeune pucelle bravant les sommets et les ravins pour retrouver son fiancé emporté par la montagne.

— Je suis enceinte, pour ne rien vous cacher.

— Pardon ?

— J'attends un bébé. La naissance est prévue pour octobre.

— Non ! Alors là, je n'y crois pas ! Comment avez-vous pu faire une telle connerie alors que vous commencez tout juste dans le métier ?

— Mais ce n'est pas une connerie ! Je suis folle de joie.

— Eh bien, pas moi ! Oubliez tout ce que je viens de vous dire. Je viens de tourner avec une femme enceinte, je me suis juré de ne jamais plus recommencer. Un cauchemar ! Quand elle n'était pas épuisée, elle avait le masque, on ne pouvait jamais travailler.

« Quel con ! » me dis-je. Je suis bien contente de ne pas tourner avec lui.

Mais je reste néanmoins polie.

— Alors tant pis, dis-je en me levant, et merci tout de même d'avoir pensé à moi.

— Ma pauvre petite, ça démarre mal pour vous, a-t-il encore le temps de maugréer en m'ouvrant la porte de l'ascenseur.

Je suis déçue et triste, bien sûr, en regagnant notre petit deux pièces. Mais en même temps, me dis-je, comment mettre en balance la promesse d'un enfant et un film ? Je m'en fiche, que ce crétin aille se faire voir ailleurs, j'aurai d'autres propositions.

Mais trois semaines plus tard, le même Pierre Cardinal me rappelle :

— Je n'ai trouvé personne d'autre pour le rôle, je vous engage. Mais je vous préviens, ne m'embêtez pas avec vos problèmes, sinon ça n'ira pas du tout.

— Très bien, vous n'entendrez pas parler de mon bébé.

En réalité, il n'avait pas cherché un seul instant à me remplacer, m'avouera plus tard son assistant, il m'avait renvoyée pour me punir d'être enceinte, sous le coup de la colère, mais sachant très bien qu'il me rappellerait.

Le tournage démarre au début de l'été, à Tignes. Il est entendu que ceux que cela intéresse peuvent visionner les *rushes* le soir même, au côté de Pierre Cardinal, dans la salle de cinéma de la station. Je m'y rends en toute innocence, le premier soir, et alors j'ai la révélation de ma vie d'actrice en herbe : non seulement je crève l'écran, mon visage accrochant formidablement la lumière, mais je suis extrêmement photogénique. Et comment avouer la chose sans avoir l'air prétentieuse ? Je me découvre belle. En tout cas, bien plus belle que je ne l'aurais jamais soupçonné. Et c'est un tel choc, une telle émotion, que je me surprends en train d'en pleurer.

Comment est-ce possible ? Comment peut-on en venir à pleurer en contemplant la beauté de sa propre image ? Je crois que se mêle au soulagement la colère de m'être sentie moche durant toute mon adolescence par la faute de ma mère. Ce sentiment d'injustice d'avoir souffert pour rien – « Mon Dieu, me dis-je, toutes ces années auraient pu être tellement plus heureuses si je m'étais sentie bien dans ma peau, et il aurait suffi pour cela de me dire la vérité. » Mais ce dépit n'est rien en regard de la fureur qui me prend lorsque je me remémore les mots assassins de Madeleine Renaud : « En tout cas, ma petite, avec le physique que tu as, ne compte pas faire du cinéma ! » C'était le jour où je leur avais annoncé que je voulais être comédienne. Elle m'avait suggéré plutôt le métier d'étalagiste, puis, entendant Jean-Louis m'orienter finalement vers le Conservatoire, elle avait eu cette phrase acerbe que j'avais aussitôt enfouie pour ne pas en être détruite. « Avec le physique que tu as... » Comment peut-on dire une chose pareille à une jeune fille de dix-neuf ans qui vient vous parler de sa passion pour le théâtre ? Et du coup, je ne pleure pas de désespoir, comme j'aurais pu le faire sur le moment, mais de fureur, oui, contre la méchanceté de Madeleine, contre son pouvoir de nuisance qui aurait bien pu m'atteindre et me faire renoncer si je n'avais pas été si décidée.

Décidée, je dois l'être sur ce tournage pour braver le sadisme de Pierre Cardinal. Incarnant de nouveau la jeune fiancée folle d'angoisse, je dois parcourir la montagne à la recherche de mon promis, et Pierre Cardinal ne m'épargne ni les sentiers étroits surplombant les précipices, ni les torrents déchaînés au fond desquels je me tords les chevilles, ni les pentes abruptes où je risque cent fois de me casser le cou. La costumière fait des miracles pour cacher ce ventre rond dont il ne veut pas entendre parler, et moi je serre les dents tout en priant silencieusement pour que mon bébé s'accroche à la vie comme je m'accroche à la pente.

Et cependant, toutes ces souffrances n'entachent en rien le plaisir que j'éprouve à me retrouver chaque soir parmi toute la troupe. Hormis Pierre Cardinal, qui semble vouloir me pousser à bout, les gens sont aux petits soins pour moi, et je découvre l'atmosphère de fête et de colonie de vacances qui peut s'installer sur un tournage. À tel point qu'à la fin de l'été, au moment de les quitter tous pour retrouver Daniel et notre vie parisienne, je suis étreinte d'une mélancolie qui me fait un peu peur. Est-ce que je ne devrais pas trépigner d'impatience, plutôt, moi qui ne suis mariée que depuis quelques mois ?

David vient au monde le 5 octobre 1965. Me découvrir enceinte m'avait réconciliée avec mon corps. Mais je n'avais aucune idée de ce qu'est un accouchement, de ce que serait le mien. Il fut effrayant : soixante heures de souffrance, du dimanche à l'aube au mardi soir. La péridurale n'existe pas encore en ce temps-là, et en guise d'anesthésiant on pratique l'accouchement dit « sans douleur », qui se résume à bien respirer pour contenir au mieux une souffrance véritablement hallucinante. Et pourtant, ces trois jours demeurent jusqu'à aujourd'hui comme l'un des moments les plus forts, les plus révélateurs de ma vie. Pour la première fois durant cette guerre stupéfiante pour donner la vie, mon esprit et mon corps ne forment qu'un, éprouvant leur réconciliation au travers d'une complicité qui ne se démentira jamais par la suite. Je veux dire par là qu'en mettant au monde mon fils je me suis moi aussi mise au monde, d'une certaine façon, puisque j'ai appris à écouter mon corps, à accepter et à gérer sa souffrance, à lui parler, à le soutenir. Mon esprit et lui ont fait front commun dans cette bataille, sans se lâcher un seul instant, comme ils le feront désormais quand je me retrouverai confrontée à la maladie, et en particulier au cancer, bien des années plus tard.

Oh ! et après ça, ce moment de paix, de plénitude, lorsqu'on vous met votre enfant dans les bras ! Vous avez surmonté l'épreuve, donné la vie, et vous n'en revenez pas d'avoir accompli ce miracle. Mais bientôt vous mesurez l'immensité de votre engagement, vous comprenez que vous ne serez plus jamais seule et légère, que cet enfant dépend entièrement de vous, qu'il attend *tout* de vous. Et alors je me souviens de lui avoir murmuré à l'oreille : « Je vais faire tout mon possible pour te rendre heureux, tu sais, mais il va falloir que tu m'aides, que tu me montres. Nous allons découvrir le chemin ensemble et nous élever mutuellement. D'accord, petit David ? Après tout, nous n'avons que vingt et un ans de différence, je n'en sais pas beaucoup plus que toi. »

De retour dans notre petit rez-de-chaussée, j'organise ma vie autour de David. Une vie étonnamment calme après la folle année scolaire 1964-1965 où, dans le même temps, j'ai été admise au Conservatoire, ai décroché mon premier rôle, me suis retrouvée enceinte et me suis mariée. Nous habitons l'immeuble de mes beaux-parents, boulevard Murat, de sorte que ma belle-mère accourt, trop heureuse, dès que je dois m'absenter. C'est une chance, car nous n'aurions pas les moyens de nous offrir une *baby-sitter* à domicile.

Je reprends sagement ma place au Conservatoire, en deuxième année, et bien que n'ayant pratiquement suivi aucun cours de première année. On ne me connaît pas, je me sens un peu décalée. Qu'ont appris les autres élèves pendant que je faisais mes classes sur la scène du

Théâtre de la Commune à Aubervilliers, puis à Tignes, devant la caméra de Pierre Cardinal ? Peut-être plus que moi, finalement, car je suis consciente d'avoir interprété coup sur coup deux rôles sans grandes difficultés (et assez similaires) : une jeune fiancée prise dans les tourments d'un drame qui la dépasse. Or j'ai suffisamment lu Corneille, Claudel, Shakespeare, pour deviner les difficultés qui m'attendent.

Durant cet automne 1965, je rate encore quelques cours pour tourner en studio les raccords de *La Grande Peur dans la montagne*. Maintenant que j'ai accouché, sans lui casser les pieds avec mes histoires, Pierre Cardinal semble me redécouvrir. Il est satisfait de mon interprétation, très satisfait même, si j'en crois sa soudaine affabilité à mon égard. Et voilà qu'un soir il me prend à part.

— Au printemps, me dit-il, je compte adapter *L'Œuvre*, d'Émile Zola, pour la télévision. J'ai pensé à toi pour le premier rôle féminin. Ça te dirait ?

— Mais bien sûr, je serais ravie !

Me voilà portée par un nouveau projet, un peu lointain, certes, mais qui me laisse ainsi le temps de conjuguer maternité et Conservatoire. Dans le même temps, Daniel, qui a renoncé à l'ENA, a trouvé son premier employeur, une revue d'aéronautique, *Air et Cosmos*. Il n'est pas journaliste, il est l'homme qui démarche les annonceurs. Or il se révèle immédiatement le génie de la régie publicitaire. Son entregent, son humour, son immense culture, son inventivité font merveille dans ce monde où il est important de briller et de se constituer rapidement carnet d'adresses et réseaux. Il va très vite être repéré par Philippe Boegner, ancien fondateur de *Paris Match*, et par Pierre Lazareff, le patron mythique de *France-Soir*, de *Candide* et du *Journal du dimanche*, et prendre la tête des différentes régies publicitaires, avant d'être débauché par Marcel Bleustein-Blanchet, le fondateur de Publicis, pour prendre la direction de Régie Presse.

Grâce à son talent, nous sommes enfin à l'abri du besoin. Mais en même temps, c'est un Daniel bien différent de celui que j'ai connu adolescente qui m'apparaît. J'avais été séduite par sa culture livresque et musicale, par ses raisonnements philosophiques (largement inspirés par son frère aîné), par son exigence, par sa subtilité, et voilà que tout cela semble devoir être mis au service de péroraisons mondaines qui m'apparaissent de plus en plus creuses. Insensiblement, pourtant, je m'inscris dans son ombre, épouse discrète au service d'un jeune homme ambitieux et brillant. Je suis celle qui organise les dîners lorsque nous recevons à la maison (dans un appartement bien plus spacieux que le précédent), et celle qui l'accompagne fidèlement lorsqu'il est reçu par ses nouveaux amis. On ne voit que lui, on n'entend que lui, et j'aurais la surprise, quelques années plus tard, croisant certains de ces couples d'amis, de constater à quel point j'étais transparente.

— Ah ! Marie Christine Barrault, je suis ravi(e) de vous connaître ! s'exclamera l'homme (ou parfois la femme).

— Mais nous nous connaissons, vous êtes venus dîner à la maison à plusieurs reprises. Chez Daniel Toscan du Plantier...

— Comment ? Mais vous êtes la femme de Daniel ?

— Absolument !

— Alors là, je suis tout à fait désolé(e), vraiment...

Et moi donc! Comme comédienne, je n'existe pas encore. Je suis donc invisible, je ne pèse rien. On m'adresse la parole, mais on ne me voit pas. Je ne compte pas – pas encore – aux yeux de ces gens qui mesurent la valeur à la réussite sociale, à l'image, à l'influence.

C'est horrible, oui, bien sûr, mais le plus horrible est que je m'ennuie atrocement en compagnie de Daniel et de tous ces gens qui ne m'intéressent pas. Je dois lutter parfois contre le sommeil pour ne pas m'endormir au milieu de la soirée.

Daniel, qui avait illuminé ma vie d'écolière, qui avait tant contribué à faire tomber les murs qui nous tenaient isolés du monde, boulevard Murat, est en train de m'enfermer dans une autre sorte de prison où l'on ne me reconnaît pas, où je n'ai aucune place. Ses péroraisons qui m'avaient portée, adolescente, m'endorment à présent, quand elles ne m'agacent pas. Je suis contente pour lui qu'il réussisse, qu'il soit adulé par ces hommes et ces femmes pour qui la publicité est une chose formidable, mais je dois m'avouer que ce qu'il fait ne m'intéresse en rien, et qu'au fond je suis assez déçue que le jeune homme éblouissant ait accouché de ce bavard imbu de lui-même et prétentieux.

Il m'agace, et je l'agace en retour par la lenteur que je mets à démarrer dans mon métier. Je pressens qu'il aurait besoin du regard des autres sur moi pour être sûr d'avoir fait le bon choix, être sûr de m'aimer, peut-être. « Comment se fait-il que tu ne joues pas en ce moment ? s'inquiète-t-il. Où en es-tu ? Quels sont tes projets pour les mois à venir ? » Il me cite Catherine

Deneuve, qui fait déjà les couvertures des magazines, ou telle autre comédienne de ma génération dont on parle partout, quand mon nom ne dit encore rien à personne.

— Je n'ai pas choisi d'être comédienne pour faire la couverture de *Jours de France.*

— Les autres non plus, mais elles ont compris que c'était indispensable à leur carrière.

Où sont donc nos belles discussions sur Rilke, sur l'engagement, sur la culpabilité chez Claudel, tiens, le soir où nous venions de voir *Le Partage de midi* et que nous tremblions ensemble d'émotion... Nos relations se distendent. Lui semble avoir oublié ce qui fait le poids et la force de ma vocation, il me reproche de ne pas réussir à son rythme et il s'éloigne, comme si je le décevais. Ce faisant, lui aussi me déçoit, il n'est pas à la hauteur de mon ambition artistique qui a besoin de temps, je le sais, pour s'enraciner et grandir. Alors je me replie sur moi-même, tentant comme je le peux d'échapper à son mauvais regard, à sa mauvaise influence.

Au début du mois de mai 1966, je dois rejoindre les studios de Joinville pour tourner *L'Œuvre.* C'est la goutte d'eau de trop pour le directeur du Conservatoire.

— Sincèrement, ma petite, vous intéressez-vous à ce qui se passe dans cette école ? Voyez-vous une raison de revenir l'an prochain pour une troisième année qui n'en aurait que le nom ?

— Je ne m'imagine pas refusant ce rôle, monsieur le directeur.

— Je vous comprends parfaitement, mais alors restons-en là si vous voulez bien. Et je vous souhaite bonne chance !

Me voilà donc plus légère pour la suite, qui ne l'est pas... Le roman de Zola est en effet l'histoire d'un peintre maudit (inspiré à l'écrivain par Cézanne), qui va d'échec en échec et finira par se pendre devant sa dernière toile. Au fond du désespoir, et alors qu'il s'est retiré loin de Paris avec sa compagne, une jeune fille pauvre à l'âme pure, il en vient à lui demander de poser nue pour lui. On devine la violence que cela représente pour la jeune femme, et la scène est bouleversante parce qu'elle s'offre finalement à son regard dans l'espoir de lui permettre d'accomplir enfin l'œuvre qui le sauvera.

Un peu plus tôt dans ma vie, poser nue aurait été d'une égale violence pour moi. D'autant plus que ça ne s'était encore jamais fait à la télévision. Mais la grossesse est passée par là, me libérant de mes complexes, et désormais je suis pleine de sympathie pour ce corps, le mien, si empreint, allais-je écrire, de cette réconfortante robustesse des filles de la campagne. Et c'est justement l'une d'elles que je dois incarner dans ce film.

Comme cela se fait sur les plateaux dans de telles circonstances, on me prévient qu'il y aura le moins de monde possible, de façon que je me sente plus à l'aise. C'est Bernard Fresson qui joue le peintre, et hormis lui je ne vois que Pierre Cardinal, son chef opérateur et le preneur de son. Je me dénude, nous sommes sur le point de tourner, quand, levant discrètement les yeux au plafond, alertée peut-être par un bruissement, j'aperçois une bonne partie des techniciens, au coude à coude, sur une passerelle...

Comme je l'avais fait durant le tournage de *La Grande Peur dans la montagne*, tous les soirs je visionne les *rushes* auprès de Pierre Cardinal. Je ne suis plus une jeune fiancée éplorée (ce que j'étais à peu de chose près dans la vraie vie), pour la première fois j'interprète un personnage très éloigné de moi par l'esprit, et je suis troublée et fascinée par le travail que je dois accomplir. Je prends la dimension de la difficulté de mon métier. Ici, j'avais cru donner telle ou telle émotion, mais ça ne se voit pas à l'écran. Là, au contraire, et tandis que je m'étais imaginée trop frileuse, je suis émouvante et juste. Le lendemain, je tiens compte de ce que j'ai compris, je donne avec plus de subtilité, je me déplace différemment. En six semaines de tournage, il me semble que j'apprends énormément.

Puis vient la scène la plus difficile. Celle où la jeune femme découvre son enfant mort de froid, au matin, dans son petit lit.

— C'est ton enfant, me dit Pierre Cardinal. Tu te penches sur le berceau et tu vois qu'il est mort…

— Oui, je vois qu'il est mort.

— Alors tu pleures, n'est-ce pas ?

— Oui, bien sûr, je pleure.

Mais je ne pleure pas. Ou plutôt pas vraiment, juste mécaniquement.

— On la refait, dit Pierre Cardinal.

Il ne s'énerve pas, il est infiniment patient, comme s'il avait absolument confiance en moi.

Et j'ai besoin de cette patience, de ce temps, pour approcher doucement l'horreur, me figurer petit à petit ce que ça peut être de découvrir… de découvrir son enfant... Est-ce que le visage de David me traverse l'esprit, soudain ? En tout cas, à la sixième ou septième prise, j'éclate en sanglots. Mais je sens bien que ce n'est pas moi qui pleure, c'est quelque chose que je laisse pleurer en moi, que je laisse *enfin* pleurer.

« On ne chante pas, on est chanté », me dira bientôt Geneviève Rex, le professeur de chant qui va faire de moi une actrice digne de ce nom.

De même ai-je deviné ce jour-là qu'on ne joue pas, on est joué. Quelque chose se joue à travers nous, au moment où nous cessons de lui résister.

9.

Je viens de finir *L'Œuvre* quand je découvre dans ma boîte aux lettres ces quelques lignes renversantes de Jean-Louis :

« Ma petite fille, je te propose de venir travailler avec nous dans la compagnie. Je monte en septembre *Henri VI* de Shakespeare et, si tu le veux, tu y tiendras le rôle de Jeanne d'Arc. Quelle belle aventure en perspective ! Je suis sûr que ton papa nous verra et se réjouira de nous savoir réunis. Réponds-moi vite, Madeleine et moi t'embrassons de toute notre tendresse avunculaire. »

Quelle mouche les a donc piqués ? Deux ans plus tôt, ils avaient tout fait, tout dit, pour me décourager, et voilà qu'ils me proposent de rejoindre l'Odéon, qu'ils dirigent, pour incarner non pas la dernière des soubrettes, mais la Jeanne d'Arc de Shakespeare ! Se peut-il qu'ils m'aient trouvée éblouissante dans *Andorra* et ne m'en aient rien dit ? Se peut-il qu'ils m'aient vue dans *La Grande Peur dans la montagne* ? Non, rien n'explique ce subit engouement, si ce n'est le remords de n'avoir rien fait pour moi au regard de mon père qui, peut-être, en effet, s'en désole de là-haut.

Cela dit, cette offre ne peut pas mieux tomber, je n'ai aucun projet pour la saison à venir (ce qui consterne Daniel) et, au mois d'août de cette année 1966, j'entre donc à la Compagnie Renaud-Barrault.

Je débarque avec le merveilleux souvenir de Gabriel Garran me guidant pour *Andorra*, prenant le temps de me raconter mon personnage, puis me prenant patiemment par la main... et je tombe des nues. Rien de tout cela avec Jean-Louis. Lors des traditionnelles réunions préparatoires autour d'une table où chacun s'essaie à lire sa partition, Jean-Louis ne donne aucun conseil à ses comédiens. Et d'ailleurs, il ne les laisse même pas lire leur rôle eux-mêmes, c'est lui qui lit la pièce de bout en bout. Je ne sais pas ce que nous sommes censés apprendre de cette espèce de grand-messe. Plus tard, je découvrirai que, selon les metteurs en scène, le travail autour de la table peut durer de huit jours à trois semaines pour Roger Planchon. Mais avec Planchon, on savait tout de son rôle, on savait exactement où l'on allait le jour où l'on quittait la table. Avec Jean-Louis, on ne sait strictement rien, si ce n'est qu'on a bien compris que diriger les comédiens n'est pas sa priorité.

— Bon ! lance-t-il après sa lecture, début des répétitions demain !

J'en suis abasourdie, mais naturellement je n'ose rien dire.

Le lendemain, je suis la plus balbutiante des débutantes. Je n'ai aucune idée de la façon d'incarner cette Jeanne d'Arc de Shakespeare qui me semble assez hystérique, et en tout cas très loin de moi. Jean-Louis me donne vaguement quelques conseils pour me déplacer, mais il est clair que je le déçois, et le mot est faible.

Nous renouvelons l'expérience sur deux ou trois jours, moi complètement perdue, ânonnant pitoyablement mon texte.

Le quatrième jour, et alors que j'arrive en courant pour la répétition, je tombe sur un bulletin de service qui me coupe le souffle : « Le rôle de Jeanne d'Arc, lis-je, est désormais confié à Annie Bertin. » Annie est une tragédienne confirmée, et je comprends qu'elle ait été désignée pour me remplacer, mais ce qui me sidère c'est de l'apprendre de cette façon. Comment Jean-Louis a-t-il pu prendre cette décision sans même m'accorder cinq minutes pour m'en informer et m'en expliquer les raisons ? Me dire qu'il s'est trompé, qu'il a visé trop haut, que je dois encore faire mes classes avant d'espérer jouer des personnages de cette ampleur. Me dire ce qu'il voulait, tous les mots, même les plus durs, m'auraient paru plus humains que ce renvoi glacial.

L'émotion passée, cependant, je me sens soulagée, et presque reconnaissante d'avoir été déchargée de ce fardeau. Je n'avais ni la voix, ni la technique, ni la prestance pour jouer cette flamboyante Jeanne d'Arc, et je me serais bien évidemment ramassée. Qu'aurait-on dit alors ? « Si Jean-Louis n'était pas son oncle, jamais la petite Barrault n'aurait eu ce rôle. Elle est affreusement nulle, c'est une honte ! » Avec le recul, je me dis que c'en aurait été sans doute fini de ma carrière de comédienne. On ne se remet pas de telles critiques.

Mais je suis sauvée par le gong, sans pour autant me retrouver à la rue. Dans l'élan généreux de sa lettre, Jean-Louis m'a signé un contrat pour une année, de sorte que je me retrouve payée à ne rien faire, ou plutôt disponible pour des rôles plus adaptés à la petite novice que je suis. C'est comme cela que je me retrouve dirigée par Maurice Béjart dans *La Tentation de saint Antoine*. Jean-Louis lui a demandé de mettre en scène le poème-pièce de Flaubert, et autour des acteurs principaux (Jean-Louis, notamment, dans le rôle-titre), Béjart a imaginé de réunir une quinzaine de jeunes comédiens qu'il veut utiliser à la manière d'un corps de ballet. Je suis choisie pour en être, et cette fois l'expérience est passionnante parce qu'elle est à ma portée. Nous avons peu de texte à dire, mais sous la direction de Béjart nous nous initions à la danse et au mime.

Du coup, Maurice Béjart me rappelle, quelques mois plus tard, lorsqu'il s'apprête à créer *Messe pour le temps présent* du compositeur Pierre Henry. Cette fois, je suis une des trois récitantes du *Cantique des cantiques* au milieu des danseurs du Ballet du XXe siècle et le spectacle est l'événement du Festival d'Avignon 1967.

Entre-temps, Jean-Louis m'a fait jouer dans les deux pièces de Nathalie Sarraute, *Le Silence* et *Le Mensonge*, qu'il a créées à l'Odéon, et je suis partie en tournée avec la compagnie, à Montréal, où nous avons donné l'une de mes pièces cultes, *Le Soulier de satin*, de Claudel, dans laquelle je me suis réincarnée en doña Musique, celle-là même qui m'avait permis de décrocher la Médaille de l'espérance au cours Simon.

Il serait injuste de prétendre que ces deux années dans la Compagnie Renaud-Barrault n'ont pas été riches d'enseignements. Cependant, je ne suis pas enthousiasmée par la vie de troupe – un peu trop prévisible et tranquille, peut-être, même si en la circonstance cela m'arrange bien avec un enfant très jeune. Je m'y sens un peu à l'étroit, et je suis en train de songer à la meilleure façon de retrouver ma liberté, quand éclatent les événements de Mai 68.

Femme de gauche aujourd'hui, je n'ai guère de sensibilité politique à l'époque (bien qu'âgée de vingt-quatre ans), et j'assiste d'abord avec incrédulité à ces prises de parole un peu partout, comme si nous sortions d'une ère glaciaire. De Gaulle est-il donc un despote ? Ça ne m'avait pas frappée. Puis le besoin de liberté – et d'expression – gagne les usines, les bureaux, et pénètre dans l'Odéon avec la force du cyclone. En quelques jours, notre beau « Théâtre de France » se retrouve occupé, puis saccagé. Costumes, décors, accessoires, manuscrits, tout est jeté à terre, piétiné, souillé, détruit. Au nom de quoi ? Quarante ans après, je ne m'explique toujours pas la raison de cette haine destructrice. À la tête de l'Odéon depuis neuf ans, Madeleine et Jean-Louis n'avaient en rien démérité. C'est pourtant à Jean-Louis que le ministre de la Culture d'alors, André Malraux, après s'être muré dans le silence durant ces semaines épouvantables, fit porter la responsabilité de cet anéantissement. Le grand Malraux, qui s'était mis aux abonnés absents quand Jean-Louis suppliait qu'on vienne au secours de son théâtre...

Par une ironie cruelle, en détruisant ma troupe et sa scène, Mai 68 me libère. Je n'ai plus à me poser la question de mon départ, il va de soi, et comme si le ciel veillait décidément sur mon petit destin, voilà que le téléphone sonne à la maison au plus noir des événements et tandis que les étudiants dressent des barricades autour de l'Odéon.

— Allô ?... Pourrais-je parler s'il vous plaît à Marie Christine Barrault ?

— C'est moi !

— Ah ! Pardonnez-moi de vous déranger, je suis cinéaste, je m'appelle Éric Rohmer, vous ne me connaissez pas...

— Mais si je vous connais ! Je viens justement de voir *Paris vu par...* dans lequel vous avez tourné un sketch formidable. Et puis j'ai vu aussi *Le Signe du lion*.

— Ah ! bien, bien, je suis très flatté... Voilà, je vous appelle parce que j'ai pensé à vous pour mon dernier scénario. À vrai dire, parmi toutes les actrices de votre génération, je ne vois que vous...

— Alors, c'est moi qui suis très flattée !

— Attendez, vous n'avez pas lu le scénario. J'ai peur... Enfin, j'espère tellement que le rôle va vous plaire !

— Comment procédons-nous ? Voulez-vous que nous nous rencontrions ?

— Avec plaisir. Demain après-midi à La Coupole, ça vous irait ?

J'ai le sentiment que le monde marche à l'envers. On parle déjà beaucoup d'Éric Rohmer parmi les cinéastes de la nouvelle génération, et c'est lui qui semble pétri de timidité devant moi qui n'ai encore pratiquement rien fait...

Le mirage se prolonge à La Coupole lorsque s'assoit devant moi un grand escogriffe qui peine à trouver ses mots et s'embrouille.

— Ah ! c'est extraordinaire... Quel plaisir de vous rencontrer... Vous êtes exactement... Enfin, pourvu que le rôle...

J'apprendrai plus tard de sa bouche qu'il ne m'a vue alors ni au théâtre ni à la télévision, mais seulement sur une photo publiée dans un hebdomadaire de télévision, photo sur laquelle je figure assise à côté du landau de David, en train de tricoter, avec une barrette dans les cheveux, des chaussures plates, et pratiquement ma jupe bleu marine à plis de Dupanloup.

— Eh bien, je suis heureuse de ne pas vous décevoir.

— Non, vraiment... Mais je vous ai apporté le scénario. Puis-je me permettre de vous rappeler dans quarante-huit heures pour avoir votre première impression ?

Oui, le monde marche décidément à l'envers. N'est-ce pas plutôt moi qui devrais me consumer d'impatience ?

Mais ma lanterne s'éclaire lorsque je découvre enfin le script de *Ma nuit chez Maud*, et en particulier la scène d'ouverture du film où Françoise (mon personnage) assiste à la messe, récitant avec foi le Notre Père, avant d'échanger un premier regard avec l'homme qui va bientôt se jurer de faire d'elle sa femme, Jean-Louis, un jeune ingénieur catholique récemment rentré de l'étranger (et interprété par Jean-Louis Trintignant).

Je comprends confusément pourquoi Éric Rohmer a flashé dans la seconde sur moi : en jeune ingénue catholique je suis sans doute plus vraie que nature, et sûrement, en effet, la seule comédienne sur le marché à pouvoir incarner son héroïne sans l'ombre d'un doute. Je le séduis sans le vouloir, en vérité, comme j'avais séduit René Simon qui avait immédiatement repéré mon côté suranné, décalé, parmi les futures starlettes à taille de guêpe que le cinéma attire comme la lumière les papillons.

— Alors... avez-vous pu lire ?

L'inquiétude d'Éric Rohmer au bout du fil, alors qu'au même instant je priais le ciel pour qu'il m'appelle enfin.

— Oh ! oui, c'est magnifique !

— Voulez-vous dire que vous acceptez le rôle ?

— Mais bien sûr ! Je me sens si proche de cette jeune femme... Et tellement heureuse que vous ayez pensé à moi !

Nous commençons par la fin et tournons, cet été 1968, la dernière scène du film. Elle doit se passer à la plage, et comme Jean-Louis Trintignant se repose en famille à Belle-Île, Rohmer choisit Belle-Île pour ne pas gâcher les vacances de Jean-Louis. Je découvre à cette occasion avec quelle simplicité de moyens, quelle modestie, travaille cet homme. D'abord, il ne trouve rien de mieux que de nous faire partir en train, le 1er août, de sorte que nous nous trouvons pris dans le flot des vacanciers. Il n'a pas jugé utile de nous réserver des chambres d'hôtel, si bien que nous nous entassons dans une espèce de dortoir, Rohmer, deux techniciens et moi côte à côte dans des lits de patronage (la seule chambre disponible revenant de droit à Françoise Fabian). Il n'a pas de script, note tout lui-même sur un carnet, et fait son film avec son chef opérateur et trois ou quatre techniciens en tout et pour tout. Pas de figurants, nous tournons discrètement au milieu des vacanciers qui vont et viennent avec leurs épuisettes et s'interpellent comme si nous n'existions pas – ce qui est l'idéal du cinéma selon Rohmer, je vais bientôt l'apprendre à mes dépens.

L'essentiel du tournage est prévu en décembre et janvier à Clermont-Ferrand, capitale des usines Michelin où le jeune ingénieur qui m'a repérée à l'église, et me traque désormais, est censé travailler.

Entre-temps, au mois d'octobre, et alors que nous étions au bord de la rupture, Daniel et moi avons soudain éprouvé le besoin de sauver ce qui pouvait l'être de notre couple. Nous nous sommes envolés pour un festival de musique en Forêt-Noire, le temps d'un week-end, d'où je suis rentrée... enceinte !

Comment annoncer la nouvelle à Rohmer ? Certes, ça ne compromet pas le tournage, puisqu'une grossesse de deux ou trois mois ne se voit pratiquement pas, mais ça n'est tout de même pas un état normal, entre les nausées, le fameux « masque », et les précautions qu'il faut prendre pour ne pas mettre en danger la vie du futur nourrisson. Sans doute traumatisée par la façon dont Pierre Cardinal avait accueilli l'annonce de ma première grossesse, je tâte le terrain auprès de l'habilleuse du film... qui s'empresse de répéter la chose à Rohmer derrière mon dos !

Mais j'avais eu tort de m'inquiéter, non seulement Rohmer ne me fait pas la moindre scène, mais ayant promis à l'habilleuse de ne pas la trahir, il feint de ne rien savoir. Et continue donc de tourner à sa façon. Lorsqu'il filme le jeune ingénieur à la sortie des usines Michelin, il ne reconstitue pas la scène, il filme la *véritable* sortie des usines, Jean-Louis noyé dans le flot des ouvriers. Lorsqu'il filme un repas dans un café, il filme *vraiment* à l'heure du repas, dans un café bondé d'employés de chez Michelin et dans une bousculade indescriptible. Et lorsqu'il filme son personnage, Jean-Louis, poursuivant en voiture Françoise montée sur son frêle Solex, sur le coup de six heures du soir, en pleine folie urbaine, il ne triche pas plus : la scène se déroule *exactement* à six heures du soir, dans les rues crépusculaires, mouillées et embouteillées de Clermont-Ferrand, chaque employé tentant de rentrer chez lui le plus vite possible. C'est donc dans cette cohue que je sillonne la ville au guidon de mon Solex, filée par mon futur époux, sur le pavé glissant, dans le crépuscule hivernal, risquant à chaque instant d'être renversée ou de me casser la figure. Je tremble secrètement à l'idée que je pourrais perdre mon bébé, mais naturellement je ne me plains pas, bravant au contraire le danger en bon petit soldat. Et c'est seulement quand le film sera fini que l'élégant Rohmer me révélera qu'il n'a pas cessé une seconde de s'angoisser pour moi.

— J'avais tellement peur qu'il vous arrive quelque chose, Marie Christine ! Mais qu'est-ce que je pouvais dire ? J'étais censé n'être au courant de rien.

Ce tournage terminé, j'éprouve la même tristesse, le même vide, qu'après le tournage de *L'Œuvre*, sentant bien que je rejoins Daniel et Paris avec le sentiment douloureux de retourner dans une prison dorée. Oui, mais j'entre dans mon quatrième mois de grossesse, et par bonheur il y a David, trois ans et demi ! Nous serons bientôt une vraie famille, me dis-je, et je m'efforce de croire encore en un mariage que j'ai voulu, rationnellement programmé, et qui n'a pas cessé de me décevoir.

Le Daniel que je retrouve est bien loin de celui de notre délicieux week-end en Forêt-Noire. Pendant que je risquais ma vie – et celle de notre enfant – sur mon petit Solex, dans les rues de Clermont-Ferrand, lui est tombé follement amoureux d'une jeune femme. Je vois immédiatement qu'il n'a plus du tout la tête à notre histoire, distrait et heureux, découchant une nuit sur deux, et ne parvenant pas à cacher l'ennui qui le gagne aussitôt que j'ouvre la bouche.

Je mentirais si je disais que je n'en suis pas atteinte, mais cela s'ajoutant à nos désaccords et à ses réflexions dévalorisantes et parfois humiliantes – « Tu n'arriveras jamais à rien ! », « Regarde les autres, elles au moins ce sont des femmes ! » –, j'en viens à me demander ce que je fais avec cet homme, d'autant plus que je me sens parfaitement capable d'élever seule nos deux enfants.

Et c'est donc moi qui suggère que nous nous séparions.

— Il me semble que ta vie est ailleurs, Daniel. Qu'attends-tu ? Pourquoi ne t'en vas-tu pas ?

— On ne quitte pas une femme enceinte. Nous reparlerons de tout ça après ton accouchement.

Sans doute n'est-ce qu'une question d'image, de réputation vis-à-vis de ses nombreuses relations, car dans la pratique Daniel est déjà loin, ne repassant plus à la maison que pour son linge sale, son courrier, et quelques papiers à signer.

C'est d'ailleurs pour une affaire de papiers, ayant impérativement besoin de son avis, que j'appelle un jour sa secrétaire.

— Il est en Corse, Marie Christine. Voulez-vous le numéro de son hôtel ?

— Avec plaisir.

J'appelle aussitôt l'hôtel.

— Ah, je suis désolé, madame, je l'ai vu sortir il y a un instant. Mais je peux vous passer Mme Toscan du Plantier si vous voulez...

Non, merci ! Nous sommes en plein théâtre de boulevard et je préfère plutôt en rire.

C'est dans cette ambiance délétère que je mets au monde Ariane, au mois de juin 1969. Daniel m'a déposée à la clinique, mais il n'est pas resté, faisant appeler sa secrétaire dans la journée pour savoir si sa fille était enfin là.

Un matin, peu après mon retour de clinique, nous avons un problème de voiture, et Daniel me propose aussitôt la sienne.

Au premier feu rouge, jetant distraitement un œil sur la banquette arrière, mon attention est attirée par du courrier abandonné là comme à dessein. J'attrape une enveloppe au hasard et n'en crois pas mes yeux : « M. et Mme Toscan du Plantier, lis-je, 10, rue de la Harpe, Paris 5e. » Ce n'est pas notre adresse. Est-ce à dire que Daniel aurait déjà refait sa vie sans m'en avertir ? Et peut-être fomenté cette mise en scène pour me mettre au courant sans avoir à passer par une explication...

Tout me semble possible, soudain. Il m'a curieusement laissé l'ensemble de son trousseau de clés, accroché à celles de sa voiture. Alors je décide d'en avoir le cœur net, et je vais rue de la Harpe. Son nom sur la boîte aux lettres, personne pour répondre à la sonnette... j'entreprends d'essayer ses clés. La troisième est la bonne ! J'entre. C'est un appartement charmant, dans lequel je reconnais ses costumes suspendus aux côtés de vêtements féminins, plusieurs de ses objets personnels, et ici et là quelques photos du couple...

— Daniel, dis-je le soir, comme il passe en coup de vent récupérer sa voiture, ce que nous vivons est ridicule : je suis allée rue de la Harpe, tu sembles partager une grande histoire avec cette femme, je ne comprends pas ce que nous faisons encore ensemble...

— Je sais ce que tu penses, mais ne précipitons rien, je t'en supplie.

— Prenons au moins le temps d'en parler calmement.

— Eh bien, si tu veux.

Le Festival d'Avignon nous offre cette occasion. Je logerai chez des amis, dans le Luberon, et Daniel propose de m'y rejoindre pour quelques jours.

A-t-il senti que j'étais décidée à partir, que notre mariage ne tenait plus qu'à un fil ? Je retrouve l'homme amoureux, presque transi, de nos soirées au théâtre au temps du boulevard Murat, le fiancé plein de projets du temps où je faisais mes premiers pas sur scène, au Théâtre de la Commune d'Aubervilliers, et où il s'asseyait au premier rang, comme ébloui.

— Je ne veux pas te quitter, Marie Christine, j'aime l'idée que tu sois ma femme, me répète-t-il.

— Mais tu en aimes une autre !

— Aimer, aimer... Prenons garde aux mots. Nous sommes bien plus profondément liés l'un à l'autre que nous ne l'imaginons. Pense à tout ce que nous avons partagé depuis l'adolescence. Et puis nous avons deux enfants !

— Certes, mais ça ne t'a pas empêché d'aller t'installer ailleurs.

— C'était une bêtise, je vais arrêter tout ça. Je veux rester ton mari.

Et moi, qu'est-ce que je veux ? La même chose, me semble-t-il, maintenant que je vois Daniel si bien disposé à notre égard. Moi aussi je me sens liée à lui par notre adolescence, mais surtout j'ai le souvenir de ce qu'a représenté pour mon frère et moi le divorce de nos parents, et je ne veux pas imposer cela à nos enfants – David et Ariane, étrange réplique d'Alain et moi. Sommes-nous donc irrémédiablement condamnés à répéter les échecs sentimentaux de nos parents ?

Eh bien, non ! Pendant quelques jours lumineux, sous le ciel d'été de la Provence, je veux croire que tout est de nouveau possible. Et Daniel s'applique à m'en convaincre, amoureux et souriant, évoquant avec des mots tendres nos deux enfants restés dans le Médoc aux bons soins de ma mère et de la nounou d'Ariane.

Et puis un matin, comme Daniel est sorti faire des courses, je mets un peu d'ordre dans notre chambre et je tombe sur une lettre fraîchement écrite, dont l'enveloppe n'a pas encore été cachetée. Elle est destinée à sa compagne de la rue de la Harpe. Je l'ouvre en tremblant.

« Ma chérie, écrit-il, que les heures sont longues sans toi ! Quelques jours de patience encore et nous serons pour toujours ensemble, réunis. Attends-moi... »

Je n'ai pas la force d'en lire plus. Je ne suis pas éplorée, non, mais atterrée. Comment peut-il me traiter avec autant de mépris, de cynisme ? Et comment ai-je pu me faire avoir avec autant de facilité ? Je me sens blessée, humiliée, mais je crois que dans un premier mouvement c'est à moi que j'en veux le plus. Ma fameuse ingénuité... Ma bêtise, oui !

Et sans attendre le retour de Daniel, j'enfourne mes vêtements dans une valise et je repars aussitôt pour Paris.

10.

Ma nuit chez Maud, qui avait été froidement accueilli par le public du Festival de Cannes (mais salué par la critique) tandis que j'attendais Ariane, est reçu dès sa sortie, à l'automne 1969, comme un événement. Après son succès en France, le film va d'ailleurs partir pour les États-Unis où il représentera le cinéma français aux oscars.

Certes, les vedettes en sont évidemment Françoise Fabian et Jean-Louis Trintignant, mais ma première apparition sur le grand écran (jusqu'ici, je n'avais tourné que pour la télévision) ne passe pas inaperçue. J'ai droit à quelques portraits élogieux dans les journaux, et c'est à cette occasion que je fais la connaissance de mon premier amant : Pascal Thomas.

Pascal Thomas, qui deviendra bientôt cinéaste, est alors journaliste au magazine *Elle*. Il a demandé à me rencontrer, puis demandé à me revoir, et finalement nous avons fini dans les bras l'un de l'autre.

C'est apparemment une grande histoire qui commence. Bien que déjà marié, Pascal veut m'épouser. Je suis la femme de sa vie, dit-il. Il me couvre d'éloges et de mots tendres, et je me laisse volontiers emporter par cette idylle. Suis-je amoureuse ? Oui, sans doute. En tout cas, je suis dans le feu de la découverte et je ne boude pas mon plaisir après tous ces mois blessants au côté de Daniel.

Contre toute attente, nous avons repris la vie commune, mais chacun menant désormais sa vie sentimentale comme il l'entend. Je ne veux plus rien savoir de celle de Daniel, qui va et vient à sa guise, je ne veux plus surtout être humiliée et souffrir par sa faute. J'envisage notre séparation, mais je ne précipite rien. Et comment le pourrais-je avec la responsabilité d'une petite fille de quatre mois et d'un garçon de quatre ans ?

Un soir, comme je me retrouve en tête à tête avec maman qui s'implique autant qu'elle le peut dans son rôle de grand-mère, je lui fais part pour la première fois de mon intention de divorcer. Je crois que je m'attends inconsciemment à ce qu'elle abonde, elle qui dans ma mémoire d'enfant n'a pas hésité à quitter papa pour refaire sa vie avec l'homme qu'elle aimait, or j'ai la stupéfaction de l'entendre me rétorquer :

— Réfléchis bien, ma chérie, avant de prendre une telle décision : un divorce est toujours traumatisant pour les enfants...

J'ai vingt-cinq ans, et c'est la première fois que j'entends notre mère évoquer le traumatisme que peut être un divorce pour des enfants. La première fois que je l'entends même prononcer le mot « divorce ». Voilà soudain, parce que je m'apprête à marcher sur ses traces, qu'elle parvient enfin à nommer cette chose indicible, cette souffrance, qui aura traversé toute mon enfance, maman semblant ne s'apercevoir de rien.

Plus tard, me répétant inlassablement sa petite phrase – « un divorce est toujours traumatisant pour les enfants... » –, je me dirai : si seulement elle avait pu me dire cela à l'époque ! Juste cela, au moins cela. Alors la douleur de voir papa si malheureux, et ma propre douleur, auraient eu d'un seul coup une explication. J'aurais pu m'accrocher à cette petite phrase, à ce mot « divorce », et surmonter mon désarroi. Plutôt que d'errer et de me perdre dans l'immensité de son silence.

Mais cette fois c'est moi qui reste silencieuse, comme si les explications arrivaient trop tard. Et il est vrai que je n'ai plus besoin de ses conseils, j'ai compris toute seule ce que peut représenter un divorce dans la vie d'un enfant, et en ce qui concerne les miens je sais que je m'appliquerai à leur donner les clés, à mettre constamment des mots sur les sentiments.

Tandis que je me réconcilie avec l'amour auprès de Pascal Thomas, je joue à Lyon *Noces de sang*, de Federico García Lorca, mis en scène par Raymond Rouleau. Un rôle magnifique, tragique, puisque la passion conduisant à la mort, selon Lorca, je termine sur scène tenant à la main le couteau ensanglanté avec lequel vient d'être tué l'homme que j'aimais.

C'est un moment théâtral d'une densité presque insoutenable que je choisis de jouer avec une extrême dureté, incarnant une femme que j'imagine au-delà des larmes. Nous donnons une cinquantaine de représentations, mais dans les dernières il se passe soudain un événement qui me dépasse : comme dans la scène de *L'Œuvre* où j'éclate en sanglots en découvrant mon enfant mort, je me sens brusquement traversée par un torrent de désespoir. L'homme que j'aimais plus que tout au monde est mort, et les mots qui sortent alors de moi prennent une force insoupçonnée. Je me souviens que ce soir-là, toute la troupe est transie d'émotion quand le rideau retombe, certains comédiens au bord des larmes. « C'est incroyable ce que tu nous as touchés », me disent-ils. Et là, de nouveau, je prends la mesure de ce que signifie « être jouée » par un texte, plutôt que « le jouer ». Cet instant miraculeux où nous cessons de nous appartenir pour nous laisser porter par la tragédie qu'insufflent les mots.

Pascal Thomas me rejoint souvent à Lyon, mais déjà les sentiments s'émoussent entre nous. Il veut tout décider pour moi, y compris ma façon de m'habiller, et ce côté macho, amusant les premiers temps, commence à m'agacer. D'autant plus qu'il s'y mêle parfois beaucoup d'inélégance. Un jour, il m'emmène dans un magasin pour m'offrir une ou deux robes, je choisis sous son regard, mais quand nous arrivons à la caisse, je vois qu'il a sur le bras des vêtements que je n'ai pas essayés.

— Ah ! non, lui dis-je, je vous en prie, ne faites pas ça, j'ai bien assez avec ce que j'ai choisi.

Et lui, me laissant muette de stupeur :

— Ce n'est pas pour vous, c'est pour ma femme.

Quelle image peut-on avoir de soi-même quand on se livre à de tels arrangements ? En tout cas, c'est le genre de détail qui vous ramène brutalement sur le plancher des vaches si par hasard vous aviez eu l'illusion d'en décoller.

J'en étais là de mes amours – c'est-à-dire pas bien loin – mais en plein épanouissement artistique, en revanche, avec *Noces de sang*, quand je reçois un coup de téléphone d'Andrée Champeaux, l'une des premières femmes, à l'époque, à faire du casting pour la télévision.

— Bonjour Marie Christine. Vous connaissez Claude Santelli, n'est-ce pas ?

— Je ne l'ai jamais rencontré, mais je connais son travail, oui.

Ancien professeur, féru de littérature, comme Rohmer, Claude Santelli est alors l'un des réalisateurs les plus respectés de la télévision. Il a animé longtemps une émission sur les livres – *Livre, mon ami* – et il puise dans notre patrimoine culturel les sujets de ses films.

— Il est sur le point de tourner une adaptation de *Lancelot du Lac*, poursuit Andrée Champeaux, et il ne trouve pas sa reine Guenièvre. J'ai pensé à vous.

— Ça serait formidable !

— C'est exactement mon avis. Le seul problème est que Santelli ne veut pas entendre parler de vous. Il vous a vue dans *Ma nuit chez Maud*, et il est persuadé que vous êtes une petite catholique sèche et étriquée, tout le contraire de la grande amoureuse qu'est Guenièvre.

— Ah...

— Oui, comme vous voyez, l'affaire n'est pas gagnée. Mais je l'ai convaincu de vous rencontrer. Pouvez-vous passer demain ?

— Certainement.

— Je n'ai pas besoin de vous donner de conseils, n'est-ce pas ? Venez sexy ! C'est lui qui vous donnera la réplique. Vous n'aurez sûrement pas droit à un deuxième essai.

Je ne sais pas si j'y aurais pensé mais, maintenant qu'on me le propose, tourner avec Santelli devient le plus cher de mes désirs. Je choisis avec soin ma tenue pour ce rendez-vous capital : jupe de daim moulante, talons hauts, joli décolleté...

Claude Santelli me reçoit dans son bureau de la télévision, et je vois immédiatement qu'il ne reconnaît pas la jeune fille au Solex de *Ma nuit chez Maud*. C'est un bel homme, qui doit approcher la cinquantaine. Il semble un peu éberlué par mon allure, et cherche ses mots, s'embrouille, tandis qu'il me prie de m'asseoir avec lui autour d'une table ronde. Un premier succès qui me donne aussitôt confiance pour la suite.

— Je crois qu'Andrée vous a tout dit, n'est-ce pas ? se reprend-il quand nous sommes installés. Alors voici le texte. Je vais jouer Lancelot, à vous de me convaincre que vous pouvez être Guenièvre.

— J'ai bien compris.

— Eh bien, allons-y !

Il se passe alors une chose inouïe entre cet homme et moi : ces mots d'amour que nous nous lançons, ces mots qu'il a écrits de sa plume pour un Lancelot qu'il a voulu éperdu et une Guenièvre qu'il a rêvée ardente, nous nous en emparons avec une passion immédiate, vibrant l'un et l'autre de vérité, d'émotion.

Quand la lecture s'achève, je vois bien qu'il est aussi tremblant que moi.

— Eh bien, c'était... c'était excellent, dit-il, manifestement soucieux de reprendre ses esprits. Vous serez ma reine Guenièvre, Marie Christine. Je suis désolé d'avoir douté de vous, sincèrement désolé. Venez, je vous raccompagne... Je crois que nous allons faire un très beau film.

Quant à moi, j'ai le pressentiment que cette rencontre n'est pas anodine. Quelque chose qui nous a largement dépassés vient de se jouer entre nous, comme si les mots nous avaient emportés bien au-delà de ce que peut concevoir la raison. Le destin aurait-il voulu qu'on ne se rate pas, cet homme et moi, qu'il ne s'y serait pas pris autrement. Mais faut-il croire au destin quand il nous fait faire par ailleurs tant de bêtises ? Je rentre en tout cas de cette audition à la fois ravie et profondément troublée.

Nous partons pour la forêt de Fouesnant, en Bretagne, et dès les premiers jours de tournage je suis comme sublimée par le regard que pose sur moi Claude Santelli. Non seulement je me sens belle et précieuse à ses yeux, mais il m'élève à mes propres yeux en me dirigeant avec une sensibilité extrême, comme avait su le faire le talentueux Gabriel Garran, lui aussi passionné et généreux.

Mon intuition ne m'avait donc pas trompée, et très rapidement cette complicité artistique que j'ai appris à rechercher entre le metteur en scène et sa comédienne se prolonge dans l'intimité. Un soir, je tombe dans les bras de Claude Santelli qui me reçoit, me semble-t-il, comme l'être le plus merveilleux que la vie lui a donné de rencontrer.

Alors j'entre dans une sorte d'état de grâce. Je suis comblée, oui, parce que j'aime plus que tout cette osmose entre les sentiments qu'on partage dans l'intimité et l'œuvre qu'on construit ensemble. Comme si cette œuvre à venir était un peu l'enfant de notre amour. Aujourd'hui, après tant d'années, je sais que les histoires d'amour que j'ai pu avoir avec des hommes qui n'étaient pas metteurs en scène ont toujours été moins intenses, moins épanouissantes, que celles que j'ai partagées avec des metteurs en scène. Cela pour dire combien j'ai besoin, pour être complètement heureuse, que ma vie sentimentale et ma vie de comédienne soient étroitement mêlées.

Je ne pouvais pas rêver mieux avec *Lancelot du Lac* : je joue une femme amoureuse, et je le suis de l'homme qui me dirige. Ce tournage devient alors pour moi une sorte de rêve éveillé. Jamais, jusqu'ici, je n'ai connu une telle satisfaction, une telle plénitude. Est-ce cela qu'on appelle le bonheur ? Il m'arrive de trembler furtivement en songeant à ce qui va se passer une fois le film terminé. L'enchantement va-t-il cesser d'un seul coup ? Vais-je éprouver de nouveau ce sentiment de vide, et cette infinie tristesse, à l'idée de devoir retourner dans la prison qu'est devenu mon couple ?

Non, car cette fois, de retour à Paris, la présence de Claude Santelli continue d'irradier tout le reste de ma vie. Il est le contraire de Daniel, et c'est en observant la façon dont il me regarde, dont il m'aime, en l'écoutant aussi, que je mesure petit à petit combien Daniel est destructeur. Comment ai-je pu le laisser m'humilier, me ridiculiser ? Comment ai-je pu le laisser lancer au milieu d'un dîner mondain, à la fois cruel et pervers : « Voyez-vous, cher ami, je verrais plutôt d'un bon œil que vous ayez une petite aventure avec Marie Christine. Parce que je vais vous révéler un secret : ma femme est frigide ! » Comment ai-je pu, sans me lever aussitôt et partir ?

C'est Claude Santelli qui me donne la réponse.

— La vérité, Marie Christine, c'est que vous ne vous aimez pas.

— Ah bon ! Et comment fait-on pour s'aimer ? Est-ce que c'est une chose qui s'apprend ?

Claude sourit. Il semble ne pas en revenir de mon ingénuité, de ma jeunesse. À cet instant, je suis une petite fille, et lui pourrait fort bien être mon père. Je joue plus ou moins consciemment avec cette idée, qui ne me déplaît pas, au fond. Père et amant... Que demander de plus ?

— C'est une chose qui s'apprend, oui. Mais savoir que vous ne vous aimez pas, et y réfléchir, serait déjà un premier pas.

Il a raison, bien sûr. Maintenant qu'il me l'a dit, j'y songe continuellement, et je revois ma vie amoureuse avec Daniel à l'aune de cette triste vérité. Quel peu de cas j'ai constamment fait de moi ! Daniel avait trompé ma confiance quand j'habitais Londres, mais à peine était-il revenu vers moi que je m'étais offerte en mariage. Je n'avais rien osé de plus qu'épouser l'homme que toute ma famille me destinait, mon flirt d'adolescente devenu presque un frère au fil des années... Puis nous avions expédié comme une formalité notre « première fois » – la mienne en tout cas – et j'avais accepté comme une fatalité de ne pas éprouver de plaisir. Tant pis pour moi, n'est-ce pas, c'était déjà pas si mal d'être fiancée. Le soir de notre nuit de noces, le dernier baiser échangé, je m'étais retournée vers le mur en pleurant, et ce chagrin-là aussi je l'avais accepté comme une fatalité.

Si piteusement engage, notre mariage avait sans doute exacerbé les plus mauvais penchants de Daniel

Puisque je ne m'aimais pas, je ne me respectais pas, et je m'étais laissé maltraiter et humilier. Lui s'était engouffré dans cette brèche avec une joie mauvaise, tandis qu'exigeant d'être respectée je l'aurais peut-être conduit à m'aimer différemment.

Pouvait-on seulement parler d'amour entre nous ? Maintenant que je découvrais avec Claude ce qu'un homme amoureux est capable de donner, je n'étais plus du tout certaine des sentiments de Daniel. Quant aux miens, j'en doutais aussi sérieusement. Certes, j'avais été béate d'admiration devant Daniel à quatorze ans, très attirée par lui également, mais était-ce cela l'amour ? Pouvait-on construire une relation adulte sur des sentiments si ténus ? J'en étais là de mes réflexions quand le message de l'Évangile m'est revenu : « Aime ton prochain comme toi-même. » L'Évangile que j'ai alors à l'esprit en dépit de ma vie sentimentale pas très catholique, parce que j'ai la foi, tout simplement, et ne la perdrai jamais. Aime ton prochain comme tu t'aimes, toi. Pour donner de l'amour, nous dit en somme l'Évangile, il faut commencer par s'aimer soi-même. Sinon, nous n'avons rien à donner.

Cette découverte me trouble, car elle fait écho à ce que me répète Claude Santelli. Et elle me place soudain devant la responsabilité de notre faillite : je ne m'aime pas, ma relation avec Daniel n'était-elle donc pas vouée à l'échec ? Toutes mes relations amoureuses futures ne seront-elles pas également vouées à se perdre, me dis-je, si je n'apprends pas à me considérer, à me respecter, puis à m'aimer ?

Je commence à entrevoir tout le travail qu'il me reste à accomplir. Et j'entends de mieux en mieux ce que me dit Santelli : « Il faut quitter votre mari, Marie Christine, sinon il va vous détruire. »

Me détruire, n'est-ce pas exactement ce qu'est en train de faire Daniel ? Il partage alors la vie d'une jeune femme, Christine, mère de deux enfants, et me répète chaque fois que nous nous croisons :

— Christine est merveilleuse ! L'autre jour, tu me demandais ce qu'est une femme à mes yeux. Eh bien, voilà : elle, c'est une femme, dans toute la plénitude du mot.

— Pourquoi ne t'installes-tu pas avec elle, Daniel ?

— Ne précipitons pas les choses, tu as l'air d'oublier que nous avons deux enfants...

Je pressens surtout que nos enfants deviennent aux yeux de Daniel un prétexte pour nous conserver toutes les deux dans son premier cercle, pour ne rien perdre. Et, ce faisant, pour continuer de m'assener quotidiennement tout le mal qu'il pense de moi – femme frigide, femme sans l'être, ô combien décevante, n'est-ce pas ? et même pas capable avec ça de faire la carrière d'une Catherine Deneuve !

Au fil du temps, et puisant dans ma relation avec Claude la confiance en moi qui me manquait, je deviens plus précise :

— Séparons-nous, Daniel, tout cela est de plus en plus malsain.

— Pourquoi tout chambouler ? Je ne vois pas ce que nous y gagnerons.

— Eh bien, moi je le vois. Si tu veux, c'est moi qui m'en vais, comme ça tu n'auras même pas à déménager.

Nous habitons alors un appartement somptueux de la plaine Monceau, quatre mètres de hauteur sous plafond, salons en enfilade, tableaux et tentures, qui correspond bien plus au mode de vie de Daniel qu'au mien. Je comprends qu'il ne veuille pas le quitter, et je ne m'imagine pas habitant sans lui ce palais (d'autant que je ne pourrais même pas payer le début du loyer).

Comme rien ne semble devoir bouger si je n'en prends pas l'initiative, je me décide un jour à appeler cette fameuse Christine. Et tout de suite la conversation s'engage plutôt chaleureusement.

— Je propose que nous organisions nous-mêmes les choses, lui dis-je, parce que si nous attendons que Daniel le fasse, il ne va jamais rien se passer.

— Je n'aurais pas osé vous téléphoner, mais c'est également mon sentiment.

— Alors dites-moi sincèrement ce que vous souhaitez. Voulez-vous vivre complètement avec lui ?

— C'est mon souhait le plus cher. D'ailleurs, il m'en parle tous les jours…

— Eh bien, vous savez ce que nous allons faire ? Je vais partir, et le jour même vous viendrez vous installer à ma place. Comme cela la transition se fera en douceur, si j'ose dire.

Nous rions, puis nous apprenons si bien à nous entendre que durant les quelques jours que je consacre à me chercher un appartement, Christine préparant son propre déménagement, je lui rachète son canapé et quelques meubles qu'elle ne pourra pas caser chez Daniel.

Le jour dit, nous faisons exactement ce que nous avions prévu : tandis que je quitte la plaine Monceau le matin, mes deux enfants sous le bras, Christine y emménage l'après-midi même.

Et qui sonne à ma porte, ce soir-là, tandis que je soupire de satisfaction et d'épuisement parmi les cartons éventrés, après avoir tout juste couché Ariane et David ? Daniel ! Daniel qui prétend d'abord que mes déménageurs auraient embarqué par erreur toutes ses cravates et certains de ses costumes. Puis qui en vient à la raison profonde de sa venue.

— Ce que tu viens de faire est insupportable, Marie Christine. Je ne peux pas vivre sans toi.

— Ce n'est pas ce que j'avais compris. Ça fait des mois que tu me vantes les mérites de Christine, eh bien, voilà, elle est chez toi, à ma place.

— Si tu ne reviens pas, je ne verrai plus les enfants. Je suis incapable d'avoir une relation avec eux si elle ne passe pas par toi.

— Mais si, tu les prendras chez toi. C'est une chose nouvelle que nous allons devoir apprendre.

— Non, je te le dis solennellement : si tu ne reviens pas, je vais vous rayer tous les trois de ma vie. Je ne vous reverrai jamais. Et tu auras brisé une famille.

— Daniel !

— Réfléchis bien, je t'en supplie. Et reviens. Nous sommes incapables de vivre l'un sans l'autre, je pensais que tu l'avais compris.

11.

C'est cette année-là, tandis que j'ai échappé à Daniel grâce à Claude Santelli – qui m'apprend à m'aimer – que je rencontre Geneviève Rex qui va véritablement m'accoucher. Comme si le destin avait soudain pris le taureau par les cornes pour me sauver de moi-même avant qu'il soit trop tard.

Je rencontre Geneviève Rex par le théâtre. Au début du printemps 1971, le metteur en scène Jean Mercure m'appelle. Il me propose de jouer sous sa direction en Avignon dans *La guerre de Troie n'aura pas lieu*, de Giraudoux, puis, à l'automne, dans *Les Possédés*, de Dostoïevski, qu'il montera au Théâtre de la Ville, à Paris.

Avant même le début des répétitions pour cette seconde pièce, tandis que toute la troupe est réunie pour la lecture du texte, Jean Mercure nous met en garde contre l'acoustique désastreuse du Théâtre de la Ville. Gare à ceux qui n'ont pas de voix !

— J'ai engagé un professeur de chant, nous dit-il, qui va donner des leçons à tous ceux qui en ont besoin.

Il désigne ceux dont il est urgent qu'ils travaillent leur voix, et je me retrouve évidemment parmi les plus mauvais élèves, pour ne pas dire les cas désespérés. Sur chaque tournage, mais surtout dans chaque pièce, je dois faire un effort pour qu'on m'entende, et je sens bien que ça n'est pas la solution. Si ma voix est désuète, inexistante, c'est que j'ai un problème avec mon existence, un grave problème dont Claude Santelli a pris la mesure, comme si je n'osais pas encore m'emparer de ma vie.

J'ai tellement conscience de ce problème que lorsque Geneviève Rex m'accueille avec un enthousiaste : « Je t'attendais ! », je prête aussitôt à ces deux petits mots une portée quasi mystique.

Avec le recul, j'imagine aujourd'hui que Jean Mercure avait dû tout simplement lui dire : « La petite Barrault n'est pas mal, mais alors elle, vraiment, elle n'a aucun avenir si elle ne travaille pas sa voix. » De sorte que Geneviève Rex m'attendait, en effet, et de pied ferme.

Sur le moment, cependant, entendant ce « Je t'attendais ! », je me dis : « Ah, voilà donc le grand rendez-vous que j'espérais avec mon destin. »

Et je ne me trompe pas, d'une certaine façon, puisque à la fin de notre première heure ensemble, me considérant avec gravité, Geneviève Rex me dit :

— Ma petite, toi et moi, nous allons faire un long chemin ensemble. Tu ne vas pas te contenter de venir me voir cinq ou six fois, ici, au théâtre. Nous allons prendre rendez-vous, si tu veux bien, et tu vas désormais venir chez moi deux ou trois fois par semaine.

J'aurais pu dire : « Non, vous n'y pensez pas, j'ai deux enfants que j'élève seule, je n'ai déjà pas une minute à moi », ou m'en tirer avec un : « Je vais réfléchir et je vous dirai la prochaine fois », mais au lieu de ça je m'entends répondre aussitôt :

— Oui, bien sûr madame, deux fois par semaine si vous voulez.

Geneviève Rex doit approcher la soixantaine, cette année-là, autant dire qu'elle pourrait largement être ma mère. Je l'écris à dessein, car aujourd'hui qu'elle est morte après m'avoir consacré trente années de sa vie, il me semble qu'elle m'a mise au monde bien mieux que ma véritable mère n'a su le faire.

D'ailleurs, un jour, je le lui ai dit.

— Geneviève, je vous aime plus que ma propre mère, et j'ai l'impression que vous m'aimez bien mieux qu'elle ne l'a fait. Vous m'avez révélée à moi-même, tandis que ma mère, sans le vouloir sans doute, s'est appliquée à miner le peu de confiance que j'avais en moi.

Elle ne m'a rien répondu mais, quelque temps plus tard, le hasard a voulu que je lui présente ma mère.

— Ah, c'est donc vous qui donnez des cours de chant à Marie Christine ! s'est exclamée maman. Mais comment faites-vous ? Elle n'a aucune voix !

J'ai vu se figer le sourire de Geneviève, et la conversation s'est arrêtée là, car elle a aussitôt tourné les talons.

— Ta mère est une conne ! m'a-t-elle lancé la fois suivante.

Par la suite, elle n'a jamais manqué, chaque fois que j'évoquais le nom de maman, de se remettre en colère : « Mais comment peut-on être aussi bête ? »

Je pense que Geneviève et moi nous rencontrons au meilleur moment de notre vie à toutes les deux. Moi, tentant de m'extraire à tâtons des miasmes d'une jeunesse compliquée ; elle, dans la plénitude de son extraordinaire vocation d'accoucheuse. J'allais écrire de son talent, mais non, c'est bien d'une vocation qu'il s'agit, d'une vocation découverte au fil d'un drame intime.

Musicienne, très douée pour le chant, Geneviève a la malchance de naître dans une famille qui n'a aucune considération pour l'art, et pour la musique en particulier. Elle grandit et se met à chanter par goût, mais sans professeur, sans que personne lui explique jamais ce qu'elle pourrait tirer de sa voix merveilleuse. Elle se tourne vers les chansons populaires, et en particulier le répertoire du folklore français retranscrit par le compositeur Canteloube de Malaret. Elle enregistre plusieurs de ces airs anciens et fait des tournées dans le monde entier. Puis soudain, à quarante ans, elle ouvre la bouche un matin et plus aucun son n'en sort. Cette maladie étrange la plonge dans un profond désespoir, c'est la fin d'une passion qui l'avait portée durant toute la première moitié de sa vie, sans qu'elle se soit jamais posé la question de ce qu'est la voix. Un instrument comme on le prétend, vraiment ? Ou un don de Dieu, un miracle ?

Alors seulement, elle se penche sur la question. Elle veut comprendre ce qui lui arrive, et pour cela elle se rapproche des médecins plutôt que des musiciens. Désormais, quand elle s'essaie à chanter sur son piano, elle travaille avec des planches d'anatomie à côté d'elle, des « écorchés », comme on dit à la faculté de médecine. Elle a découvert le mystère des cordes vocales, et maintenant elle veut savoir comment tous les muscles du corps doivent se mobiliser pour parvenir à émettre une suite de notes. Elle se soigne en autodidacte entêtée, s'en voulant confusément de n'avoir pas pris soin d'elle au temps où elle parcourait le monde. Et elle devient ainsi une mécanicienne de la voix, mais aussi de l'âme, puisque la voix est l'expression de notre âme. Une mécanicienne de génie.

Quand je fais sa connaissance, elle a déjà vu défiler chez elle beaucoup de comédiens et de comédiennes, mais tous sont dans l'urgence, bien contents après quelques mois de disparaître avec ce qu'ils ont acquis. Geneviève en est blessée parce qu'elle sait qu'avec la voix on peut aller bien plus loin, bien plus haut, à condition de ne jamais lâcher. Je crois qu'elle devine, dans l'instant où elle me voit, que je vais être l'élève qu'elle espère secrètement depuis des années : partant de très loin avec mon petit filet de voix insipide, et en même temps suffisamment décidée pour braver toutes les difficultés et parcourir le chemin jusqu'au bout, à supposer qu'il y ait un bout (si Geneviève n'était pas morte, il est évident que je serais encore son élève).

Quel travail pour comprendre que c'est tout le corps qui doit se mettre en mouvement quand on chante ! Nous avons tous deux cordes vocales, mais que sont-elles sans le souffle, sans la résonnance, sans la confiance en soi ? Est-ce que tu entends ce qui se passe dans ton dos quand tu chantes ? Et là, entends-tu comme ça résonne ? Tu n'entends pas ? Ça ne résonne pas ? Eh bien, il va falloir travailler ça. Mais je vais t'aider. Et puis sais-tu où se trouve ton périnée et à quoi il te sert ? Connais-tu l'histoire du coq qui empoisonnait la vie des villageois ? Un paysan avait eu cette idée merveilleuse de lui foutre de l'huile dans le cul, oui, passe-moi l'expression, et du jour au lendemain les gens ont enfin pu dormir. Le coq ne parvenait plus à chanter, figure-toi. Et tu sais pourquoi ? Parce que pour chanter, pour bien chanter, il faut serrer les fesses, ce qui veut dire bien connaître son périnée et apprendre à le solliciter. Ah, Geneviève et le périnée !

Au fil des heures passées avec elle, je vois combien les morceaux épars de mon corps semblent petit à petit se raccrocher les uns aux autres, puis lentement se solidariser, se souder. « Quand je suis arrivée chez vous, Geneviève, lui dis-je un jour, j'avais l'impression d'être en mille morceaux, une femme en kit. Et maintenant, au fur et à mesure que vous me recollez, je commence à entrevoir le chemin de ma vie. » Quand le corps est en miettes, l'âme aussi est en miettes, et quel son peut donc sortir d'un violon cassé ? Bientôt, j'entends la différence, ma voix ne grince plus, ténue et fausse, elle monte d'un instrument – mon corps – qui a retrouvé son unité, ses frontières, qui prend conscience de son identité, alors elle grandit en authenticité, en force, en justesse, parce qu'elle sait enfin au nom de qui elle s'élève. Elle prend confiance en elle, et en l'avenir.

Ce n'est pas un hasard si Claude Santelli, qui me demande un jour à pouvoir assister à l'un de mes cours de chant, tombe dans l'heure sous le charme de Geneviève Rex. Lui, au contraire de ma mère, comprend immédiatement le miracle qu'est en train d'accomplir cette femme. Bien sûr, puisque Geneviève met en musique, si j'ose dire, ce qu'il a été le premier à m'exprimer : « Apprenez à vous aimer, Marie Christine, sinon jamais vous n'aimerez la vie. » En me reconstruisant, Geneviève me donne le moyen de commencer à m'aimer. Claude, qui ne me veut que du bien, voit évidemment en elle sa meilleure alliée.

Et en Daniel, son pire ennemi ! Les deux hommes se haïssent immédiatement et, durant l'année que je vais partager avec Claude, cette haine ne va faire que croître et s'affermir. Daniel n'est pas jaloux sexuellement, il se fiche que je couche avec l'un ou l'autre, mais il est mortifié à l'idée que je puisse lui échapper. Or, il a senti le danger que représente Claude dont l'intelligence et la bienveillance sont en train de m'ouvrir les yeux. L'un travaille à me libérer quand l'autre rêve de me remettre en cage.

Durant toute cette année où il est censé convoler dans les bras de son incomparable Christine, dont j'ai moi-même organisé l'emménagement à la plaine Monceau, Daniel me suit à la trace. Il est devant ma loge les soirs où je joue au théâtre, il rôde près du plateau les jours où je tourne.

— Dis donc, ton mari, qu'est-ce qu'il est amoureux ! Il ne te lâche pas d'une semelle, c'est merveilleux ! s'extasient mes petits camarades.

— Oui, dis-je, et pourtant nous sommes séparés.

— Ah bon ! Mais comment est-ce possible ?

Je croise le regard noir de Claude Santelli avec qui je tourne alors un *Proust* pour la télévision. Claude, qui a tout compris, bien sûr, et qui fusillerait sur place mon « merveilleux » mari s'il le pouvait.

Cependant, mon histoire avec Claude s'essouffle. J'ai vingt-huit ans, j'aimerais construire une véritable relation amoureuse, et lui ne peut pas me l'offrir. Il est marié avec une femme extraordinaire, dont j'ai fait la connaissance. Elle habite dans l'Oise, une maison charmante où elle m'invite parfois à venir passer la journée avec elle. Jamais nous n'évoquons ma relation avec Claude, mais elle sait, j'en suis sûre, et elle trouve les mots pour me le signifier. « Si je meurs, me dit-elle un jour, tu es la seule femme dont je supporterais l'idée qu'elle vive ici, dans cette maison. »

La relation qu'elle entretient avec son mari, maternante, forte et généreuse, est de celles qui ne se défont pas. Nous le savons tous les trois, et je détesterais représenter pour eux une menace quelconque. Je me satisfais donc au début du peu de temps que m'accorde Claude, un week-end toutes les trois semaines, un déjeuner une ou deux fois par semaine. Mais en revanche, je supporte de plus en plus difficilement sa férule tendrement machiste. Certains dimanches où je suis seule avec mes deux enfants, il peut m'appeler trois ou quatre fois pour savoir ce que je fais et s'assurer, peut-être, que je pense constamment à lui, comme il pense à moi.

— Écoutez, finis-je par lui lancer, au comble de l'exaspération, est-ce que je vous appelle toutes les deux heures, moi, pour savoir ce que vous faites avec votre femme ?

— Mais où étiez-vous ? Ça ne répondait pas...

— Vous n'êtes pas là, je vis.

— Ah, très bien, très bien, pardonnez-moi, j'étais inquiet.

Comment est-ce que j'en arrive à revenir auprès de Daniel ? Car, après une année de liberté, et si incroyable que cela puisse paraître, c'est bel et bien le parti que je prends : retourner dans ma cage dorée de la plaine Monceau d'où Christine va être mise à la porte du jour au lendemain par un Daniel plus pernicieux que jamais.

Je reviens par lâcheté, en vérité, la tête basse, vraiment pas fière de moi. Je cède à la pression de nos deux familles, les Barrault d'un côté, les Toscan du Plantier de l'autre, qui depuis des mois me serinent que je n'ai pas le droit de faire vivre mes enfants dans ce chaos. « Tu n'agis que par souci de toi, par égoïsme. Si encore tu leur montrais l'exemple d'une belle vie, mais ton existence est pitoyable, la plupart du temps seule à attendre le bon vouloir de ton amant… »

Je cède aussi à mon propre désarroi. Depuis que je l'ai quitté, Daniel ne me donne pratiquement plus un sou pour élever nos enfants. Or je ne m'en sors pas. Je travaille beaucoup, des rôles ici et là, mais je ne suis pas encore suffisamment connue pour en vivre décemment. Je cours sans cesse après l'argent.

J'ai besoin de souffler, de reprendre des forces, et il entre une part de cynisme dans ce retour (le cynisme s'ajoutant à la lâcheté, décidément, tout ça n'est pas glorieux). Car je me souviens parfaitement de m'être dit, tout en bouclant mes valises : je reviens, oui, mais pour mieux partir, et cette fois définitivement.

Claude Santelli, que je quitte dans la foulée, ne m'a donc pas ouvert les yeux en vain, tout ce qu'il m'a apporté est maintenant bien présent en moi. Cet homme va d'ailleurs demeurer mon ami, et je dirais même *ma conscience*, jusqu'à sa mort, en 2001, et nous allons d'ailleurs tourner encore plusieurs films ensemble.

Me remémorant cet étrange retour au bercail, il me revient que c'est à la fin de mon déménagement, et alors même que je m'apprête à rendre les clés de mon appartement, que je m'enflamme pour un homme dont je viens de faire la connaissance, le romancier et cinéaste Jean L'Hôte. Mais oui, absolument, puisque nous faisons l'amour pour la première fois dans cet appartement complètement vide, et donc sur la moquette. Cela pour dire dans quel état d'esprit je retourne auprès de Daniel, et le peu d'illusions que je me fais encore sur notre couple. Cynisme, disais-je, moi qui pourtant me défends habituellement de l'être.

Jean L'Hôte m'appelle un jour pour me proposer le rôle principal dans un téléfilm qu'il s'apprête à tourner : *L'Enlèvement*. L'histoire d'une religieuse qui recueille un nourrisson abandonné, parvient à le sauver en allant jusqu'à lui donner le sein – une scène magnifique – et le voit un jour partir avec une immense tristesse dans les bras de ses parents adoptifs. Elle ne supporte pas cet arrachement et finit par enlever cet enfant. L'intrigue est très forte, le rôle superbe, et je l'accepte avec enthousiasme.

Dès le début du tournage, et comme cela s'était passé avec Claude Santelli, la complicité qui s'établit entre Jean L'Hôte et moi tourne à la relation amoureuse. Incarnant mon personnage, ou plutôt le sien – cette religieuse inventée par lui –, je prolonge dans l'intimité ce vertige d'être sa chose, sa création. Cependant, Jean L'Hôte n'est pas Santelli, il n'a aucun esprit possessif en lui, et le tournage terminé notre relation se prolonge de façon charmante et romantique. Jean est un écrivain sensible et discret. Quand Santelli mobilisait toute son énergie, sa générosité aussi, pour m'accoucher et me sortir des griffes de Daniel, Jean, à l'inverse, ne se permet aucun commentaire sur ma vie, mais je vois qu'il m'observe très amoureusement et m'écoute avec beaucoup de bienveillance.

Que pense-t-il ? Je devine que bien que marié et père de cinq enfants, il serait prêt à tout casser pour reconstruire quelque chose avec moi. Oui, mais moi pas. C'est avec lui, j'en prends conscience aujourd'hui, tant d'années après, que j'inaugure cette étrange dichotomie entre femme mariée et femme amoureuse. Comme si j'avais donné force de loi au fait qu'un mariage ne peut être qu'une association à but ménager, la passion amoureuse ne pouvant en aucun cas s'y développer, de sorte qu'elle s'incarne dans une relation satellite vouée à durer le temps que dure l'embrasement, avant que les flammes ne retombent et que l'amour ne s'éteigne. Jusqu'à ma rencontre avec Vadim, quinze ans plus tard, où soudain mariage et passion vont se conjuguer au quotidien, je séparerai systématiquement les deux. Ce que j'appelle secrètement « mon petit système ».

Je partage donc de nouveau le quotidien avec Daniel, dans cette relation perverse qui me renvoie une image complètement dévalorisée de moi-même, mais je me ressource auprès de Jean L'Hôte qui m'aime de façon désintéressée, et sans doute aussi désespérée, puisque je refuse de lui promettre quoi que ce soit.

C'est durant notre liaison, et grâce à lui, que je commence à me réconcilier avec ma mère.

Depuis l'adolescence, je souffrais continuellement du ventre, et voilà qu'on me prescrit de me faire retirer la vésicule biliaire. Ce seront trois semaines d'immobilisation. L'opération a lieu, et, dès le lendemain, Jean L'Hôte est à mon chevet.

Est-ce moi qui lui reparle de mon enfance à Yerres, des visites hebdomadaires de notre mère, ou lui qui profite des circonstances pour y revenir ? Les enfants le touchent, mais plus encore le personnage de ma mère.

— Pourquoi n'en fais-tu pas un scénario ? me suggère-t-il.

L'idée me plaît. Revisiter cette période de ma vie participerait à la reconstruction que j'ai entreprise avec Geneviève Rex.

— C'est tentant, mais je ne m'en sens pas capable.

— Je suis là. Je pourrais t'aider.

— Avec toi, je veux bien essayer.

Et nous entreprenons l'aventure, moi allongée, lui prenant des notes.

Les mots me viennent facilement pour exprimer les questions que peuvent se poser les enfants dans l'éloignement où on les maintient, exprimer leurs attentes, leurs chagrins secrets, mais c'est autre chose lorsqu'il s'agit de se mettre à la place de la mère.

— Comment a-t-elle pu supporter de nous abandonner ? dis-je. D'abandonner notre père ? Je suis incapable d'expliquer ce qui a pu la traverser, ce qu'elle a pensé...

— Il va bien falloir trouver les mots pourtant, insiste Jean.

Et un moment plus tard :

— Si le film se fait, Marie Christine, c'est toi qui joueras ta mère.

Eh bien, oui, mais c'est en entendant Jean L'Hôte me le dire que j'en prends soudain conscience. Je ne vais pas jouer mon propre rôle dans l'histoire, celui de la petite fille. J'ai vingt-neuf ans, à trois ou quatre années près l'âge qu'avait maman quand elle est tombée amoureuse de Jean Domec, se détournant de papa et nous précipitant dans l'exil silencieux que fut notre enfance.

Jean L'Hôte a raison, il me faut trouver les mots, et c'est en les cherchant que petit à petit je me rapproche de maman, jusqu'à admirer sa force. Quel courage faut-il pour tout sacrifier au nom d'une relation amoureuse ! Au fond de moi, j'admire son refus du compromis, de la médiocrité. Elle aurait pu retourner auprès de papa, pour nous, par peur du bouleversement, par souci des convenances, et s'arranger d'un amour qui ne la satisfaisait plus. Au lieu de ça, elle a pris tous les risques. Je la trouve bien plus admirable que moi qui viens de retourner auprès de Daniel par égard pour nos familles et désir de confort. Et j'en reviens à la grande découverte de Claude Santelli : au contraire de moi, maman est une personne qui s'aime, et c'est pourquoi, bien sûr, elle a constamment voulu le meilleur pour elle-même. Et construit cette belle relation avec Jean Domec. Car eux deux s'aimaient en tout, il suffisait de les voir pour le deviner. Cette découverte me trouble et m'enchante. Cette femme contre laquelle je me sens par ailleurs pleine de ressentiment pour le mal qu'elle nous a fait, pour son incapacité à nous manifester de l'affection, me donne finalement une leçon de vie.

Notre histoire familiale aurait-elle fait un beau film ? Je ne le saurai jamais car, à peine sortis de ma convalescence, Jean L'Hôte et moi abandonnons notre scénario pour nous lancer dans un nouveau tournage.

12.

C'est l'immense succès de *Cousin, cousine*, le film de Jean-Charles Tacchella, deux ans plus tard, en 1975, qui fait de moi une comédienne enfin reconnue – je suis d'ailleurs nominée pour l'oscar de la meilleure actrice (que je n'aurai pas !).

Cousin, cousine marque un tournant dans ma vie d'artiste, mais également dans ma vie affective, puisque la reconnaissance que le film m'apporte va me donner la force de quitter définitivement Daniel. Daniel qui était prêt à tout pour me retenir, et qui par une ironie cruelle avait lui-même suggéré mon nom pour le premier rôle féminin, escomptant que cet engagement allait me distraire de mes projets d'indépendance...

Mais c'est une longue histoire qui prend sa source, une fois de plus, dans une affaire de cœur.

Après avoir tourné *La Famille Grossfelder* avec Jean L'Hôte, au lendemain de mon opération de la vésicule biliaire, Claude Santelli, dont je suis restée très proche, me propose d'incarner George Sand dans *La Confession d'un enfant du siècle* (le rôle d'Alfred de Musset étant confié à Sami Frey). J'accepte avec d'autant plus de bonheur que je dois chanter dans le film, ce qui sera pour moi l'occasion de mettre en pratique ce que j'ai appris, et continue d'apprendre, auprès de Geneviève Rex.

Ce chant va être le déclencheur de l'intrigue rocambolesque qui va finalement me conduire tout droit à *Cousin, cousine*. Le compositeur Philippe Sarde doit en écrire la musique, et Claude Santelli m'envoie donc chez lui pour répéter. Or, Philippe Sarde et moi tombons pratiquement dans l'instant sous le charme l'un de l'autre. Mon idylle avec Jean L'Hôte, qui s'essoufflait, est aussitôt balayée pour laisser place à ce nouveau feu d'artifice.

Philippe Sarde est terrifié à l'idée que Daniel apprenne la chose. Daniel est devenu entre-temps le puissant directeur de Gaumont, et un film sur deux dont il écrit la musique est produit par Gaumont. Autant dire qu'il ne veut pas perdre l'amitié de Daniel.

Or il se trouve que ce dernier, qui semblait se moquer complètement de ma liaison avec Jean L'Hôte, a pressenti quelque chose de nouveau dans mon comportement. Quelque chose qui lui laisse craindre, sans doute, que l'épisode Santelli se reproduise et qu'un matin, sans crier gare, je fasse mes valises et disparaisse.

— Tu as quelqu'un dans ta vie ! Je suis sûr que tu as quelqu'un ! m'interpelle-t-il sans arrêt.

— Daniel, fiche-moi la paix. Nous avons l'un et l'autre quelqu'un, ça n'est pas vraiment un mystère. Je ne vois même pas où est le problème…

— Je veux savoir qui c'est.

— Eh bien tu ne le sauras pas !

— Si c'est ça, je vais te faire suivre par un détective.

— Tu es ridicule !

Son intuition est juste, cependant, car de plus en plus agacée de devoir me cacher pour vivre mon histoire passionnelle, j'envisage sérieusement de repartir. Définitivement, cette fois. Et je le dis à Philippe Sarde que cette perspective rend de plus en plus inquiet : après avoir perdu Gaumont, hypothèse qu'il ne peut pas envisager sans trembler, va-t-il devoir, en prime, héberger dans son appartement de célibataire Mme Toscan du Plantier et les deux enfants du ménage ?

Je tente en vain de le rassurer. Nous n'en sommes pas là. Jusqu'ici, Daniel ne sait rien, et si je décidais de partir précipitamment, je choisirais plutôt l'hôtel, n'est-ce pas, que son appartement qui nous trahirait immédiatement.

Nous vivons dans ce climat de tension et de clandestinité, quand, un après-midi, rejoignant Philippe Sarde, je le découvre décomposé : il vient de faire faire de petits travaux chez lui, et on lui a volé son chronomètre !

— Tu ne te rends pas compte, m'explique-t-il, ce chronomètre, je l'ai depuis mes débuts, c'est comme un talisman. Tous mes succès, je les ai obtenus avec lui, grâce à lui peut-être... J'ai peur que ce ne soit un très mauvais présage.

— Arrête ! Je ne crois pas aux présages, bons ou mauvais. Je vais t'offrir un nouveau chronomètre, au moins aussi beau que le précédent, et tu vas voir que ton talent sera exactement le même.

— Tu crois ?

— J'en suis certaine. Arrête de te torturer et laisse-moi faire.

Le hasard veut que le soir même, regagnant le domicile conjugal, je tombe sur Daniel en pleine conversation avec Claude Neuschwander. Tous les deux se sont connus à Publicis, et Neuschwander vient d'être nommé à la direction des montres Lip pour tenter de sauver l'entreprise.

— Dites-moi, Claude, lui dis-je, vous ne fabriquez pas des chronomètres chez Lip ?

— Si, c'est très probable. Pourquoi ? Vous cherchez un chronomètre ?

— De façon urgente, oui.

— Eh bien, je vais voir ça, et je me réjouis par avance de pouvoir vous dépanner.

Ce que je ne pouvais pas deviner, c'est que l'après-midi même Daniel avait eu une conversation exactement similaire avec le frère de Philippe, le producteur Alain Sarde. « Philippe est au bord de l'apoplexie, lui avait dit Alain. Il vient de m'appeler, on lui a volé son chronomètre... »

À la minute où il m'entend solliciter Neuschwander, Daniel comprend donc que mon amant est Philippe Sarde. Plus besoin de détective, tout s'éclaire. Mais il prend soin, évidemment, de ne rien me dire.

La suite de l'histoire, je l'ai reconstituée quelques mois plus tard, grâce aux aveux embarrassés de Philippe Sarde et au récit, innocent et perplexe, de Jean-Charles Tacchella.

Daniel convoque Philippe Sarde dans son vaste bureau de patron de Gaumont.

— Je sais tout, lui dit-il. Tu as une histoire avec Marie Christine. Alors essayons de parler entre hommes.

— Je suis…

— Tu es désolé, je m'en doute. Mais ce sont des choses qui arrivent, Philippe. Réponds-moi sincèrement : tu veux vivre avec elle ?

— Non, non, je l'aime beaucoup, mais je n'ai jamais imaginé de vivre avec elle.

— Parfait. Pour ne rien te cacher, je préfère, parce que je n'ai aucune envie de la voir partir. J'ai cru comprendre qu'elle cherchait un appartement…

— Oui, elle me l'a dit.

— J'en étais sûr ! Alors tu ne sais pas ce qu'on va faire ? On va marcher main dans la main, toi et moi, pour l'empêcher de partir.

— D'accord, mais en quoi puis-je t'aider ?

— C'est très simple. On lui cherche un film qui l'occupe durant tout l'été. Je suis certain qu'à l'automne elle aura changé d'avis. Le premier qui trouve prévient l'autre.

— J'ai compris. Tu peux compter sur moi.

Philippe Sarde sort ravi de ce rendez-vous. Non seulement il n'a pas perdu son gagne-pain, mais il est maintenant le complice intime du puissant Toscan du Plantier.

Au même moment, et en toute ingénuité, Jean-Charles Tacchella dépose chez Gaumont le projet de son prochain film : *Cousin, cousine*. Le casting n'est pas arrêté, et pour le premier rôle féminin plusieurs noms sont listés, dont le mien.

Daniel n'en croit pas ses yeux quand il tombe sur ce cadeau du ciel. Il avale le script dans la soirée et appelle Tacchella dès le lendemain matin. Voyons-nous cet après-midi, cher Jean-Charles !

— Il est formidable votre scénario ! s'écrie-t-il en le faisant entrer. Je prends.

— Merci, c'est une excellente nouvelle. À vrai dire, je ne pensais pas que ça irait si vite...

— Et pour le rôle féminin, à qui avez-vous pensé ? J'ai vu les différents noms, je suppose que vous avez une préférence, non ?

Tacchella, qui se sent depuis cinq minutes une dette envers Daniel, et qui sait évidemment que je suis sa femme, bondit sur l'occasion :

— J'ai mis en tête de liste Marie Christine Barrault, mais je ne sais pas si elle aimera le rôle, je ne sais même pas si elle sera libre au moment du tournage.

— Si, si, ne vous faites pas de souci. C'est une excellente idée, on ne pouvait pas rêver mieux. Elle sera tout simplement merveilleuse !

— C'est aussi mon avis.

— Bien, et quand comptez-vous tourner ?

— Je m'étais dit qu'à l'automne ça serait parfait.

— Alors là, par contre, je ne vous suis pas. Pourquoi l'automne ? Pourquoi pas l'été ? L'été me paraît bien plus adapté à votre histoire.

— Dans un an vous voulez dire ?

— Mais non, tout de suite ! Nous sommes début juin, lançons le tournage pour la première semaine de juillet...

Jean-Charles Tacchella devait me dire qu'il n'avait jamais vu un film se monter à cette allure, ni sans doute un tel engouement, pour ne pas parler de précipitation, de la part d'un producteur.

Cela dit, Daniel a raison : je ne peux être que « merveilleuse » dans *Cousin, cousine*, incarnant à l'écran la femme libre et adultère que je suis devenue dans la vie. Oui, mais enfin il est le seul, avec mes amants, à partager ce secret, de sorte que je ne suis pas du tout certaine, aujourd'hui encore, que Jean-Charles Tacchella m'aurait choisie si je n'avais pas été la femme de son producteur.

Pour tous les gens du cinéma à cette époque, je suis en effet restée la jeune fille catholique et étriquée de *Ma nuit chez Maud*. La première scène du film où l'on me voit à la messe, avec ma barrette dans les cheveux, récitant le Notre Père, me colle à la peau. J'en suis si consciente que c'est pour casser cette image que j'ai accepté, un an plus tôt, de poser nue dans *Lui*.

C'est un photographe qui m'en fait la proposition. J'ai alors en mémoire la répugnance de Claude Santelli à m'imaginer en Guenièvre dans *Lancelot du Lac*, parce qu'il me prend pour une grenouille de bénitier. Il m'est revenu par ailleurs que plusieurs rôles m'ont échappé parce qu'ils comportaient un baiser, ou une scène d'amour, et que le réalisateur se serait écrié : « Marie Christine Barrault aurait été parfaite, mais on ne peut pas lui demander de jouer ça, c'est une bonne sœur ! »

C'est pourquoi, dans un grand élan, où se mêlent colère et sentiment d'injustice, je dis oui à *Lui*. Je suis en pleine idylle avec le pudique et discret Jean L'Hôte quand le numéro paraît, et je me rappelle son embarras lorsque nous croisons les panneaux publicitaires, ou entendons à la radio les messages racoleurs : « Ce mois-ci, dans *Lui*, Marie Christine Barrault… »

— Vivement le mois prochain, souffle-t-il.

— Mais pourquoi dis-tu ça ?

— Je n'en peux plus d'imaginer tous ces hommes se jetant sur tes photos…

Jean-Charles Tacchella a-t-il vu *Lui* avant de me glisser dans son casting ? Ma séance d'exhibition artistique l'a-t-elle convaincu que je n'étais plus la petite étudiante coincée de Rohmer ? Il ne me l'a jamais dit, mais il n'a pas eu à regretter son choix puisque je crois avoir porté le rôle au-delà de ses espérances, prenant un plaisir inouï à rompre une vie conjugale sinistre auprès d'un imbécile (Guy Marchand, formidable dans le rôle) pour convoler, aux yeux de tous, dans les bras d'un bon vivant dégoulinant de sensualité (Victor Lanoux, également excellent).

Avant-gardiste, bien plus subversif que ne l'avait imaginé Jean-Charles Tacchella – du fait du plaisir manifeste que Lanoux et moi prenons à piétiner les codes moraux du mariage et de la famille –, le film rencontre très vite un succès considérable en France, bientôt salué par le prix Louis-Deluc.

C'est lui qui me donne mon identité de comédienne. Jusqu'ici, dans tous les articles qui m'étaient consacrés, j'étais toujours « la nièce de Jean-Louis Barrault ». À partir de *Cousin, cousine*, les critiques cessent de faire référence à mon oncle, je deviens « Marie Christine Barrault », me suffisant désormais à moi-même. Ce qui aurait fait dire à Jean-Louis, sans doute amer de s'être trompé sur mon compte : « C'est de l'usurpation de nom ! » Je l'écris au conditionnel, car, lorsqu'une amie m'a rapporté ces propos, j'ai cru qu'on me poignardait le cœur. J'en ai été si profondément blessée que je n'ai jamais voulu en parler à Jean-Louis, de peur, peut-être, qu'il ne me confirme qu'il avait bien dit une chose pareille...

En dépit de l'accueil en France, Gaumont ne croit pas à la possibilité d'un succès international, et quand le Festival de New York réclame le film, la production refuse. Daniel estime-t-il qu'il en a fait suffisamment pour retenir sa femme à la maison ? Est-il aveuglé par ses propres soucis ? Il en faut plus, en tout cas, pour décourager Tacchella qui s'envole seul pour New York avec une copie dans sa valise. Et la projection fait un tabac ! Un distributeur s'enflamme et demande à acheter le film. Contacté dès le lendemain, Gaumont n'y croit toujours pas et le vend pour une bouchée de pain.

Lourde erreur. Quand *Cousin, cousine* sort au cinéma Plaza de New York, l'engouement est tel que la salle ne désemplit pas de dix heures du matin à minuit. Les critiques y voient l'illustration la plus révolutionnaire de la libération des femmes dont la France se retrouve en première ligne. J'incarne la femme de demain, résolue à jouir de la vie et de son corps sans le plus petit soupçon de culpabilité, piétinant au passage l'hypocrisie des codes familiaux et ridiculisant une bonne partie de la panoplie des hommes, à commencer évidemment par le bon vieux machisme.

Les Américains me réclament, et l'attachée de presse du film sur place décide de monter toute sa campagne sur le couple « extraordinaire » que nous formons, Daniel et moi, le producteur et sa femme comédienne à l'origine de ce film insolite, décoiffant. Existe-t-il au monde un couple plus glamour ? Nous nous sommes connus à l'adolescence, et depuis nous sommes inséparables, à la ville comme au cinéma. Suffisamment libérés dans nos têtes pour porter *Cousin, cousine*, tout en demeurant amoureux comme au premier jour...

— Je sais bien que les gens aiment les contes de fées, lui dis-je, mais il faut quand même que vous sachiez que nous sommes en train de nous séparer.

— Mon Dieu ! ne dites pas ça aux journalistes, ce serait une catastrophe !

— Je ne vais pas aller raconter ma vie privée, mais n'en faites pas trop quand même.

Quand je débarque à New York au bras de Daniel, je suis en pleine recherche d'appartement pour m'en aller, et lui démarre une idylle avec Isabelle Huppert que je lui ai présentée. C'est dire si notre couple est à l'agonie. Mais la presse américaine n'a aucun soupçon, et les photographes nous mitraillent comme l'exemple même du couple moderne et conquérant.

On nous a cependant installés dans deux suites distinctes de l'hôtel Plaza dont les fenêtres donnent sur le cinéma du même nom, de façon que nous puissions admirer la file d'attente des spectateurs du matin au soir. Et c'est en effet très impressionnant.

Comme est stupéfiant le silence qui se fait aussitôt que j'entre dans un salon de thé ou un restaurant. Les conversations s'interrompent et les gens semblent médusés de me voir surgir en chair et en os, comme si j'étais la Sainte Vierge, ou plutôt Marie Madeleine en l'occurrence.

Je quitte définitivement Daniel en pleine apothéose de *Cousin, cousine* (le film qui devait me dissuader de partir !). Lors de mon premier déménagement, j'avais loué un appartement fonctionnel et sans charme particulier. Cette fois, j'ai pris le temps de chercher, et je m'installe avec nos deux enfants dans un cinquième étage, rue de Miromesnil, qui correspond exactement à ce que j'aime : simple, mais lumineux, chaleureux, sans le côté grandiloquent et subtilement décadent de l'appartement de la plaine Monceau, bien dans les goûts de Daniel. Je suspends du tissu partout, je couvre les planchers de tapis, et je garde un souvenir ému du premier soir où je m'apprête à y dormir.

Ce sont les vacances de la Toussaint, David et Ariane sont partis pour le Médoc avec maman. L'homme qui vient d'entrer dans ma vie et en a chassé Philippe Sarde, l'écrivain cinéphile Olivier B., m'a envoyé cent cinquante roses que j'ai disposées au pied de mon lit. Je m'y suis allongée en travers, trop excitée et heureuse pour songer à dormir. Onze années se sont écoulées depuis mon mariage avec Daniel. Le souvenir de mes larmes me revient, le soir de notre nuit de noces. Il m'a donc fallu tout ce temps pour naître à moi-même, me dis-je, sortir de l'espèce d'autisme dans lequel m'avait laissée l'enfance, pour cheminer à petits pas dans la jungle des mots et des sentiments et enfin déboucher dans ce bonheur incandescent de la liberté. J'ai trente-deux ans. En perdant la rationalité froide qui me faisait avancer dix ans plus tôt – et qui m'avait conduite à épouser Daniel – il me semble que je suis devenue plus humaine. Plus attentive aux autres, mais aussi plus curieuse de ce que je suis, de l'immensité des sentiments qui me traversent. J'aime les autres, parce que j'ai enfin appris à m'aimer moi-même. Comme nous

nous sentons riches et complexes quand nous ne sommes plus entravés ! Tout m'intéresse, tant chez ceux que je fréquente que chez moi, et j'ai envie de tout expérimenter. Mais non, je ne me sens aucune culpabilité, tout en demeurant croyante. N'est-ce pas cela vivre ? Et en même temps, j'ai l'impression d'être immature, en retard sur mon âge, un peu folle. Maintenant que j'ai brisé les murs du mariage et de la conjugalité, après avoir échappé tant bien que mal à ceux de l'enfance, que va-t-il m'arriver ? Vais-je tomber éperdument amoureuse, à l'exemple de ma mère au même âge ? Vais-je continuer à multiplier les amants ? Je ne sais pas. Mais cette incertitude aussi est une jouissance.

13.

Tandis que je me fais un nom au cinéma avec *Cousin, cousine*, on me remarque au théâtre dans deux pièces passionnantes : *Travail à domicile*, de Franz-Xaver Krœtz, mis en scène par Jacques Lassalle, et *Arthur Adamov* de Roger Planchon.

Jacques Lassalle, grand homme de théâtre, qui allait devenir administrateur général de la Comédie-Française, m'avait contactée une première fois, en 1972, pour m'offrir un rôle dans une pièce dont il est l'auteur : *Un couple pour l'hiver*.

Travailler avec Lassalle est une expérience unique tant il est exigeant et inspiré, encore faut-il savoir lui tenir tête pour ne pas sortir de l'aventure complètement détruit.

Jamais je n'oublierai dans quelle violence psychologique nous avons répété *Un couple pour l'hiver*. Toute la troupe se donnant à fond, et Lassalle s'écriant à la fin : « Je n'ai rien vu ! Il n'y a rien, rien. C'est bien simple, ce que vous venez de faire, c'est rien du tout ! Je ne sais pas ce qu'on fout là, je ne sais pas où est la pièce... C'est une catastrophe ! »

Je me souviens qu'à la énième répétition, quand je l'avais entendu repartir sur son couplet préféré : « Je n'ai rien vu ! Ce que vous venez de faire, c'est rien du tout !... », j'étais soudain sortie de mes gonds, et, me rappelant que la pièce était de lui, précisément, je lui avais lancé : « Si tu n'as rien vu, Jacques, c'est peut-être qu'il n'y a pas de pièce. Nous, on fait ce qu'on peut avec ce que tu nous as donné, si ça ne va toujours pas, il faut sans doute que tu reconsidères ton texte, non ? »

C'est ce qui m'a sauvée. Non seulement Jacques Lassalle ne m'a pas mise en miettes, mais cet épisode a créé entre nous une complicité et une amitié que nous avons su préserver de nos sautes d'humeur.

Dans la foulée, il revient donc me proposer le premier rôle féminin dans la pièce très impressionnante de Krœtz, *Travail à domicile*, qu'il met en scène au Théâtre de l'Est parisien.

Le rôle est exactement à l'inverse du milieu social et de toute l'éducation dont je suis issue : j'incarne la femme dans un couple de lumpenprolétaires aux mœurs grossières, pour ne pas dire bestiales. Durant l'absence de son mari, la femme a eu une histoire avec le voisin dont elle est revenue enceinte. Le mari ne veut pas de cet enfant, et elle entreprend donc de s'avorter elle-même avec une aiguille à tricoter. Ce que je fais sur scène, tandis que mon bonhomme vient aux nouvelles. La séquence est d'une crudité pratiquement insoutenable – « Alors ? C'est mou ? C'est dur ? Tu sens quelque chose ? » glapit le mari. Et la femme décrit ce qu'elle devine au bout de son aiguille, mais comme on décrirait en cuisine les entrailles d'un lapin qu'on s'apprêterait à farcir, sans l'ombre d'un sentiment de considération pour elle-même. Chaque soir, je m'avorte, ou plutôt j'échoue à m'avorter puisque la scène suivante j'apparais avec un gros ventre, et chaque soir des spectateurs tournent de l'œil.

Je m'implique de tout mon être dans ce rôle, le temps de la pièce je *suis* cette femme, le cœur vide, l'âme ravagée par la vie – Jacques Lassalle est de ces grands metteurs en scène qui peuvent tout obtenir de leurs comédiens – et un soir où je m'active avec mon aiguille à tricoter... je suis prise d'une hémorragie ! Une véritable hémorragie, comme si mon esprit, complètement habité par la scène, était parvenu à dicter à mon corps ce qu'il appelait de ses vœux : ce jaillissement du sang emportant avec lui le fœtus non désiré.

Je sens le sang couler abondamment, et en dépit de la proximité des spectateurs, je n'éprouve curieusement aucune gêne. Mais passé le premier instant, en revanche, je crains de m'évanouir, terriblement impressionnée par le côté transcendantal de l'événement (car enfin, je ne me pénètre pas *vraiment* avec mon aiguille à tricoter, et, bien sûr, ce ne sont pas mes règles).

Il est vrai que depuis le début des répétitions, je me suis appliquée, jusque dans ma vie quotidienne, à incarner la misérable héroïne de Krœtz. J'ai cessé de me laver les cheveux, je les porte non coiffés et gras, avec la marque de l'oreiller sur le côté. Alors que nous n'avons pas encore nos costumes de scène, j'enfile pour répéter une blouse en nylon sans forme et des mules en plastique. Je n'oublie pas qui je suis, Marie Christine Barrault, habitant la plaine Monceau (je n'ai pas encore quitté Daniel), mais j'ai maintenant appris à porter en moi celle que je joue. Elle est là qui me suit, comme mon ombre. Elle m'habite nuit et jour. Est-ce surprenant, alors, que l'accompagnant jusqu'au fond de l'horreur je me mette à saigner au moment où elle espère ce sang de toutes ses forces ?

Jacques Lassalle ne fait aucun commentaire, mais il est évident qu'à ses yeux nous touchons là l'un de ces moments de grâce qui donnent sa dimension au théâtre.

Il est fou de rage, en revanche, le soir où je me présente pour répéter maquillée et sortant de chez le coiffeur. Depuis trois semaines, il s'est habitué à me voir débarquer au théâtre fagotée comme une souillon, les yeux cernés et le teint gris. Exceptionnellement, j'ai dû revenir à la réalité parce que *Cousin, cousine* sort sur les écrans et que je suis invitée un peu partout pour en parler.

— Tu arrives de ton club de tennis ? m'accueille-t-il, glacial.

— Non, j'ai dû faire la promotion de mon dernier film.

— Je me fous de ton dernier film. Ici, on fait du théâtre, figure-toi. Tu crois que c'est dans cette tenue que tu vas trouver ton personnage ? Dans cette tenue grotesque de bourgeoise de Passy…

— Dans une demi-heure, tu ne me reconnaîtras pas.

— J'aurais préféré ne pas te voir.

Je joue encore *Travail à domicile* quand Roger Planchon me téléphone. J'ai beau être portée par le succès de *Cousin, cousine*, et nominée aux oscars, je me sens toute petite devant Planchon. Il est pour moi la plus grande personnalité du théâtre, un dieu vivant en vérité, et je vais donc au rendez-vous qu'il me fixe en tremblant. Nous nous retrouvons pour déjeuner au Balzar, rue des Écoles. Je garde de cette première rencontre, qui va se prolonger jusqu'à six heures du soir, le souvenir d'une ardente séduction déployée de part et d'autre, comme si chacun voulait être tout à fait certain de son pouvoir sur l'autre. Pouvoir de domination chez Roger Planchon, de sujétion chez moi – « Choisissez-moi, prenez-moi, pour vous, et, sous votre direction, je serai la comédienne dont vous n'avez jamais osé rêver. »

Et il me choisit ! Qu'a-t-il retenu de tout ce que je lui ai dit ? « Elle a tellement bien parlé de ses enfants », dira-t-il à mon agent. Je n'en saurai jamais plus sur ce qui l'a poussé à me confier le premier rôle féminin dans *Arthur Adamov*, une pièce autour du couple Adamov dont il est l'auteur. Arthur sera interprété par Laurent Terzieff – un choix magnifique – et moi je jouerai l'épouse du dramaturge. C'est un couple à la fois douloureux et bouleversant, lui impuissant, profondément désespéré, fréquentant des prostituées pour se faire battre, elle éprise d'un homme qu'elle a constamment soutenu de son amour, qu'elle n'a jamais lâché.

Avec Planchon, je découvre jusqu'où peut aller le travail du metteur en scène. Je l'ai dit plus haut : au contraire de Jean-Louis Barrault, lui peut passer jusqu'à trois semaines avec ses comédiens assis autour d'une table à parler du rôle de chacun au regard du texte, à le nourrir, à faire qu'à travers ses mots nous allons petit à petit voir apparaître notre personnage. Planchon est un génie, l'être le plus inspiré, sûrement, qu'il m'a été donné de connaître au théâtre. Il commence par s'avancer dans le texte comme on le ferait dans une forêt touffue, déblayant ici et là par quelques remarques qui nous donnent une idée du long chemin à parcourir. Puis il revient à l'origine, procédant ensuite par cercles concentriques, et à chacun de ses passages on est surpris d'en apprendre encore, de nous approcher un peu plus, alors que nous avions le sentiment de tout savoir. Mais non, c'était encore plus subtil que nous l'avions imaginé, de sorte que, fascinés par nos découvertes et son intelligence, pas une minute nous ne nous ennuyons autour de la table, nous demandant parfois, pris de vertiges, jusqu'où cet homme pourrait donc nous entraîner.

La pièce est somptueuse d'humanité, de vérité, bouleversante sur ce qu'est la création artistique, et je ne peux pas m'empêcher chaque soir, dans la minute qui précède mon entrée en scène, d'éprouver une pensée douloureuse pour Mme Adamov, que j'incarne. Son mari est mort six ans plus tôt, mais elle est toujours vivante et nous nous doutons qu'un soir elle va venir. Que pensera-t-elle en me voyant dans son rôle ? Saurai-je la toucher ? Ou au contraire vais-je la blesser sans le vouloir ? Je suis transie d'émotion, mais aussitôt sur scène, je n'y pense plus. Et jamais Mme Adamov ne se manifestera.

Au cinéma, Francis Girod me propose cette année-là le premier rôle féminin dans le film qu'il s'apprête à tourner : *L'État sauvage*, d'après le roman de Georges Conchon (prix Goncourt 1964). Le film se propose de mettre en scène les premiers temps de la décolonisation dans une république d'Afrique qui n'est pas nommée. Règlements de comptes entre Blancs et Noirs, idéalisme chez certains, veulerie et corruption chez d'autres, tout y est justement traité, sans manichéisme.

J'incarne la compagne infidèle d'un petit Blanc qui entretient une liaison pleine de passion, de sincérité et de solidarité avec le leader indépendantiste de la jeune République, Patrice Doumbé (manifestement inspiré du grand Patrice Lumumba), devenu ministre dans le premier gouvernement (et qui sera assassiné à la fin du film, comme le fut Lumumba, au Congo, en 1961).

Le tournage s'annonce assez vite comme un cauchemar. J'aurais adoré vivre cette aventure en Afrique pour avoir l'émotion et le plaisir de côtoyer des gens qui avaient vécu ce que nous racontions. Au lieu de ça, nous tournons en Guyane, par souci d'économie, et donc bien loin de l'esprit du film. Comme si cette première déconvenue n'était pas suffisante, je trouve immédiatement très antipathique mon amant dans le film, l'acteur Doura Mané, qui incarne Patrice Doumbé. Il est macho, sexiste, prétentieux, et ne sait jamais son texte, si bien que par sa faute nous devons multiplier les prises.

J'expérimente à cette occasion combien il peut être désagréable de tourner des scènes d'intimité avec un partenaire dont vous n'aimez pas la personnalité. Dans l'une des séquences dramatiques du film – l'arrestation de Doumbé – nous sommes au lit et nous venons manifestement de faire l'amour. Il arrive dans ce genre de scène que l'image exige que nous soyons complètement nus et en ce cas on fait comme on peut (l'homme a souvent une érection, ce que je trouve plutôt flatteur, et s'il n'en a pas, la femme a le choix entre deux hypothèses : soit c'est un grand professionnel, soit elle n'est pas désirable). En l'occurrence, nous sommes recouverts d'un drap et Francis Girod nous a donc autorisés à garder nos slips. Or, quand je rejoins Doura Mané dans le lit, je m'aperçois qu'il est nu.

Si j'avais un doute sur ses intentions, je n'en ai plus quand il s'agit d'échanger un dernier baiser avant que les militaires l'entraînent vers la prison – et la mort. Le baiser doit, certes, être passionné, mais Doura Mané profite outrageusement de la situation, à tel point que la scène se répétant – une dizaine de prises, si j'ai bonne mémoire –, je finis par avoir un sentiment de viol. J'en viendrai à demander secours au maquilleur qui fera valoir à Francis Girod qu'il perd un temps fou à me refaire les lèvres après chaque prise du fait de la fougue de mon partenaire. « Doura, lui glissera gentiment Francis, contente-toi d'un baiser moins appuyé si tu veux bien, on gagnera du temps. »

Si l'« entrisme » de Doura Mané m'est particulièrement pénible, c'est aussi que je viens de rencontrer celui que je crois être alors l'homme de ma vie : Michel Boisrond.

C'est Marcel Jullian qui me le présente, de sorte qu'avant de parler de Michel Boisrond, je dois évoquer ma relation avec Marcel Jullian. J'ai adoré cet homme que j'ai connu au Festival d'Avoriaz, juste après *Cousin, cousine*, et alors qu'il présidait la deuxième chaîne de télévision (« Antenne 2 » à l'époque). Marcel Jullian, écrivain, éditeur, scénariste et réalisateur, est le raffinement incarné. Dès notre première entrevue, nous

nous adoptons lui et moi, et prenons l'habitude de nous retrouver pour dîner. Je ne me lasse pas de l'écouter, extraordinaire conteur, jouant de sa faconde méditerranéenne avec le talent d'un Pagnol, cultivé, drôle, et avec cela toujours prévenant, toujours élégant. Le plus merveilleux des hommes ! Nous flirtons gentiment, mais sans que cela remette en cause ma relation avec Olivier B., mon bel amant du moment.

Un soir où nous devons nous retrouver pour dîner, Marcel Jullian m'appelle :

— Ça ne t'ennuie pas si je viens avec mon meilleur ami ?

— Pas du tout. Qui est-ce ?

— Michel Boisrond, un réalisateur.

— Ah ! Connais pas.

Le dîner est très agréable, et sans doute suis-je troublée par le charme du nouveau venu parce que je ne suis pas du tout mécontente, le lendemain à huit heures, de reconnaître sa voix au téléphone.

— Michel Boisrond. Je ne vous dérange pas, Marie Christine ?

— Vous êtes très matinal ! Mais vous ne me dérangez pas, non. Je suis déjà dans ma cuisine…

— Ce dîner, hier soir, était merveilleux. Je pensais qu'on aurait pu remettre ça un de ces prochains jours.

— Avec plaisir !

— La seule difficulté, c'est que je viens d'acheter une maison sans la voir, figurez-vous. Une ruine, dans le Luberon. J'avais demandé à un ami de prospecter pour moi, et il vient de m'annoncer la nouvelle. Je pars là-bas dans une heure pour signer.

— Mais c'est formidable ! Et où est-ce ?

— Ménerbes.

Nous nous quittons sur une promesse de dîner à son retour, mais ce nom de Ménerbes agit aussitôt sur moi comme un signe du ciel.

Durant toutes mes années de mariage avec Daniel, nous avions beaucoup fréquenté le Luberon parce que nous avions des amis qui y possédaient une maison, et à chacune de nos promenades je m'étais exclamée : « Moi, ce que j'aimerais, c'est avoir une maison à Ménerbes ! Regardez comme ce village est beau sur son piton rocheux... Je n'en connais pas de plus pittoresque. » Jamais nous n'avions mis ce projet en œuvre, et voilà que cet homme, Michel Boisrond, croise ma route au moment justement où il va prendre racine à Ménerbes. Comment ne pas y voir le doigt du destin ?

Nous nous retrouvons le samedi suivant pour dîner, et le charme est intact. Intelligent, cultivé, plein d'humour, très beau, aussi raffiné et attentionné que l'est son ami Marcel Jullian, Michel Boisrond me séduit absolument. Par chance, la séduction est réciproque. Et nous sommes l'un et l'autre libres ! Âgé cette année-là de cinquante-six ans – vingt-trois de plus que moi –, Michel Boisrond vit alors seul après l'échec de deux mariages qui lui ont tout de même donné cinq enfants. De mon côté, je suis libérée de Daniel, et j'élève seule mes deux enfants. Certes, j'ai un amant, Olivier, mais je me rends compte en observant Michel que cette passion flamboyante ne tiendra pas en regard de ce que je suis prête à donner à l'homme que m'envoie le ciel.

Michel Boisrond entre dans ma vie comme un chevalier de conte de fées, en y apportant sa lumière et son élégance, cependant qu'Olivier en sort, évidemment blessé. J'ai trente-trois ans, j'ai gagné en humanité depuis mes vingt ans, mais apprenant à m'aimer je suis devenue plus exigeante avec les hommes, et j'ignore le sentiment de culpabilité. Je ne serais pas capable de dire par quel miracle, sortant d'une éducation religieuse marquée par le sens du péché, et rythmée par la confession, je suis devenue complètement insensible à la culpabilité. Est-ce mon beau-père qui m'en a libérée par sa belle lettre, à la veille de sa mort ? Est-ce un sentiment définitivement incompatible avec la liberté que j'ai voulue, et conquise pas à pas ? Je ne sais pas, mais jusqu'à aujourd'hui la culpabilité n'est jamais venue interférer dans aucune de mes décisions.

Avec Michel Boisrond, j'ai le sentiment de pouvoir enfin poser mes valises. Il est à la fois solide et bienveillant, amoureux et extrêmement respectueux de mon indépendance. Il n'entend pas m'éduquer et me couver à la façon d'un Claude Santelli, m'exhiber comme un bel objet à la façon d'un Toscan du Plantier, ou m'enfermer dans la clandestinité à la manière d'un Philippe Sarde. Il est un homme dans la plénitude de l'âge, de la raison et des sentiments, et je me sens immédiatement libre, sereine et comblée à son côté.

Pendant une année, nous vivons légèrement, comme des oiseaux sur la branche, ne nous projetant pas au-delà de notre bulle, tout au plaisir de la découverte. Il habite un studio à Neuilly où je le rejoins tard le soir après avoir couché Ariane et David, huit et douze ans. Et comme je veux que mes enfants me trouvent dans mon lit le matin, je regagne la rue de Miromesnil à l'heure des poubelles. « Ils n'ont déjà pas de père à la maison, me dis-je, il faut au moins qu'ils puissent compter sur leur mère. »

Puis Michel Boisrond passe à plusieurs reprises me chercher pour m'emmener au théâtre, ou dîner, et je vois qu'il plaît aux enfants. Ils échangent quelques mots, puis prennent l'habitude de bavarder, et de plus en plus souvent ils me disent : « Il est gentil Michel », ou : « Pourquoi il ne reste pas dîner ? »

Un soir, il vient donc dîner, et au moment où il va s'en aller, David le retient :

— Pourquoi tu ne restes pas dormir ici ?

— Parce que j'ai laissé mon rasoir à la maison.

— Alors la prochaine fois que tu viens dîner, apporte ton rasoir.

— Promis.

Et voilà comment Michel Boisrond et moi nous embarquons pour une croisière amoureuse en famille qui va nous transporter toute une décennie.

14.

Durant les premiers mois de ma vie avec Michel Boisrond, je tourne l'un des films dont je suis le plus fière, et qui demeure, aujourd'hui encore, l'un de mes plus beaux souvenirs de comédienne : *Femme entre chien et loup*, d'André Delvaux.

Le film relate le drame de la Belgique durant la guerre, partagée entre Collaboration et Résistance. J'incarne ce drame, puisque je suis l'épouse d'un homme qui a choisi de revêtir l'uniforme de la Wehrmacht pour aller se battre sur le front de l'Est, et que durant son absence je deviens l'amante d'un résistant qui a trouvé refuge dans ma cave. Après la Libération, cependant, je choisis de soutenir mon mari qui rentre de captivité. Mais le cauchemar de la guerre n'en finit pas de nous ronger – comme il a rongé la Belgique – puisque cet homme, obsédé par la nécessité de se justifier, perd peu à peu la tête et sombre dans un profond malheur. Dans le même temps, mon ex-amant, sensible aux honneurs, entre en politique où il perd petit à petit son âme, jusqu'à devenir méprisable à mes yeux.

L'intrigue, magnifiquement scénarisée, s'étire donc sur une quinzaine d'années durant lesquelles je porte le destin de cette femme qui a peut-être vingt ans aux premiers jours de l'invasion allemande, et trente-cinq quand s'achève l'histoire sur une scène de désolation qui laisse deviner qu'il faudra au peuple belge plusieurs générations pour se remettre d'un tel traumatisme.

C'est la première fois que je porte un film de bout en bout, présente dans toutes les scènes, et la première fois également que mon personnage vieillit à l'écran, aussi bien mentalement que physiquement. Je suis fraîche et légère au début; profondément mûrie à la fin. En une heure et demie, c'est tout le chagrin d'un pays qui me traverse et que je dois incarner.

Et je trouve en André Delvaux l'homme le mieux à même de relever ce défi. D'une immense sensibilité, Delvaux est d'une exigence quasi mystique quand il s'agit de cinéma. Il est de ces réalisateurs qui se donnent corps et âme à leur œuvre, avec, en ce qui le concerne, une écoute et une modestie qui me touchent infiniment.

J'avais perdu l'habitude de visionner les *rushes* chaque soir, mais avec lui je ne rate pas une séance. Nous passons ainsi chaque jour de longs moments à méditer sur les trois personnages essentiels du film, mon mari, joué par Rutger Hauer, mon amant, incarné par Roger Van Hool, et moi. Il n'y a rien de sensuel entre Delvaux et moi – ma relation toute neuve avec Michel Boisrond me détournant sans doute de la tentation – mais nous sommes en étroite communion, partageant la même émotion. Je ne lui donne pas mon corps, mais je lui fais don de mon âme, de toute mon âme, avec cette dévotion que j'éprouve invariablement pour les metteurs en scène, et qui est ici démultipliée parce que l'homme et son film méritent le meilleur.

Je me souviens de ma stupéfaction, un soir, tandis que nous bavardons en tête à tête après avoir vu les *rushes*, en entendant Delvaux me demander, pris d'une soudaine rougeur :

— Marie Christine, je voudrais te voir nue.

— Pardon ?

Je ne peux pas croire qu'il me propose d'avoir une histoire avec lui, nous tournons depuis plusieurs semaines, déjà, et nous ne sommes pas du tout sur ce registre.

— Je voudrais te voir nue.

— Mais André, c'est impossible !

Alors lui, confus, comprenant brusquement le malentendu, se met à m'expliquer qu'il a besoin de photographier des yeux mon corps pour parvenir à construire la scène qu'il a en tête.

Une très belle scène où Roger Van Hool et moi figurons nus, tête-bêche sur le lit, nos corps enchevêtrés après l'amour, tandis qu'on entend l'écho lointain d'un bombardement, dehors, et que des débris de plâtre tombent du plafond. Delvaux avait dû passer de longues heures à l'imaginer, car c'est une œuvre en elle-même, et la tourner comme il l'a voulue, avec la lumière désirée, nous a pris toute la journée.

Dans une tension et un silence religieux, comme seul cet homme parvient à l'obtenir sur un plateau. À tel point qu'à un moment je me rappelle avoir craqué et m'être écriée :

— Mais quel est le métier où on est payé pour passer une journée entière le nez dans le derrière d'un monsieur !

Tandis que je tourne à Bruxelles, notre nouvelle vie s'organise à Paris. Michel Boisrond quitte son studio de Neuilly, je rends mon appartement de la rue de Miromesnil, et nous louons ensemble un grand appartement rue de Lisbonne. Nous partageons le projet de reconstruire une vie familiale digne de ce nom, Michel voulant se donner les moyens de recevoir confortablement ses enfants (au moins les plus jeunes), et moi heureuse de voir combien les deux miens semblent enthousiasmés par l'arrivée de ce nouvel homme dans ma vie.

Je veux dire tout de suite que David et Ariane ne seront jamais déçus par Michel Boisrond, qu'ils auront durant nos dix années de vie commune une très belle relation avec lui qui se prolongera après notre séparation, que leurs liens avec les enfants de Michel ont traversé les années jusqu'à aujourd'hui, et qu'Ariane ne m'a toujours pas pardonné, je crois, d'avoir quitté Michel pour Vadim. Cela pour que l'on garde à l'esprit que l'excitation joyeuse qui nous anime tandis que nous entreprenons notre projet de « famille recomposée » (l'expression n'existe pas encore en 1978) ne va pas retomber de sitôt.

Par sa forte et tendre présence, Michel organise d'emblée la vie familiale. C'est un changement radical pour mes enfants qui avaient fini par s'habituer, non sans tristesse, à l'absence de leur père, et surtout à ses rendez-vous manqués. Daniel n'est pas passionné par son rôle de père, surtout depuis que nous ne vivons plus ensemble, et Ariane et David sentent bien qu'ils tombent la plupart du temps comme des cheveux dans la soupe. Il ne les prend jamais en week-end alors que nous habitons à trois cents mètres l'un de l'autre, et lorsqu'il les invite à dîner, un dimanche soir de temps en temps, il les expédie faire les courses en prétextant qu'il n'a pas eu le temps de préparer quoi que ce soit.

— Il exagère papa, se plaint Ariane, il nous invite à dîner et il n'y a rien à manger !

Et David :

— Il a dit qu'il n'avait pas eu le temps, mais je crois qu'il nous avait oubliés, en fait.

Ou alors, il promet de passer les embrasser tel soir à la maison, Ariane et David l'attendent, d'autant plus excités que sa présence est exceptionnelle... et il ne vient pas.

— On ne peut jamais rien prévoir avec papa, disent-ils.

Même pas les anniversaires, qu'il oublie deux fois sur trois. Je me rappelle la surprise d'Ariane, pour ses treize ans je crois, en reconnaissant la voix de son père au téléphone. Et de son exclamation en raccrochant :

— Tiens, pour une fois, papa n'a pas oublié mon anniversaire !

C'est moi qui achète les cadeaux qu'il est censé leur faire. Pour les quinze ans d'Ariane, après avoir choisi mon cadeau, je trouve celui de Daniel : un très joli bracelet. Et j'avertis Daniel – « Sache que tu offres un bracelet à ta fille. »

Oui, mais quand Ariane le découvre, elle n'est pas dupe :

— Qui peut croire que c'est papa qui a choisi ce bracelet ? dit-elle en me regardant gentiment, mais comme si je la prenais pour une idiote.

Michel Boisrond est tout le contraire de Daniel. À peine sommes-nous installés rue de Lisbonne que les grandes tablées du dimanche, avec le pot-au-feu maison, prennent force de tradition. Ses enfants, plus âgés que les miens, sont adorables avec Ariane et David. Tout le monde semble heureux de ces relations qui se nouent presque naturellement entre les uns et les autres, comme si une grâce particulière nous inspirait. Pour la première fois de ma vie, à trente-quatre ans, je découvre qu'on peut donc se sentir libre et détendue en famille, et secrètement comblée.

Michel l'est aussi, manifestement. Je vois qu'il parvient à conjuguer à merveille son rôle d'amant et de père de famille. Il aime prendre le temps de bavarder avec les enfants, de les emmener ici ou là, mais il sait aussi garder tout l'espace nécessaire pour notre vie sentimentale. C'est un amoureux délicat et prévenant, d'une grande élégance, qui m'emmène au restaurant, et ne rate jamais une soirée quand je joue au théâtre.

Et justement, le tournage de *Femme entre chien et loup* à peine terminé, me voilà repartie vers le théâtre. Cette fois, c'est le metteur en scène Jean-Pierre Engelbach qui me propose un défi : la formidable pièce du dramaturge allemand Peter Hacks, *Conversation chez les Stein sur monsieur de Goethe absent*.

Durant deux heures et quart je vais être seule en scène. Peter Hacks s'est inspiré d'une énigme historique pour écrire sa pièce : arrivé jeune homme à la cour de Weimar, et hébergé chez les Stein, le jeune Goethe a-t-il eu une relation amoureuse avec la jolie Charlotte von Stein, par ailleurs mariée et mère de plusieurs enfants ? Les historiens s'accordent pour dire que l'amitié entre les deux a été très forte, mais l'inconnue demeure quant à savoir s'ils ont eu une relation sexuelle.

Peter Hacks se joue en cinq actes, et avec un talent inouï, de ce mystère. Seule en scène, Mme von Stein raconte cinq versions différentes de son histoire avec Goethe. À la fin de chacune d'entre elles, elle avoue qu'elle a menti et prétend cette fois dire la vérité. Dans la première, elle explique que Goethe était affreusement mal élevé, et qu'elle l'a éduqué, au même titre que ses propres enfants. Dans la deuxième, elle concède qu'il était amoureux d'elle mais que naturellement il ne s'est rien passé. Dans la troisième, elle reconnaît qu'elle aussi l'a beaucoup aimé, mais d'un amour absolument platonique. Au fur et à mesure que les versions s'enchaînent, j'enlève un ou deux vêtements, jusqu'à me trouver absolument nue pour le quatrième acte durant lequel... je prends un bain sur scène, dans une baignoire d'époque, racontant alors par le menu ce que fut ma nuit d'amour avec Goethe. Enfin, au cinquième acte, avant l'ultime rebondissement que l'on va taire ici pour ne pas gâcher le suspense, Charlotte von Stein annonce qu'elle part pour l'Italie rejoindre Goethe, et qu'elle va divorcer.

À jouer, la pièce est un tour de force. Il faut non seulement avoir mémorisé ce texte immense mais, chacune des cinq versions commençant de la même façon, il faut prendre garde à ne pas les inverser, car ce serait alors la catastrophe. Et puis il y a la pression psychologique de devoir porter seule toute l'œuvre, tout le spectacle. Sortant du travail accompli grâce à Roger Planchon dans *Arthur Adamov*, je peux mesurer dans cette pièce magnifique et extravagante combien j'ai progressé depuis mes premiers pas sur les planches, quinze ans plus tôt, dans *Andorra*.

Quant à me montrer nue sur scène et à raconter ma nuit d'amour dans une baignoire, ça ne m'a pas gênée une seconde. Au contraire, j'ai adoré cette idée de mise en scène dès que Jean-Pierre Engelbach me l'a présentée. Quel meilleur lieu pour exprimer la sensualité qu'un bain chaud ? Toute la difficulté fut qu'il soit juste à bonne température, ni trop chaud ni trop froid, et cela demanda de savants calculs aux techniciens, étant entendu que la baignoire devait être remplie avant le début du spectacle. Il n'y eut que deux ou trois ratés, et je ne saurais pas dire quel fut le plus pénible : décliner ma scène d'amour en grelottant ou, au contraire, en me grillant l'épiderme...

Chaque soir, Michel est là, assis parmi les spectateurs des premiers rangs, amoureux et réconfortant, à ma disposition ensuite pour m'emmener dîner quelque part et me faire part de ses remarques – généralement très bienveillantes.

Un soir, il est accompagné de Marcel Jullian (sans lequel nous ne nous serions peut-être jamais rencontrés) et d'un comédien que j'aime alors beaucoup dans la vie privée parce qu'il est extrêmement drôle, Daniel Ceccaldi (je l'apprécierai moins quand je devrai jouer avec lui, quelques années plus tard, en découvrant qu'il est moins agréable dans le travail). Nous filons tous les quatre dîner chez Lipp, et Jullian et Ceccaldi commencent aussitôt à me charrier sur la fameuse séquence de la baignoire. On manque parfois d'humour quand on sort de scène, encore habité par l'immense tension et l'émotion accumulée. Et eux s'entraînent mutuellement dans des plaisanteries de potaches – « T'es-tu fait sponsoriser par Villeroy & Boch au moins ? », etc. – sans se rendre compte qu'ils passent la mesure. Si bien qu'à un moment, n'en pouvant plus de leurs ricanements, je prends la purée qui était dans mon assiette et je la balance à la figure de Marcel Jullian. Mais il parvient à l'éviter et elle vient s'écraser sur le visage du monsieur qui était juste derrière, occupé à lire son journal tout en dînant.

— Excusez-nous, dit aussitôt Marcel Jullian en se levant, confus, notre invitée est un peu difficile...

Mon amitié pour Marcel Jullian, qui était taquin et ne savait pas s'arrêter, est ponctuée de ces scènes incongrues qui par la suite nous faisaient éclater de rire. Je me rappelle un jour lui avoir arraché la rosette de sa Légion d'honneur et l'avoir avalée sous ses yeux tellement il m'avait agacée. Un autre jour, à la sortie d'une projection, et alors qu'il était encore président de la deuxième chaîne, je lui ai tranquillement vidé mon verre de vin rouge sur la tête, devant tout le gotha du cinéma et de la télévision. Il me semble qu'il s'était moqué ce soir-là d'un film de Claude Santelli dans lequel je jouais.

Tandis que les travaux ont démarré pour faire de la ruine de Ménerbes la maison familiale de nos rêves, nous louons pour notre premier été avec tous les enfants une maison sur l'île de Porquerolles. Ce doit être en juillet de l'année 1978.

À peine avons-nous déposé nos valises et ouvert les volets, que le téléphone sonne.

Mon agent, Georges Beaume :

— Marie Christine, je viens de raccrocher avec un homme qui vous cherche partout. Quand je vais vous dire son nom, vous allez être très surprise... Mais ne vous emballez pas, n'est-ce pas, rien n'est signé.

— D'accord, mais dites-moi quand même son nom.

— Woody Allen.

— Woody Allen me cherche ! Vous voulez dire qu'il me connaît ?

— Il vous a vue dans *Cousin, cousine*. Il penserait éventuellement à vous pour un rôle dans son prochain film mais, encore une fois, ne vous montez pas la tête...

Je ne me monte pas la tête, je suis abasourdie. Je viens de voir *Annie Hall*, Woody Allen est déjà un dieu vivant, comment un tel homme peut-il me connaître, *me chercher* ?

— C'est sérieux ou vous plaisantez, Georges ?

— Je ne plaisante jamais dans mon métier, Marie Christine. Voici son numéro, il attend que vous l'appeliez.

Je raconte mon histoire à ma petite famille, nous sommes tous sur le flanc, mais je n'appelle pas, je suis tétanisée.

Je laisse passer deux jours, trois jours, jusqu'à ce que les enfants me disent :

— Bon, maintenant ça suffit, tu vas l'appeler ! On sort faire une partie de pétanque. Si à notre retour tu ne lui as toujours pas téléphoné, c'est nous qui le faisons et on te le passe.

Alors je me décide à faire le numéro, en tremblant. Tout cela me paraît vraiment impossible, et s'ajoute au stress le fait de devoir m'exprimer en anglais au téléphone, ce qui me glace.

On décroche presque immédiatement à l'autre bout.

— J'appelle de France, je voudrais parler à Woody Allen, mon nom est Marie Christine Barrault.

— Oui, ne quittez pas, je vous le passe.

À peine le temps d'avaler ma salive et je reconnais sa voix :

— Marie Christine Barrault ! Comme c'est gentil de m'appeler !

— Mais non, je vous en prie. On m'a prévenue que vous souhaitiez me parler…

— Oui, j'ai quelque chose à vous proposer, mais il faudrait qu'on se rencontre. Où êtes-vous ?

— Sur une île, au sud de la France. Je suis en vacances depuis quelques jours.

— Mon Dieu, sur une île ! Et vous n'êtes pas angoissée ?

— Pas du tout, c'est un endroit merveilleux !

— Je ne pourrais pas vivre sur une île, voyez-vous. Vous êtes très courageuse… Bon, mais quand rentrez-vous à Paris ?

— Je peux très facilement venir à New York, vous savez…

— Non, il se trouve que je serai à Paris le 14 juillet, pourrait-on s'y retrouver ?

— Absolument ! Le 14 juillet, c'est parfait.

Je regrette qu'une caméra n'ait pas enregistré mon départ de Porquerolles, accompagnée par tous les miens jusqu'à l'embarcadère comme si je partais pour le front.

— Donne-nous des nouvelles aussitôt que tu le peux.

— Promis !

Le rendez-vous a été fixé au Plaza Athénée. Je m'y rends sans aucune illusion, Georges Beaume m'ayant appelée dix fois entre-temps pour me remettre les pieds sur terre et m'avertir que nous serions vraisemblablement une dizaine, voire une vingtaine, à faire la queue dans un couloir en attendant d'être reçues.

Mais non, personne ! Ce matin du 14 juillet à onze heures, pas de file d'attente dans les coulisses du Plaza Athénée, ni dans les salons... Woody Allen me reçoit dans sa suite, et je suis apparemment son seul rendez-vous.

Il me sourit, nous nous serrons maladroitement la main, et la conversation s'engage. Georges Beaume m'a si bien convaincue que je n'avais aucune chance, que je suis soudain très décontractée. « Si je tiens une demi-heure en face de Woody Allen, me dis-je, c'est que j'ai peut-être une petite chance. Sinon, j'aurai eu le plaisir de le voir en chair et en os, ce qui n'est déjà pas si mal. »

Conversation surréaliste. Nous parlons de Porquerolles, de la couleur du sable sur les plages, du temps de ce 14 juillet, exceptionnellement frais pour la saison – « Ah oui, vraiment ? — Mais oui, je vous assure, il peut faire très chaud au mois de juillet en France... » –, il acquiesce gravement, puis me sourit derrière ses lunettes, l'air de penser à tout autre chose, et moi je me pince discrètement pour parvenir à croire que je ne suis pas dans un rêve.

Puis il se lève pour me signifier qu'il est attendu ailleurs, et je réalise alors que pas une seconde nous n'avons évoqué ce qu'il voulait me proposer. Pas une seconde nous n'avons même parlé de cinéma.

Je retourne à Porquerolles un peu déconfite, me reprochant de ne pas l'avoir interrogé. Timide et réservé, il avait peut-être attendu que je me lance et il avait dû prendre mon silence pour une totale absence de curiosité à son égard... Sans doute avais-je laissé passer ma chance. Oui, mais, à l'inverse, il ne m'avait pas posé une question, me laissant décliner des banalités de café du commerce... Je ne perds pas totalement espoir, cependant, car il me semble impossible qu'il ne donne pas une suite à cet entretien, quelle qu'elle soit.

Après Porquerolles, Michel et moi partons tous les deux marcher en Auvergne, sans les enfants cette fois. Le temps a passé, mais je n'ai pas oublié Woody Allen, et tous les soirs, en regagnant notre hôtel, je m'inquiète de savoir si je n'ai pas eu un coup de fil des États-Unis.

— Rien du tout, madame.

— Ah ! très bien.

Et soudain, un soir, un appel de Georges Beaume.

— Quand rentrez-vous à Paris, Marie Christine ? Il faudrait que vous veniez signer votre contrat.

— Quel contrat ?

— Comment ça quel contrat ? Le film de Woody Allen, bien sûr.

— Je fais le film de Woody Allen ?

— Mais naturellement ! Dès qu'il vous a vue il a été convaincu.

— Et moi qui pensais...

— Cela dit, nous n'allons pas signer comme ça. J'ai demandé le scénario et je vous engage à ne rien entreprendre tant que vous ne l'aurez pas lu.

— Georges, pour travailler avec Woody Allen, je veux bien signer sans avoir vu le scénario.

— Vous avez tort.

— J'ai peut-être tort, mais je suis prête à prendre tous les risques.

Je savais que Woody Allen ne se laissait pas enfermer dans un scénario et, effectivement, on me remet quelques pages à mon retour à Paris, quelques pages qui ne représentent même pas le cinquième, je peux le dire aujourd'hui, de ce que fut finalement le film.

Stardust Memories est une fable onirique où Woody Allen joue un peu son propre rôle, celui d'une star du cinéma – du cinéma comique en l'occurrence – soucieuse d'échapper à son image pour ne pas succomber à la pression des médias et à l'admiration envahissante qu'éprouve pour lui le public. J'incarne dans le film une femme française qu'il a aimée autrefois et qu'il fait venir de France le temps d'un week-end dans l'espoir qu'elle saura le soulager de son angoisse existentielle.

Le tournage démarre en septembre dans les environs de New York. Je découvre un homme d'une patience, d'une gentillesse et d'une sérénité sur un plateau qui infirment complètement l'image que je m'étais faite de lui. Comme sa langue me pose quelques difficultés, pleine d'idiomes juifs new-yorkais dont j'ignore même le sens, il adapte ses dialogues.

— Marie Christine, ne cherchez pas à dire ce qui est écrit. Les acteurs qui ne jouent pas dans leur langue ont souvent l'air de singes savants quand ils essaient de bien prononcer.

— Alors expliquez-moi ce que ça veut dire.

Il prend le temps de m'expliquer.

— Et maintenant, dit-il, comment diriez-vous cette chose-là dans la vie ?

Je la lui dis à ma façon.

— Eh bien, parfait, dites-le comme ça. La seule chose, c'est qu'il faut absolument que vous finissiez sur cette phrase pour que je puisse vous répondre ce que j'ai prévu de vous répondre.

J'ai rarement vu tant de souplesse et d'intelligence sur un tournage. Et de pugnacité, ou de sens artistique, selon la formule qu'on préférera retenir pour traduire l'amour de la perfection.

Comme s'il avait l'éternité devant lui.

Il y a une très belle scène avec des montgolfières, un campement immense, et près de cinq cents figurants, que nous tournons à une heure et demie de voiture de New York. Comme le film est en noir et blanc, la lumière y tient une place considérable.

La scène aurait dû être tournée dans la journée, mais chaque fois Woody Allen est déçu, soit les nuages sont trop épais pour ce qu'il veut exprimer, soit le soleil est trop ardent, soit la luminosité est épouvantable. Cependant, jamais il ne s'énerve. Il tourne, puis il visionne ses *rushes*, seul, laissant tous les figurants en place.

— Alors, lui demande-t-on quand il revient, c'est bien ?

— C'est pas mal, mais on va tout de même la refaire.

Durant trois semaines nous la refaisons. J'ai le sentiment de voir un écrivain au travail, qui rature, recommence, va faire quelques pas, revient à sa table et rature de nouveau...

Au bout des trois semaines, nous l'entendons dire :

— Je suis presque sûr qu'on la refera au printemps. La lumière...

Et effectivement, je retournerai en mai aux États-Unis pour refaire la scène des montgolfières, et quelques autres encore. Au final, commencé en septembre, le film s'achèvera en juillet, avec quelques mois d'interruption au milieu de l'hiver.

Entre-temps, il se sera enrichi de tout ce qui aura traversé l'esprit de Woody Allen, et de tout ce que nous, ses comédiens, lui aurons inspiré.

Un jour, je reçois sur le tournage un appel de Daniel Cohn-Bendit.

— Je sais que vous travaillez en ce moment avec Woody Allen. Je voudrais faire une série d'articles sur les relations de quatre personnalités juives avec leur ville. Woody Allen et Manhattan serait le premier, et un préalable : si je ne l'ai pas, je ne fais pas la série. Pouvez-vous lui en parler ?

— Je peux essayer en tout cas.

Je pensais que Woody Allen connaissait Cohn-Bendit, au moins de nom, mais je me trompais. Je lui raconte donc Mai 68.

— *Is it a terrorist* ? m'interrompt-il.

— Aujourd'hui non, mais certaines personnes l'ont sans doute pensé quand il était sur les barricades.

— Ah ! c'est un terroriste à la retraite... Dites-lui d'appeler ma secrétaire.

Trois semaines plus tard, en arrivant au studio, Woody Allen m'interpelle :

— Votre ami est là !

Et je vois, en effet, Daniel Cohn-Bendit.

Le lendemain, le film s'est enrichi d'une nouvelle scène durant laquelle je raconte mon printemps 1968 sur les barricades (où je n'ai jamais mis les pieds en réalité). Je suppose que ses deux heures d'entretien avec Cohn-Bendit ont beaucoup inspiré Woody Allen qui n'a pas pu s'empêcher de remanier aussitôt son scénario pour faire une place à cet événement.

Un autre jour, tandis que nous refaisons inlassablement la scène des montgolfières, on vient me proposer de regagner New York le soir dans la voiture de Woody Allen car il manque un chauffeur.

Nous voilà donc assis côte à côte sur la banquette arrière. Nous nous engageons dans le fameux tunnel de dix kilomètres qui précède l'entrée de Manhattan. Le chauffeur a mis de la musique un peu plus tôt et j'ai bien senti que Woody Allen se crispait.

Soudain, il me prend la main. Il n'y a aucune ambiguïté entre nous, aussi je comprends immédiatement que quelque chose ne va pas.

— Vous ne vous sentez pas bien ?

— Je suis très angoissé par les tunnels.

— Ah ! je comprends.

Je garde sa main, et m'applique à rire et à raconter des histoires drôles pour détendre l'atmosphère. Lui m'avoue qu'il a hésité entre l'hélicoptère et la voiture pour faire ce trajet cauchemardesque deux fois par jour, mais qu'à la réflexion il a encore plus peur de l'hélicoptère que du tunnel.

Quelques jours plus tard, il m'apporte une nouvelle scène où nous sommes tous les deux enfermés dans un ascenseur qui tombe en panne. Lui claustrophobe, et moi m'efforçant de le réconforter. Nous tournons la scène mais, au contraire de celle des barricades, Woody Allen ne la mettra pas dans la version finale du film.

15.

Le début de la décennie 1980 s'annonce à tous égards sous les meilleurs auspices. Je quitte Woody Allen pour tourner avec Daniel Duval *L'Amour trop fort*. Le scénario me plaît, mais il m'intrigue aussi par les étonnantes coïncidences qui l'émaillent, comme si Daniel Duval s'était inspiré de ma vie, ou plutôt de celle de mes parents, pour l'écrire (hypothèse totalement improbable puisque nous ne nous connaissions pas avant ce film).

C'est l'histoire d'une belle amitié entre deux hommes, Max, vieil acteur raté (incarné par Jean Carmet), et Charlie, jeune metteur en scène ambitieux (joué par Daniel Duval), qui se trouve mise à mal le jour où Charlie rencontre Marie-Rose, une antiquaire blonde issue de la bonne bourgeoisie. Max, qui a été abandonné par sa femme, s'accroche à ce couple comme à une bouée de sauvetage, jusqu'au jour où Marie-Rose en a assez et demande à Charlie de choisir entre son ami et elle.

Comment ne pas songer à Max Barrault, mon père, en observant la détresse pathétique de cet autre Max, abandonné comme lui par sa femme, et comment ne pas penser à ma mère en incarnant l'inflexible Marie-Rose, jalouse de son propre bonheur, antiquaire comme l'est devenue maman, et guère plus sensible qu'elle ne le fut au naufrage de Max ?

Curieusement, je joue ce film au moment où ma vie amoureuse vogue pour la première fois sur un océan de félicité. J'ai pu acheter à Ménerbes la maison mitoyenne de celle de Michel Boisrond, et en réunissant les deux nous avons réussi un petit miracle architectural, une maison magique où les enfants circulent librement entre les différentes terrasses et la piscine, où nous avons le sentiment de leur offrir ces étés d'insouciance et d'ivresse si importants pour bien grandir, pour prendre confiance en soi et en la vie, tout en partageant dans l'intimité une complicité sereine et pleine de tendresse.

Nous voyageons beaucoup pour le plaisir, Michel et moi. Je me souviens d'un voyage que nous faisons à la Réunion, avec l'intention de rendre visite au passage à Laurent, l'un des fils de Michel, qui fait son service militaire là-bas comme chirurgien. « Quand je vous ai vus débarquer tous les deux, me dira-t-il bien plus tard, j'ai eu une sorte de révélation : l'amour existe donc, me suis-je dit, un homme et une femme peuvent trouver un équilibre ensemble dans une relation à la fois tendre et passionnée. » Une révélation, oui, car avant moi, Michel avait multiplié les expériences sans jamais trouver l'âme sœur, et Laurent, insatisfait, semble alors marcher sur les traces de son père.

Laurent a l'impression que j'inspire cette sorte d'amour apaisé à son père, tandis qu'au fond de moi je sais bien que c'est le contraire : c'est Michel qui m'enseigne la tendresse. C'est en le regardant que j'apprends petit à petit à me libérer de la dureté que m'a léguée maman, à exprimer mes sentiments au plus près, au plus juste, sans en être effrayée, comme me l'ont appris le théâtre et Geneviève Rex, mon professeur de chant que je continue de voir deux ou trois fois par semaine. Geneviève Rex qui, décidément, ne se trompe pas sur mon entourage. Après avoir adoré Claude Santelli pour le bien qu'il me faisait, réprouvé maman pour sa « connerie », elle vénère Michel Boisrond dont l'élégance et la bienveillance la charment. « Michel est un ange, tu as enfin trouvé l'homme qu'il te faut, me répète-t-elle. Et en plus, il est beau ! »

Je m'efforçais d'être une bonne mère, tendre et attentive – tout à l'opposé de ce que fut ma mère – et je constate que grâce à Michel j'y parviens enfin. Non seulement je trouve une belle harmonie avec Ariane et David, onze et quinze ans en cette année 1980, mais je deviens une sorte de mère de substitution pour Cécile, la dernière de Michel, qui n'a que cinq ans de plus qu'Ariane et qui a souffert de la vie chaotique que lui ont fait mener ses parents. Aujourd'hui encore je suis restée très proche de Cécile.

Avec le recul, cependant, je vois que les indices de notre échec à venir sont déjà bien présents dans notre relation en apparence idyllique. À la veille de ses soixante ans – tandis que je n'en ai que trente-six – Michel n'est plus un réalisateur en vogue. Il a été l'assistant de René Clair, puis il a signé plus de vingt longs métrages, dont le premier en 1955 (*Cette sacrée gamine*, avec Brigitte Bardot), mais à présent il n'a plus guère de propositions. Ou plutôt si, il en a, mais il trouve souvent de bons arguments pour les refuser. Soit le scénario lui paraît mal fichu, soit l'histoire lui semble bien médiocre et peu porteuse, ou soit encore il a déjà fait un film sur un thème similaire.

— Michel, lui dis-je, ce n'est pas comme ça qu'il faut regarder les choses. Dans la vie, je crois qu'il faut essayer de dire oui quand on te soumet un projet, et ensuite te battre pour le faire évoluer jusqu'à ce qu'il te plaise.

— Marie Christine, j'ai passé l'âge de me battre pour des choses qui n'en valent pas la peine.

— Tu as tort, tant qu'on peut tirer un projet vers le haut, il faut y aller, tout tenter.

— Oui, et tout ça pour obtenir un film médiocre au bout du compte... À quoi bon ?

Michel se laisse atteindre insensiblement par l'à-quoi-bonisme, cette maladie dans laquelle nous nous laissons volontiers glisser à l'automne de notre vie, sans voir qu'elle précipite notre vieillesse en nous coupant de la création.

Quand il ergote sur tout, et finalement travaille moins alors qu'il en aurait tellement besoin pour retrouver l'enthousiasme, je manifeste au contraire une grande curiosité pour tout ce qu'on me propose.

C'est comme cela que je me retrouve embarquée dans l'aventure extraordinaire de *Table for Five*, de Robert Lieberman. Lieberman m'a vue dans le film de Woody Allen, ainsi que dans *Cousin, cousine*, et il a besoin d'une actrice étrangère pour incarner son héroïne. *Table for Five*, c'est l'histoire d'un homme divorcé (interprété par l'acteur américain Jon Voight), qui part avec ses trois enfants faire le tour de la Méditerranée sur un paquebot de croisière pour se réconcilier avec eux et tenter de réparer ce qui peut l'être. Mais sur le bateau, il rencontre une femme (moi), elle-même divorcée, et ils ont une histoire d'amour.

Le tournage s'annonce d'emblée comme une fête puisque nous partons *véritablement* en croisière pour filmer toutes les scènes d'escale. Nous appareillons de Gênes pour des escales en Italie, Grèce, Israël et Égypte. Après ce voyage de rêve, nous nous envolons tous pour Los Angeles où les cabines du paquebot ont été reconstituées en studio pour tourner, cette fois, les scènes d'intérieur. Une épopée passionnante !

D'autant plus passionnante que je tombe amoureuse sur le paquebot du scénariste du film, David Seltzer, qui suit toute la troupe pour adapter son script aux aléas de notre vie quotidienne.

C'est la première fois, après cinq ans de vie commune, que je suis infidèle à Michel Boisrond, et si ça ne condamne pas notre couple, c'est du moins un signe que les choses ne vont plus aussi bien. Toujours aussi insensible à la culpabilité, je m'engage dans cette relation avec une curiosité et un appétit intacts. L'histoire me semble délicieuse, folle et légère sur le bateau, mais elle prend un tour nouveau à Los Angeles.

Sans que nous l'ayons voulu, David Seltzer et moi nous découvrons de plus en plus épris l'un de l'autre au fil des semaines. Il me plaît tant, je me sens si attirée par lui, et si heureuse en sa présence, que je commence à envisager sérieusement – mais secrètement encore – de refaire ma vie avec cet homme. La situation s'aggrave quand il m'avoue qu'il est dans le même état d'esprit que moi. Qu'allons-nous devenir ? Est-il pensable qu'il lâche tout ici pour venir vivre avec moi en France ? Il ne parle pas notre langue, ne connaît personne à Paris, de quoi vivrait-il ? Alors est-il préférable que je m'installe à Los Angeles ? Il est certain que je trouverais de petits rôles, ne mourrais pas de faim, mais ce serait tout de même la fin de ma carrière artistique, la fin du théâtre, la grande passion de ma vie.

Nous avons beau envisager toutes les combinaisons possibles, aucune n'est exempte du sacrifice de l'un ou de l'autre, ce qui n'est pas de très bon augure pour une grande histoire d'amour. Nous sommes dans ces affres, comptant les semaines qu'il nous reste à vivre ensemble, quand David Seltzer propose de me présenter l'un des seuls Français qu'il connaisse à Los Angeles : Roger Vadim. Il se trouve que Vadim vit alors avec une scénariste, Ann Biderman, qui est une amie de David.

— On pourrait organiser un dîner ?

— Mais avec plaisir !

Pourquoi ce dîner est-il sans cesse ajourné ? Je ne sais pas, je ne sais plus. En tout cas, il n'aura pas lieu, et je devrai encore attendre cinq ou six années pour connaître Vadim.

Que se serait-il passé si nous nous étions croisés à Los Angeles, lui se présentant au bras d'Ann Biderman, et moi fondue d'amour pour David Seltzer ? Très vraisemblablement rien, puisque chacun avait alors la tête ailleurs. De sorte que je remercie le ciel que ce dîner n'ait jamais eu lieu.

Cependant, la fin de mon histoire avec David Seltzer est irrémédiable, et très douloureuse. Une autre aurait peut-être sacrifié sa vocation de comédienne pour un tel homme, mais pas moi. À deux ou trois reprises je dois revenir à Los Angeles pour les besoins du film et ce sont des séjours incandescents, puis vient le jour des adieux, nous savons l'un et l'autre que nous ne nous reverrons pas avant longtemps, peut-être jamais, et pour une fois je pleure. De chagrin, mais aussi d'impuissance face au destin. Quel démiurge cruel a donc voulu que nous naissions à neuf mille kilomètres l'un de l'autre ?

Je suis encore à Los Angeles quand on m'appelle de France pour me proposer le premier rôle féminin dans une pièce américaine, *Dylan Thomas*. L'histoire dramatique du grand poète britannique du même nom (1914-1953), influencé par Joyce et les surréalistes, auteur notamment de *Portrait de l'artiste en jeune chien*, et mort à trente-neuf ans, rongé par le désespoir et l'alcool (c'est par vénération pour l'œuvre de cet homme que Robert Zimmerman a pris pour nom de scène Dylan, devenant à vingt et un ans Bob Dylan). Dylan Thomas doit être joué par Marcel Maréchal, qui dirige alors le Théâtre de la Criée, à Marseille, et il m'est proposé d'incarner la femme du poète, Kathleen, personnage magnifique, alcoolique et désespérée comme son mari.

Mon seul problème est que la pièce est mise en scène par Jean-Pierre Granval, le fils de Madeleine Renaud (le beau-fils de Jean-Louis) pour lequel je n'ai pas une grande estime. J'accepte cependant, car mon partenaire sur scène, Marcel Maréchal, est un remarquable homme de théâtre, directeur de troupe et metteur en scène. Nous devons d'ailleurs créer *Dylan Thomas* à Marseille, dans son théâtre, avant de reprendre la pièce à Paris au Théâtre du Rond-Point que dirigent alors Jean-Louis Barrault et Madeleine Renaud.

Les répétitions s'engagent donc à Marseille, et nous sommes dans les ultimes filages, huit jours avant la première... quand je me fracture le pied ! La pièce est faite d'une vingtaine de tableaux ponctués de quelques instants de noir durant lesquels nous devons sortir rapidement de scène pour aller nous changer, avant de réapparaître dans le tableau suivant. C'est le pire dispositif pour les comédiens, car, durant les premières secondes de noir, encore éblouis par les projecteurs, nous sommes complètement aveugles et courons à tâtons vers les coulisses. Quant à moi, ce jour-là, je prends pour repère une lumière que je crois être celle des loges, alors qu'il s'agit en réalité d'une porte d'entrée de la salle, et traversant la scène à toute allure je tombe dans le vide devant les premières rangées de sièges.

La fracture est mauvaise, on me conduit à l'hôpital où je suis opérée dans la nuit. Deux mois à devoir sautiller avec des béquilles. C'est Martine Pascal qui me remplace à Marseille, je ne reprendrai le rôle qu'à Paris.

Une autre aurait peut-être songé à un châtiment du ciel expédié pour me punir de ma conduite à Los Angeles, mais la chose ne m'effleure pas. Je suis attentive, en revanche, aux traces laissées en moi par cet amour impossible mais intensément vécu. Désormais, je me surprends à être agacée par certains comportements de Michel auprès de qui j'ai retrouvé ma vie paisible de compagne et de mère de famille. Je trouvais touchant, les premiers temps, qu'il assiste à chacune de mes représentations au théâtre. Maintenant, cela me paraît lourd, je n'ai pas forcément envie de dîner avec lui tous les soirs en sortant de scène, et puis j'aimerais le voir passionné par ses propres projets, comme je le suis par les miens, lisant des scénarios, montant des films, et au lieu de ça j'ai l'impression que ses raisons de vivre et d'être heureux se résument à moi, à ma présence, à ma vie artistique.

C'est parce que je joue dans *Dylan Thomas* qu'il tourne la pièce pour la télévision. Avec le talent qu'il a, je regrette qu'il ait perdu cette capacité à s'enthousiasmer qui fait la beauté des êtres, quel que soit leur âge.

J'aime en revanche quand nous parlons de ce projet que nous portons ensemble : *Marie Curie*. Les premiers temps, Michel a l'ambition de tourner la vie de la scientifique, deux fois nobélisée, pour le grand écran. Il est frappé par ma ressemblance physique avec elle et veut me confier le rôle. Puis il se résout à le faire pour la télévision, en plusieurs épisodes, et se démène pour parvenir à monter l'entreprise.

Pendant ce temps-là, je passe de *Dylan Thomas* à *Cet animal étrange*, pièce inclassable, écrite d'après plusieurs nouvelles de Tchekhov, que je joue au théâtre de Boulogne-Billancourt après l'avoir créée la saison précédente au Théâtre de l'Athénée. Dans le même temps, je tourne avec Krzysztof Zanussi *Le Pouvoir du mal*. Le film est réalisé à Nancy, ce qui ne doit pas m'empêcher d'être tous les soirs à vingt heures trente à Boulogne, à condition d'être de retour le lendemain matin à Nancy. En sortant de scène, je prends donc le train de minuit et demi qui me dépose à Nancy à quatre heures du matin. Je vais dormir trois heures à mon hôtel pour me présenter au maquillage à huit heures. Nous tournons jusqu'à dix-sept heures, de façon que je puisse

Toutes nos premières années, jusqu'à mes huit ans, mon frère Alain et moi serons élevés par notre grand-mère Félicité. La découverte du prestigieux triangle d'Auteuil et de nos deux petites sœurs marquera un bouleversement dans notre vie.

Mes parents, Marthe et Max, le frère de Jean-Louis Barrault, se marient en 1937. Ils forment un couple joyeux, fantaisiste, que l'on croise avec bonheur dans la vie parisienne d'avant guerre. Maman est la fille du peintre Georges Valmier. Très douée pour le chant et le piano, elle se destine à une carrière d'artiste. Papa organisera après la guerre des tournées théâtrales à travers l'Allemagne en reconstruction, avant de mourir d'une sclérose en plaques l'année de mes quatorze ans.

Jean-Louis et Madeleine (qui entourent Jean-Pierre Granval, le fils de Madeleine) sont très proches de maman (à droite), dont ils s'éloigneront après le divorce de mes parents. Plus tard, ils tenteront de me dissuader de devenir comédienne et ne feront rien pour me faciliter les choses.

Enfants, mon frère Alain et moi habitons Yerres, près de Villeneuve-Saint-Georges, dans un modeste pavillon en meulière. Notre grand-mère Félicité nous aime plus que tout et nous protège du monde.

Réunion de famille autour de Jean-Louis et Madeleine (qui a une main posée sur mon épaule). Mon père et mon beau-père (premier et troisième en partant de la droite) sont réunis, malgré le déchirement qu'a été pour mon père le départ de ma mère.

Dupanloup est tenu par des religieuses, les Dames de Saint-Maur, qui ne plaisantent pas avec l'éducation des jeunes filles, et je troque donc ma blouse grise d'écolière de la République contre une jupe plissée bleu marine, un chemisier blanc assorti aux socquettes et un chapeau.

Pour ma communion solennelle, nous posons tous dans le grand salon du boulevard Murat. Maman et Madeleine Renaud m'entourent, Jean-Louis semble un peu perdu, planté à côté d'Alain, tandis que mon beau-père, très droit, les cheveux plaqués, assume avec une élégance naturelle sa place de chef de famille. Papa aussi est présent, derrière Alain et moi, et c'est évidemment pourquoi cette photo m'est si précieuse.

La maladie de mon père progresse. Il ne travaille plus et habite alors non loin de chez nous. Je suis triste mais je ne me fais pas de souci, incapable d'envisager que mon père puisse disparaître.

Après la mort de mon père et celle de mon beau-père, l'année de mon baccalauréat, ma mère se révélera d'un grand courage, parvenant à nous faire vivre de sa passion pour les objets anciens.

Pour les vacances, nous partons pour Margaux, dans le Médoc, où notre beau-père possède une propriété. Je songe aujourd'hui à la place qu'occupe cette maison dans mon cœur, et à l'émotion qui m'étreint aussitôt que j'en pousse la porte : elle est la mémoire silencieuse de toutes nos vies, de tous ceux que j'ai le plus aimés. Mon père et mon beau-père y sont morts. Je pourrais m'exclamer comme mon personnage de *La Cerisaie*, s'il fallait un jour vendre cette maison : « Eh bien, qu'on me vende avec ! »

Mon oncle Jean-Louis m'avait conseillé de me présenter au Conservatoire, escomptant que je n'y serais pas admise. J'y entre par la grande porte après avoir obtenu la Médaille de l'espérance au cours Simon, en interprétant une scène du *Soulier de satin*.

On me confie le premier rôle féminin dans *Andorra*, du romancier et dramaturge Max Frisch. Je suis confrontée à un drame dont j'ai été loin jusqu'à présent : l'extermination des Juifs. La pièce est une parabole qui ne trompe personne et dont la création doit inaugurer le Théâtre de la Commune à Aubervilliers.

La troupe d'*Andorra* autour de Gabriel Garran. La pièce doit inaugurer le Théâtre de la Commune d'Aubervilliers. Le jour de la première, je vois au premier rang Louis Aragon et Elsa Triolet, ainsi que Jean-Louis Barrault et Madeleine Renaud.

Un soir, nous jouons *La Cerisaie* à trente kilomètres de notre propriété familiale de Margaux. Aussitôt après la représentation, nous embarquons toute la troupe pour un souper aux chandelles dans cette maison si pleine de souvenirs. Un souper que nous a préparé Vadim. L'émotion est palpable à l'instant de nous installer autour de la table, comme si nous retrouvions les héros magnifiques et douloureux de Tchekhov.

Ma nuit chez Maud, le premier grand film où je joue, aux côtés de Jean-Louis Trintignant et Françoise Fabian, est d'emblée un grand succès en France comme aux États-Unis.

Devenir mère m'a permis de me réconcilier avec mon corps qui me posait tellement de problèmes depuis l'adolescence.

Avec Daniel Toscan du Plantier, nous nous marions par une belle journée d'avril 1965, alors que je suis enceinte de trois mois. Madeleine, ma mère et Jean-Louis sont à nos côtés.

Éric Rohmer m'a choisie grâce à cette photo publiée par un hebdomadaire de télévision. Mon fils David, né le 5 octobre 1965, est dans le landau tandis que je lui tricote une petite brassière. Alors que David a trois ans, je tombe de nouveau enceinte.

Les naissances de David et d'Ariane constituent les deux événements essentiels de ma vie de femme. Après mon divorce d'avec leur père, je parviendrai à inventer pour eux une maison magique à Ménerbes, dans le Luberon, qui leur offrira ces étés d'insouciance et d'ivresse si importants pour bien grandir, pour prendre confiance en soi et en la vie.

En haut : Marie-Antoinette Ardilouze, la mère de Vadim, me fera le plus beau cadeau qu'une belle-mère puisse faire en me déclarant, heureuse du bonheur de Vadim : « Ma petite fille, je te remercie, tu m'as rendu mon fils. »

Au centre : autre femme importante de ma vie, Mme Saint-Maurice, une religieuse de Dupanloup, me réconforta après la mort de mon père en me disant une phrase qui ne m'a jamais quittée : « Les vivants ferment les yeux des morts, mais ce sont les morts qui ouvrent les yeux des vivants. »

En bas : Geneviève Rex va faire de moi une actrice digne de ce nom au fil des trente années de cours de chant qu'elle me dispensera.

Alain, mon frère aîné, Emmanuelle et Anne-Catherine, mes sœurs cadettes, et moi dans la propriété de Margaux en 1992.

Jean-Marie Sénia, qui a mis quinze ans à me convaincre de chanter. Il composera avec Vadim les titres de *L'Homme rêvé*.

Avec Michel Boisrond, dont j'ai partagé la vie durant dix années, j'ai enfin eu le sentiment de pouvoir poser mes valises.

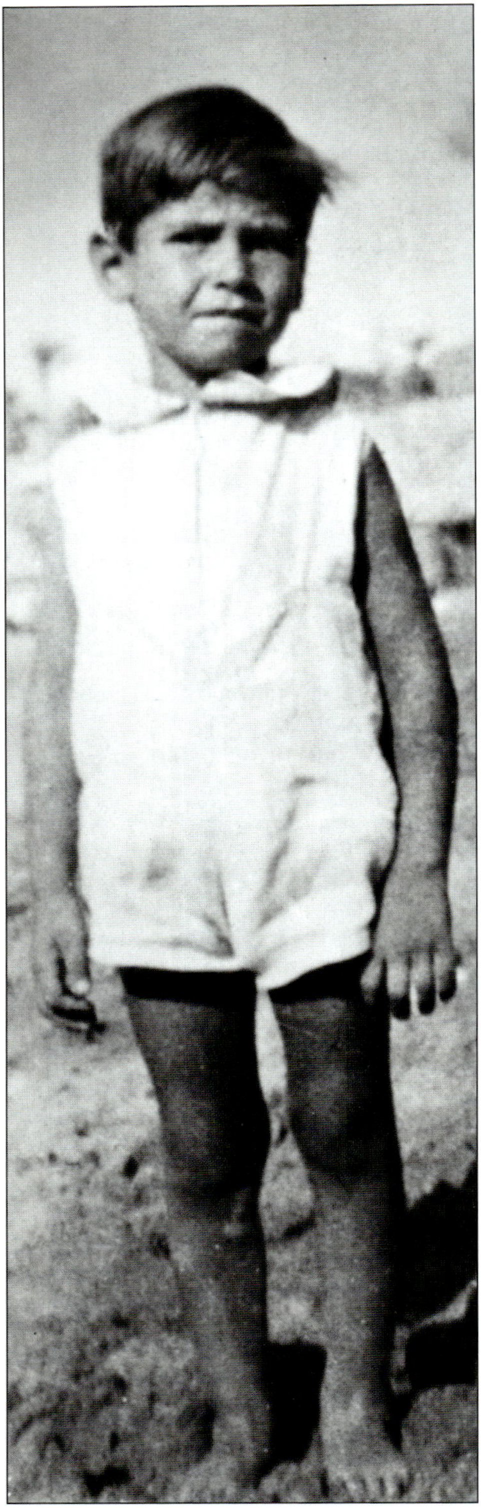

Vadim est de ces natures qui suscitent aussitôt l'émotion, sans doute parce qu'on devine immédiatement l'enfant sous la carapace de l'homme – comme si une partie de lui avait refusé de grandir après la mort de son père, l'année de ses neuf ans.

« Ce qui compte, c'est l'intelligence, la beauté, la bonté, toi. [...] Cette unique qui n'existe pas, je l'ai rencontrée, et même qu'elle veut m'épouser ! Je t'adore Z'yeux bleus, Vadim. »

C'est aux Gets, au-dessus de Morzine, que Vadim a passé son enfance et c'est là aussi que nous avons acheté la ferme dont il rêvait.

Au lieu de se consumer, de s'épuiser à l'épreuve du quotidien, mon histoire avec Vadim n'a pas cessé un instant de me transporter, de m'élever, m'enflammant le cœur et l'âme et me faisant reconsidérer toute ma vie à la lumière d'un amour que je n'avais jamais connu jusqu'à présent.

Travailler avec Vadim est un bonheur. Attentif au bien-être de chacun, il est dans son élément sur un plateau, le visage épanoui et souriant, observant chacun de ses comédiens avec une curiosité d'enfant, à la fois amusé et réf échi, l'air de se demander sans cesse comment il pourrait tirer le meilleur parti de toutes ces personnalités différentes.

« Moi, quand j'aime une femme, je veux tout partager avec elle. Je veux les bonnes choses et les moins bonnes. Je veux tout. Je veux m'occuper d'elle chaque jour. Je veux faire de la vie à deux une fête quotidienne. Vadim. »

Paris le 14 avril 1992.

Ma chérie,

j'ai hésité à t'acheter des fleurs. Si j'avais pu les cueillir, je l'aurais fait. Mais celle du marchand sont trop officielles et polluées d'intermédiaires.

Je n'ai qu'une peur, de n'avoir jamais assez dit ou écrit

2

ta beauté, ton intelligence, ta bonté, avant de passer dans une autre dimension. De n'avoir jamais assez répété que tu m'as remis au monde et m'a offert les plus belles années de ma vie.

C'était moins une!

Il y a les gens du voyage, les gens de guerre, nous sommes les enfants du miracle. Pas nantis d'écus, mais le ciel est notre jardin. Dieu qu'il fleurit joliment et passe aimablement les saisons.

J'ai un P.S. à cette lettre. Tu l'auras au réveillon de l'an 2000.

Je t'aime
et t'embrasse de même

Vadim

sauter dans le train de dix-sept heures vingt pour Paris. J'arrive à vingt heures vingt à la gare de l'Est, sur le parvis de laquelle patiente le taxi que m'a dépêché le théâtre. Si le train a du retard, toute la salle patiente – on ne peut pas lever le rideau avant que je sois là.

Je rêvais d'être comédienne, de mener ma vie « dans la lumière », eh bien, voilà, j'ai réussi, j'allais écrire pour le pire et le meilleur, mais ça serait faux : ni le train ni le manque de sommeil ne parviennent à entamer le plaisir que j'éprouve à jouer.

Dans *Le Pouvoir du mal*, j'incarne une femme effrayante, perverse et sans scrupules, qui va parvenir à convaincre son jeune amant de tuer son vieux mari (joué par Vittorio Gassman) en le persuadant que cet homme est un monstre. Si j'avais encore des doutes sur mon couple avec Michel Boisrond, je n'en ai plus beaucoup pendant ce tournage puisque je m'offre le luxe d'avoir une brève aventure avec Vittorio Gassman.

Gassman, c'était un fantasme. Je me disais depuis longtemps : « Si je croise un jour la route de cet homme, il est impossible qu'il ne se passe pas quelque chose. » Et donc, en effet, il se passe quelque chose. Mais une histoire décevante et sans intérêt, comme bien souvent avec les acteurs. Autant je me suis toujours sentie portée et enrichie par mes rencontres avec les metteurs en scène, autant mes expériences avec les acteurs ont été constamment misérables et stériles. J'adhère à ce joli mot de Cocteau : « Une actrice, c'est un peu plus qu'une femme; un acteur, c'est un peu moins qu'un homme. » Il y a des exceptions. Un Jean-Louis Trintignant, un Pierre Vaneck, un Laurent Terzieff, pour ne citer qu'eux, ont su échapper au piège du narcissisme sans doute inhérent à ce métier. Les acteurs m'ont trop souvent paru focalisés sur eux-mêmes, passionnés de leur petite personne, et donc indifférents aux autres et aux bouleversements du monde. Des hommes qui ne donnent pas grand-chose et en face desquels on peine à exister, sauf à leur servir de miroir : « Dis-moi, joli miroir, suis-je bien le plus beau en ce royaume ? » Je me souviens à cet égard d'un dîner en face de Jean-Pierre Aumont. Je vivais encore avec Daniel à cette époque. Il y avait une baie vitrée derrière moi, et Jean-Pierre Aumont avait passé le repas à s'y contempler, manifestement subjugué par sa propre image, et comme si j'étais absolument transparente.

Puis c'est Andrzej Wajda qui me propose un rôle également très noir dans le film qu'il s'apprête à tourner, *Un amour en Allemagne*. L'histoire se passe donc en Allemagne, pendant la guerre, dans un village. Mon mari rentre du front pour une brève permission, et durant notre nuit d'amour je dénonce tous les villageois qui ne se comportent pas comme l'exige Berlin, et en particulier une femme (celle qui tient le premier rôle dans le film, interprétée par Hanna Schygulla) qui a une histoire d'amour clandestine avec un prisonnier polonais.

J'ai décidément complètement rompu avec l'image de la petite catholique bourgeoise et coincée de *Ma nuit chez Maud*. Et j'ai franchi une nouvelle étape : je suis désormais capable d'incarner des rôles de composition très éloignés de la femme que je suis. C'est quand José Pinheiro m'appelle pour me proposer le rôle de la mère dans *Les Mots pour le dire*, tirés du livre de Marie

Cardinal, que j'en prends pleinement conscience. Et je réalise au passage l'importance que revêt alors pour moi tout ce que j'ai vécu enfant. Par une étrange ironie du destin, je vais devoir incarner une femme qui pourrait me faire songer à ma mère dans la relation perverse et cruelle qu'elle eut avec ma sœur Anne-Catherine, en particulier autour de l'apprentissage du piano. On sait l'immense travail de psychanalyse que Marie Cardinal dut entreprendre pour parvenir à survivre à l'éducation destructrice que lui donna sa mère. Me voilà donc dans la peau de cette mère épouvantable, moi qui quelques années plus tôt avait laissé capoter le projet de scénariser ma propre histoire (avec le concours de Jean L'Hôte), sachant que j'aurais à interpréter ma mère. Et c'est Nicole Garcia qui joue ma fille, prenant le rôle de Marie Cardinal.

Quand je publierai mon premier livre autobiographique, *Le Cheval dans la pierre*[1], quelques années après ce tournage, et que nous aurons enfin, ma mère et moi, une véritable discussion sur ce que fut notre enfance, je l'entendrai soudain me dire : « Mon Dieu, comme c'est difficile d'accepter l'idée qu'on a fait le malheur de ses enfants ! » Oui, sans doute, et sûrement pour Anne qui ne s'est pas remise de son enfance et continue de porter aujourd'hui ces années sombres comme un fardeau. Mais pour moi, j'en viendrai au contraire à dire à notre mère que non seulement elle n'a pas fait mon malheur, mais qu'en me forçant à m'interroger très tôt sur les mystères de la vie elle m'a permis d'être une comédienne apte à incarner les sentiments les plus paradoxaux, et même ceux qui me font le plus horreur.

1. Robert Laffont, 1999.

Quand sortent sur les écrans *Les Mots pour le dire*, maman va voir le film et en revient ulcérée. « Jamais tu n'aurais dû accepter ce rôle, me dit-elle. Cette femme est monstrueuse, ignoble. Ce film va nuire à ta carrière. » Beaucoup de gens, à ce moment-là, partagent son avis, et ne se privent pas de me le dire, ou de me l'écrire. « Comment avez-vous pu jouer le rôle d'une femme aussi méchante, aussi nocive ? Il n'y a pas de fumée sans feu, si vous en êtes capable, c'est que quelque part vous devez lui ressembler. »

Que répondre à de tels commentaires ? N'est-ce pas le plus beau compliment qu'on puisse adresser à une comédienne que de la confondre avec son personnage ?

Quant à ma sœur Anne, elle quittera précipitamment la projection pour aller vomir sur le trottoir...

J'ai naturellement une jolie aventure avec José Pinheiro durant le tournage. Je ne suis pas amoureuse, mais j'ai un immense plaisir à jouer sous sa direction, et prolonger cela au lit me paraît précieux et irrésistible. Une autre que moi n'aurait sans doute pas mêlé le sexe à notre collaboration, mais moi si. Je ne sacralise pas le sexe, je l'accueille comme n'importe quel autre appétit, comme on accueille la faim, ou le désir soudain de boire un bon vin, et la gravité qu'on prête à l'infidélité sexuelle dans le mariage m'a toujours paru très exagérée. Pour le dire vite, je trouve qu'on gagne un temps fou dans la connaissance d'une personne qui nous est chère, et avec laquelle on a du bonheur à travailler, en se retrouvant dans le même lit.

J'écris cela, et lorsque j'aurai rencontré Vadim, je n'aurai plus jamais d'aventures extraconjugales. Parce que j'aurai découvert la culpabilité ? Non, bien sûr, tout simplement parce que je n'en aurai plus envie, ma relation avec Vadim comblant toutes mes attentes.

Mon histoire avec José Pinheiro, venant après mon petit écart avec Vittorio Gassman, et surtout après mon idylle partagée avec David Seltzer, me conforte néanmoins dans le sentiment que mon couple avec Michel Boisrond bat décidément sérieusement de l'aile.

C'est d'ailleurs ce que je confie à Jean Marbœuf lorsque, *Les Mots pour le dire* à peine finis, il me propose un rôle d'amoureuse dans *Vaudeville*, l'histoire de couples qui se font et se défont au gré des désirs des uns et des autres, et que nous bavardons autour du scénario.

— Sais-tu quel âge je vais avoir, Jean ?

— Quelle importance ?

— Comment, quelle importance ? Quarante ans ! Tu arrives *in extremis*, je crois que ce sera mon dernier rôle de femme amoureuse. Tu sais quoi ? Je me sens désormais trop vieille pour l'amour.

16.

Depuis quand est-ce que je rêvais d'incarner Ysé dans *Partage de midi*, de Claudel ? Depuis que j'avais vu Edwige Feuillère dans le rôle, bien sûr, tandis que mon oncle Jean-Louis interprétait Mesa. C'était au Théâtre de l'Odéon, j'étais adolescente, et durant toute la représentation Daniel Toscan du Plantier, qui n'était pas encore mon fiancé, avait laissé reposer sa main sur ma nuque.

J'étais sortie de cette pièce bouleversée. Je crois qu'en dépit de ma jeunesse, de mon innocence, j'avais deviné qu'il n'existait pas dans tout le théâtre une femme aussi émouvante et terrifiante qu'Ysé, à la fois épouse et putain, un instant faible, mais un moment plus tard d'une force sublime, prête à trahir tous les siens pour un élan de son cœur, prête à les oublier, à les piétiner, mais tenant aussitôt après sur elle-même, et sur notre destinée, à nous tous mortels, des propos d'une somptueuse vérité, d'une lucidité presque insupportable

J'étais en train de répéter une pièce contemporaine, *Attentat meurtrier à Paris, 320 morts, 800 blessés*, sous la direction de Gilles Atlan, quand je l'entends me dire un soir :

— Marie Christine, je viens de relire *Partage de midi*. Tu n'as jamais songé à interpréter Ysé ?

Je me souviens d'être restée un moment muette de stupeur, ne trouvant pas les mots tant c'était immense, soudain.

— Mais Gilles, si je suis devenue comédienne, si j'ai joué tous ces rôles depuis vingt ans, c'est pour être un jour Ysé !

— Pardon, je ne comprends pas...

— Gilles, Ysé, l'Ysé du *Partage de midi*, c'est moi, c'est le rôle de ma vie. Je n'en connais aucun d'aussi fort. Tu comprends maintenant ?

— Mais alors pourquoi... ?

— Pourquoi je ne l'ai pas encore joué ? Parce qu'il faut bien vingt ans de travail avant d'oser incarner Ysé. Edwige Feuillère avait largement dépassé la cinquantaine lorsqu'elle a pris le rôle. Et puis personne ne me l'a encore proposé.

— Et si je montais la pièce pour toi, tu accepterais le rôle ?

— Si je te dis que j'aurai complètement raté ma vie, que je mourrai de désespoir si je ne joue pas Ysé avant d'avoir passé l'âge, ça te suffit comme réponse ?

— Alors je vais monter *Partage de midi*, Marie Christine. Nous allons le faire, tu seras Ysé, ça va être magnifique.

— C'est le plus beau cadeau que tu puisses me faire

Nous créons *Partage de midi* en 1985 au Théâtre national de Toulouse. Puis nous jouons la pièce en tournée à travers toute la France, à l'étranger également, avant de la reprendre à Paris au TEP. Au total, la grande œuvre de Claudel, mon œuvre culte, va m'occuper – et me bouleverser – durant près de trois années.

Que raconte donc *Partage de midi* ? L'histoire d'un couple et de deux hommes qui larguent les amarres et partent pour la Chine dans l'espoir de sauver ce qui peut encore l'être de leur vie. Au premier acte, ils se rencontrent sur le paquebot. Le couple, ce sont Ysé, « femelle inassouvie et déplantée », écrit Jean-Louis Barrault, et son époux, De Ciz, « mari complaisant » (ils sont parents de quelques enfants qui disparaîtront en Chine). Les hommes, ce sont d'un côté Amalric, aventurier solitaire et rude qui a connu Ysé dans leur jeunesse commune, et de l'autre côté Mesa, aspirant curé dont n'a pas voulu l'Église, « tout sec dans son avarice et son égoïsme spirituel[1] ».

Amalric, parlant à Mesa d'Ysé sur le pont du bateau : « Mon cher, je n'aime que les blondes. Ce n'est pas une coquette, méfiez-vous-en ! C'est une guerrière, c'est une conquérante ! Il faut qu'elle subjugue et tyrannise, ou qu'elle se donne. [...] C'est une jument de race et cela m'amuserait de lui monter sur le dos, si j'avais le temps. [...] Mais ce mari qu'elle a, ce beau fils, [...] cette espèce d'ingénieur à la manque, vous voyez bien que c'est un vice pour elle. Il n'a su que lui faire des enfants. Il est effrayant de les voir tous, en route pour la Chine ! »

Un peu plus tard Ysé, venant troubler Mesa « le petit curé », mais l'air de le taquiner :

— Mesa, je suis Ysé, c'est moi.

— Il est trop tard. Tout est fini. Pourquoi venez-vous me rechercher ?

1. *Souvenirs pour demain*, Jean-Louis Barrault, Le Seuil, 1972.

— Ne vous ai-je pas trouvé ?

— Tout est fini ! Je ne vous attendais pas. J'avais si bien arrangé de me retirer, de me sortir d'entre les hommes, c'était fait ! Pourquoi venez-vous me rechercher ? Pourquoi venez-vous me déranger ?

— C'est pour cela que les femmes sont faites.

Au deuxième acte, Ysé et Mesa se retrouvent dans un cimetière de Hong Kong, par « une sombre après-midi d'avril », et ils deviennent amants, là, sous « un lourd ciel orageux ». C'est une scène d'amour d'une sublime beauté.

Ysé : « Tu me tiens donc et bien que ma chair tressaille je ne me retire point, et je reste comme assourdie, et la voilà donc celle que tu trouvais si fière et si méchante !

« Tu ne sais pas ce que c'est qu'une femme et combien merveilleusement, avec toutes ces manières qu'elle a, il lui est facile de céder et tout à coup de se trouver abjecte et soumise et attendante ; et pesante, et gourde, et interdite entre la main de son ennemi, et incapable de remuer aucun doigt.

« Ô mon Mesa, tu n'es plus un homme seulement, mais tu es à moi qui suis une femme [...]. »

Mesa : « Voici entre mes bras l'âme qui a un autre sexe et je suis son mâle. Et je te sens sous moi passionnément qui abjure, et en moi le profond dérangement de la création, comme la terre lorsque l'écume aux lèvres elle produisait la chose aride, et que dans un rétrécissement effroyable elle faisait sortir sa substance et le repli des monts comme de la pâte ! [...] »

Ysé : « Ô comme je me sens femme entre tes bras,

« Et j'ai honte et je suis heureuse.

« Et tantôt regardant ton visage, au mien je sens comme un coup de honte et de flamme,

« Et tantôt comme un torrent et un transport de mépris pour tout et de joie éclatante, parce que je t'ai et que tu es à moi, et je l'ai, et je n'ai point honte ! »

Au troisième acte, cependant, Ysé s'enfuit avec Amalric. Elle a abandonné mari et enfants. Et maintenant, elle abandonne aussi Mesa, dont elle porte pourtant l'enfant. Mesa qui va mourir dans l'explosion de la maison où il se trouve, car la Chine est alors en pleine insurrection.

Ysé à Amalric : « Ô tout ce que j'ai fait ! Est-ce moi ou est-ce une autre ? Mon mari, trompé, quitté, mes enfants, mes pauvres enfants, je les laisse, je ne sais même pas où ils sont, et ce misérable homme que j'aimais et qui m'aimait, plus que sa vie, à peine quitté, je le trahis, je me livre à toi avec son enfant que je portais dans mon sein. [...]

« Tu m'as vaincue, mais tu ne sais pas ce que c'est qu'une femme qui n'est point vaincue.

« Et ce désert qu'on est, et la soif, et la misère de l'amour, et cela que l'autre soit vivant, et le moment où l'on se regarde dans les yeux, et ce que c'est quand on vous fourre une âme avec la vôtre ! »

« Ceci n'est pas une pièce comme une autre..., écrit Paul Claudel à Jean-Louis Barrault, quand ce dernier envisage de monter *Partage de midi*. J'ai écrit cela avec mon sang. »

Dans un premier temps, Claudel refuse de lui donner sa pièce. « Vous savez, écrit-il à Jean-Louis, que je n'ai jamais voulu entendre parler de *Partage de midi* au théâtre et que j'ai retiré jadis de la circulation tous les exemplaires de la première édition. C'est une épreuve dont j'ai souffert si fort dans ma jeunesse que ses effets m'ont accompagné tout au long de ma vie. Aujourd'hui encore, la plaie est toujours vive. Ce n'est pas seulement que je cherche à épargner qui que ce soit au monde – le temps, hélas ! émousse toutes choses –, ce sont certaines sensations intérieures qui me labourent sans se lasser. Ce qui m'arrête encore aujourd'hui, c'est plutôt une espèce de pudeur : il y a des cris qu'un homme n'a pas le droit de pousser. *Partage de midi* est ce cri. Cela me gênerait, comme si j'étais tout nu. »

Cependant, Claudel cède aux beaux arguments de Jean-Louis. Ce dernier jouera Mesa. Pierre Brasseur accepte le rôle d'Amalric, et De Ciz sera interprété par Jacques Dacqmine. Reste à découvrir Ysé, sur les épaules de laquelle repose toute l'œuvre. « Ce fut Edwige Feuillère qui s'imposa d'emblée à notre vue, écrit Jean-Louis. Par bonheur, elle accepta. Le jour vint où je l'accompagnai pour la présenter à Claudel. Il la vit. La jaugea. L'examina comme un entraîneur examine un pur-sang. Il semblait tout bouleversé : "Edwige ressemblait au modèle..." »

Mon émotion, le matin où je lus sous la plume d'un critique, quelques jours après la première, qu'il avait eu le sentiment, en me regardant et en m'écoutant, que Claudel avait écrit le rôle pour moi ! C'est que depuis le jour où j'ai découvert Claudel, à Dupanloup, je me sens comme son œuvre, comme s'il m'avait percée à jour, comme s'il m'avait « écrite » ou, plutôt, comme si c'était en songeant à moi qu'il avait créé tous ses personnages de femme, et en particulier le plus fort et le plus troublant : Ysé.

Toutes les femmes de la terre sont contenues dans Ysé, et, m'observant vivre, il me semble que moi aussi je les contiens toutes. Je suis cette femme claudélienne farouchement attachée aux plaisirs terrestres, cédant aux impulsions de sa sensualité, « abjecte et soumise et attendante », comme le dit si crûment Ysé, mais en même temps je partage avec elle une aspiration constante à la spiritualité, soucieuse de m'élever au-dessus de notre pauvre condition vers un ciel que j'espère habité.

Ce dernier dialogue encore, entre Ysé et Amalric :

« Amalric, est-ce que vraiment il n'y a point de Dieu ?

— Pour quoi faire ? S'il y en avait un, je te l'aurais dit.

— Il n'y en a donc pas. Et je n'ai rien à me reprocher. Et ce que j'ai fait, je le ferais encore. C'est la faute à cet homme que j'ai épousé. Et cependant il y a des moments où, tu sais, c'est comme quand on sent que quelqu'un nous regarde, sans relâche, et l'on ne peut échapper, et quoi qu'on fasse, par exemple si l'on rit ou que tu m'embrasses, il est témoin. Il nous regarde en ce moment. »

C'est Serge Avedikian qui joue Mesa, tandis qu'Amalric est interprété par Bernard Fresson et que Jacques Rosner prend le rôle de De Ciz, mon mari.

Après Toulouse, nous partons en tournée mais, la saison suivante, quand nous nous apprêtons à reprendre la pièce à Paris, toute la troupe se trouve soudain précipitée dans le chagrin : Gilles Atlan doit être hospitalisé et, quelques semaines plus tard, il est emporté par un cancer. Il n'avait qu'une quarantaine d'années, nous vivions auprès de lui depuis des mois, sa disparition nous laisse orphelins et abasourdis.

Comment poursuivre sans lui ? Il nous semble à tous inimaginable de nous remettre entre les mains d'un autre metteur en scène. Nous voulons conserver la mise en scène de Gilles Atlan, sa sensibilité, son regard, tout en nous sentant incapables de reproduire et de porter tout ce que cet homme nous a donné. C'est alors que j'ai l'idée de recourir à Jean-Marie Sénia.

Sénia est un musicien, auteur-compositeur, appelé à jouer un rôle important dans ma vie puisqu'il composera plusieurs chansons avec Vadim, que je chanterai sur scène, et que nous réaliserons ensemble un album quelques années plus tard. J'avais fait sa connaissance lorsque je jouais *Conversation chez les Stein sur monsieur de Goethe absent*, car il avait alors composé pour le spectacle une musique de scène qui comprenait un petit air que je jouais sur une épinette entre deux actes. Comme je l'avais trouvé à la fois très talentueux et singulier, je l'avais présenté à Gilles Atlan lorsque nous nous apprêtions à créer *Partage de midi*, et c'est lui qui avait écrit la magnifique musique du spectacle qui avait aussitôt fait l'unanimité parmi la troupe. Il avait suivi toute la mise en scène de Gilles Atlan, tous les deux avaient travaillé dans une grande complicité, aussi me semble-t-il être la meilleure personne pour nous remettre en scène dans l'esprit d'Atlan.

Et Jean-Marie Sénia accepte de nous rejoindre pour être en quelque sorte la mémoire de Gilles Atlan. Grâce à lui, nous pouvons poursuivre notre plus belle aventure théâtrale.

Entre Paris et l'ultime tournée de *Partage de midi*, je m'envole pour l'Australie. J'ai accepté le premier rôle féminin dans un téléfilm franco-australien de John Nothgage, *The Lizard King*. L'histoire d'une Française dont le fils a disparu dans le désert australien, et qui décide de partir à sa recherche. Dans cette entreprise folle et désespérée, elle rencontre une espèce de cow-boy qui accepte de la conduire à travers le désert, et finit par devenir son amant. Dans la vraie vie, l'acteur australien qui interprète mon guide ne devient pas mon amant, car il préfère les hommes, mais il devient mon ami et je ferai appel à lui bientôt pour jouer un scientifique dans *Une femme honorable : Marie Curie*, le téléfilm en plusieurs épisodes de Michel Boisrond.

C'est la première fois que je mets les pieds en Australie, et je suis éblouie par la beauté de Sydney où nous passons un mois avant de partir bivouaquer dans le désert. L'extrême gentillesse des Australiens me touche. Ils sont sans cesse à vous remercier d'être venus jusqu'à eux – « Nous sommes si loin ! » répètent-ils. Et moi : « Pourquoi vous excusez-vous ? Ça dépend d'où l'on part. On pourrait aussi bien dire que c'est nous qui sommes loin ! » Des gens hospitaliers, ouverts, joyeux, adorables.

Je n'ai évidemment aucun mal à me glisser dans la peau de cette mère prête à tout pour retrouver son fils. Je n'ai qu'à penser au mien, David, qui a vingt ans cette année-là, et qui pourrait fort bien, lui aussi, être parti chercher sa vérité à l'autre bout du monde. Il se trouve que j'ai pris les devants en l'envoyant poursuivre ses études aux États-Unis quand j'ai constaté qu'il était malheureux à l'école, et mal noté. En dépit de ce que cette décision m'a coûté (tristesse de le voir partir et gros sacrifice financier qu'a refusé de partager son père), je ne l'ai pas regrettée une seconde puisque, en l'espace d'un mois, David, qui était en passe de devenir un cancre à l'école française, s'est imposé comme un premier de classe à l'école américaine. Allez savoir pourquoi, et qui peinait à s'adapter à l'autre, du système scolaire français ou de David ? En tout cas, c'est une leçon d'espoir que nous tous parents et grands-parents devons méditer : on peut être un cas désespéré d'un côté de l'Atlantique et une étoile de l'autre.

Admis par la suite à l'université de Boston, en communication, David ne rentrera en France qu'à vingt-trois ans, parfaitement bilingue et son diplôme en poche. Quant à Ariane, après sa terminale, elle choisira également de partir une année aux États-Unis pour parfaire son anglais, avant de se lancer dans l'audiovisuel.

Eh bien, non, je vous vois venir, ni l'un ni l'autre n'a été tenté par une carrière artistique. Les petits-neveux de Jean-Louis Barrault, les arrière-petits-enfants du peintre Georges Valmier, *mes* enfants, à moi dont le cœur n'aura battu toute ma vie que pour la scène, ont choisi des métiers qui les rendent heureux, certes, mais qui ne les bouleversent pas, corps et âme.

Je ne l'ai jamais si bien compris que le jour où mon fils s'est écrié à table :

— Je m'amuse bien dans mon boulot, je suis content, tout roule, mais si je gagne un jour au Loto je t'assure que j'arrête instantanément de bosser !

— Eh bien, tu vois, ai-je aussitôt rétorqué, c'est toute la différence entre nous deux : moi, si je gagnais au Loto, j'investirais aussitôt tout l'argent dans une aventure théâtrale ou cinématographique, et pas un jour je ne m'arrêterais de travailler.

L'argent, je cours après sans cesse, mais ce n'est jamais lui qui me dicte mes choix. Par une étrange coïncidence, cependant, c'est en tentant de me maintenir la tête hors de l'eau que je fais la connaissance d'une voyante qui va à la fois me rassurer sur mon avenir financier, et me précipiter dans une profonde inquiétude quant à ma vie amoureuse.

Un matin, je me rends aux impôts, pour tenter de négocier un étalement de ma dette à l'égard du fisc. Nous sommes en pleine tournée avec *Partage de midi*, je suis en rouge à la banque et menacée de poursuites. En sortant des bureaux de la perception, je passe embrasser un ami dont l'agence de voyages se trouve sur le trottoir d'en face. Je lui raconte mes soucis financiers.

— Je vais t'emmener chez ma voyante, me dit-il, comme ça, au moins, tu sauras si ça vaut le coup de te ronger les sangs.

— Arrête ! Je ne crois pas à ces idioties.

— Tu as tort. C'est une femme géniale. De toute façon, je te prends rendez-vous.

Je découvre une voyante tout à fait à l'opposé de l'image qu'on se fait de cette profession. Un luxueux appartement rue de Courcelles, une femme très élégante et raffinée, pas du tout le genre à entrer en transe.

— Ne vous inquiétez pas pour l'argent, me rassure-t-elle très vite. Avec vous, ça va ça vient, vous connaîtrez des hauts et des bas, mais vous vous en sortirez toujours. D'ailleurs, je vois que vous allez partir en voyage à l'autre bout du monde avec un contrat intéressant… (Et, en effet, quelques jours plus tard, je recevrai la proposition du tournage en Australie).

— Très bien, dis-je, je ne sais pas si je dois vous croire, mais en tout cas ce que vous me dites me rassure.

Cependant, alors que je m'apprête à me lever pour partir, elle me retient.

— Attendez… Je vois une personne plus âgée que vous, très proche de vous… Elle n'est pas éternelle…

— C'est Michel ? C'est l'homme avec lequel je vis ?

— Je ne sais pas… Un homme, oui. Très proche de vous… Il n'est pas éternel.

— Je ne comprends pas. Qu'est-ce que vous voulez dire ?

— À un moment donné, vous allez avoir envie de le quitter…

— Oui, eh bien ?

— Eh bien, je vous le dis franchement, de femme à femme, réfléchissez avant de prendre une décision parce qu'il risque alors de vous quitter physiquement… et à ce moment-là vous pourriez avoir des remords toute votre vie.

— Mais c'est épouvantable ce que vous me dites ! Je ne vous cache pas que ça ne va pas très bien entre nous… Est-ce que ça veut dire… ?

— C'est une question de moment. Oui, vous allez avoir envie de le quitter, mais ne cédez pas à votre première impulsion... Réfléchissez... Attendez le bon moment...

Et cette femme se met soudain à me parler de façon très directe et amicale.

— Ce que je vous ai dit est sérieux, n'est-ce pas. Réfléchissez avant de prendre la moindre initiative. Réfléchissez bien, et, au besoin, appelez-moi, j'essaierai de vous donner un conseil intelligent.

17.

Pourquoi est-ce que j'accepte de participer au Festival du film policier qui se tient à Cognac en ce mois d'avril 1988 ? d'être membre du jury, moi qui me fiche absolument des films policiers ? Je suis alors en pleine tournée avec une pièce formidable d'Eugene O'Neill, *L'Étrange Intermède*, et il est vrai que le Festival de Cognac tombe exactement durant quelques jours de relâche. Mais est-ce suffisant pour avoir envie de passer quatre jours en Charente à visionner des films à suspense ?

En tout cas, j'ai donné mon accord et je dois m'y tenir. L'avant-veille du départ pour Cognac, je regarde distraitement la liste des autres membres du jury et je tombe sur le nom de Roger Vadim. « Tiens, me dis-je, je vais enfin croiser ce type que j'ai failli rencontrer à Los Angeles au temps de ma liaison avec David Seltzer... » Vadim, c'est le réalisateur avant-gardiste de *Et Dieu créa la femme*, certes, mais c'est surtout à mes yeux l'ex-compagnon de Brigitte Bardot, d'Annette Stroyberg, de Catherine Deneuve, de Jane Fonda... L'homme des couvertures de magazine, en somme.

— Tu le connais bien, toi, Roger Vadim, dis-je à Michel Boisrond. Il est comment ?

Je sais qu'ils ont travaillé ensemble, en particulier sur le premier film de Michel, *Cette sacrée gamine*, avec Brigitte Bardot, dont Vadim était coscénariste.

— Pourquoi me demandes-tu ça ?

— Parce que je vois qu'il est dans le jury de Cognac...

Quand je repense à cette scène, aujourd'hui, il me semble apercevoir, comme dans les bandes dessinées, des éclairs jaillir du cerveau de Michel. Car, dans la seconde, bien sûr, il a deviné que c'était sa mise à mort. Mais il n'en laisse rien paraître, et rétorque, très classe, comme à son habitude :

— C'est quelqu'un de tout à fait extraordinaire, tu verras. Rien à voir avec l'image qu'ont donnée de lui les journaux...

— Ah bon.

— Un homme cultivé, plutôt discret, très gentil. Enfin, pas du tout ce que les gens imaginent...

Plus tard, Vadim prétendra m'avoir repérée le premier, dès l'aéroport d'Orly dont j'avais dû traverser le hall au pas de course, jaillissant d'un taxi, et un peu en retard sans doute.

— J'ai vu passer une apparition !

— Ah oui ?

— Oui, et tu n'as pas eu un regard pour moi.

Mais à Cognac, je ne le rate pas. Et dès le premier jour. Ce n'est pas seulement qu'il est beau, c'est aussi que dès qu'il ouvre la bouche on tombe sous son charme. Il est tout ce que j'attends d'un homme : intelligent, sensible, cultivé, drôle... Un humour invraisemblable, l'air de ne pas y toucher, à la fois raffiné et bon.

Je m'arrange pour me rapprocher de lui aux repas, puis aux projections, puis durant les délibérations. Est-il sensible à ma présence ? J'en ai le sentiment, tout en constatant qu'il est aussi attentionné avec moi qu'avec les autres membres du jury. « Ah non ! me dis-je, ça c'est impossible, il faut qu'il me remarque ! Celui-là, je ne peux pas le laisser filer. » Est-ce que je pense déjà, si tôt, qu'il est l'homme de ma vie ? En tout cas, j'en ai l'intuition, attirée par lui comme par un aimant.

Plus tard, les autres jurés nous raconteront qu'ils n'ont rien perdu de cet étrange ballet, à la fois ravis et fascinés d'assister à la naissance de notre histoire, aux premières loges. Oui, car il paraît que le jeu de Vadim pour se rapprocher de moi était tout aussi transparent que le mien. J'aurais donc été la seule à ne rien remarquer, à ne rien deviner, sans doute aveuglée par la brutale résurgence de mes vieux complexes d'adolescente. Ou ne parvenant pas à croire qu'un tel homme, un tel « miracle », allais-je écrire, puisse m'être destiné. Qu'avais-je en moi de si exceptionnel pour le mériter ?

Non, j'exagère, car dès le troisième jour je vois bien que je ne lui suis pas indifférente. Je vois bien que lui aussi me cherche discrètement du regard pour venir s'asseoir à temps à ma droite au restaurant, ou dans le fauteuil à côté du mien pendant la projection. Je ne sais pas si je lui fais le même effet, mais sa présence si proche me fait aussitôt bondir le cœur, je crois que dans ces moments-là je ne m'appartiens plus vraiment, à la fois tremblante et prête à toutes les audaces.

Le dernier jour arrive, que va-t-il se passer ? Il me semble que nous sommes reliés l'un à l'autre par un fil, mais en même temps rien n'a été dit. Allons-nous nous séparer sur le quai de la gare, lui remontant vers Paris puis s'envolant vers Los Angeles, moi descendant vers Agen où m'attend toute la troupe de *L'Étrange Intermède* ? « Non, c'est impossible, me dis-je, durant l'ultime délibération. Je ne me le pardonnerai jamais... et je ne m'en remettrai pas, de toute façon. » C'est ce qui me donne la force d'oser cette chose invraisemblable alors que nous sommes en train de nous écharper gentiment pour désigner le lauréat du festival :

Je prends une feuille blanche sur le petit tas qui est devant moi, et j'écris :

« À Roger Vadim : êtes-vous obligé de rentrer directement à Paris demain ?

Si OUI : Tant pis !

Si NON : Pourriez-vous m'accompagner à Agen où je dois rejoindre ma tournée de théâtre ?

Rayez la mention inutile et renvoyez-moi le papier. »

Je plie la feuille en huit et je la lui fais passer discrètement. J'aperçois les regards autour de nous : ici et là on pense que je suis en train de tricher, mais je m'en fiche.

Trente secondes plus tard, la feuille me revient :

« OUI ! OUI ! Je vous accompagne ! »

Notre première journée.

Tandis que les jurés se séparent, ce matin-là, Vadim et moi nous engouffrons dans la même voiture.

C'est la première fois que nous sommes seuls l'un avec l'autre, sans oreilles indiscrètes pour écouter notre conversation. Et cependant, nous ne nous jetons pas l'un sur l'autre. Non, on dirait que nous avons conscience, dès à présent, d'avoir l'éternité devant nous.

— Je vais vous faire une proposition, dis-je, et vous allez me répondre très honnêtement : j'aimerais vous montrer la maison de mon enfance : ça vous dirait que nous commencions par là ?

— C'est une très jolie proposition, Marie Christine. Allons tout de suite la voir, où est-elle ?

— Nous sommes tout près, je vous guide.

Nous prenons la route de Blaye, passons par Pons, Saint-Genis-de-Saintonge, Mirambeau, Saint-Aubin-de-Blaye... En chemin, je lui raconte mon enfance à Margaux, le château de mon beau-père, papa qui nous y observait les dernières années de sa vie, perdant petit à petit la tête, maman qui avait cru bien faire en le logeant là, chez son rival, celui qui lui avait pris sa femme et ses enfants, ma haine d'adolescente pour ma mère et mon beau-père, « je pensais qu'ils étaient deux diables parce qu'ils avaient tué mon père, vous voyez un peu, n'est-ce pas ?... », et puis la mort de mon beau-père et sa lettre qui m'avait libérée de ma culpabilité à son égard. En dépit de tant d'événements douloureux, mon attachement profond à cette propriété de Margaux, comme on est attaché à son enfance, qu'elle ait été heureuse ou tempétueuse, je crois.

Ce bonheur d'être avec lui ! de l'imaginer franchissant bientôt le seuil de cette maison devenue comme mon âme.

— Je suis sûre que vous allez l'aimer.

— J'en suis certain aussi.

Nous parlons de la maison, mais de nous à travers elle, bien sûr, nous donnant le temps de la découverte.

Ce bac de Blaye au port de Lamarque, de l'autre côté de la Gironde, nous le prenions, enfants. C'était même une de nos excursions préférées durant les grandes vacances d'été. Partant de Lamarque, nous allions passer la journée dans la citadelle de Blaye, avant de reprendre le bateau dans l'autre sens en fin d'après-midi.

Nous voilà à Blaye. Et puis nous voilà à la maison. On entre par la petite porte de derrière qui permet d'accéder directement à la cuisine, et puis j'ouvre tous les volets de la façade et je le regarde parcourir silencieusement ces pièces où j'ai tant de souvenirs : la salle à manger, le salon de piano, la chambre de maman... Aucun être sensible ne peut demeurer indifférent à tant de mémoire accumulée, à tant de traces laissées par ceux qui nous ont précédés, et je vois combien cet homme que je ne connais pas encore, mais que je devine, sait observer, regarder, caresser... Il s'imprègne des lieux, de ceux que j'ai le plus aimés, des miens, et il me devient au fil de la visite plus familier, plus intime, plus *aimable* encore.

Nous sommes repartis, nous avons traversé Bordeaux, et nous nous apprêtons à prendre la direction d'Agen, quand je l'entends soudain s'exclamer :

— Merde, ma mallette !

— Eh bien, quoi, votre mallette ?

— Oubliée à Blaye, dans le café où nous avons pris un verre avant d'embarquer...

Et j'éclate de rire ! Dans la même seconde, cependant, je réalise que si Michel m'avait fait un coup pareil j'aurais hurlé. Mais bien sûr ! Michel oublie régulièrement de fermer le feu sous la cafetière et chaque fois je me mets en colère : « Enfin, tu deviens gâteux ou quoi ?... Tous les matins, il faut que je ferme le gaz à ta place, c'est agaçant à la fin ! » Oui, c'est agaçant avec Michel, mais avec Vadim rien ne m'agace. Tout me ravit au contraire. La distraction, qui est un défaut chez l'un, devient un détail charmant chez l'autre. Et l'occasion d'une aventure imprévue extravagante : pensez, il est désormais trop tard pour attraper le dernier bac, de sorte que nous allons devoir faire tout le tour par Saint-André-de-Cubzac... Des heures de route supplémentaires pour aller récupérer la précieuse mallette de monsieur, celle où il range tous ses papiers.

Ce que nous faisons, bavardant et riant. Je crois que c'est à ce moment-là qu'il me raconte l'histoire invraisemblable de la rencontre de ses parents, Igor Plemiannikov et Marie-Antoinette Ardilouze, ou plutôt de leur gouvernante commune. Le premier habitait Kiev, en Ukraine, la seconde Paris. Marthe, la gouvernante, travaillait toute l'année chez les Ardilouze, mais l'été, elle partait pour Kiev enseigner le français au petit Igor. À chaque enfant, elle donnait l'autre en exemple : « Igor, si tu voyais comme Marie-Antoinette est bien élevée... Marie-Antoinette, si tu connaissais mon petit Igor... » Igor et Marie-Antoinette se rencontrent finalement par hasard en 1926, à l'École des langues orientales, rue de Lille, à Paris. Les Plemiannikov ont fui la révolution bolchevique pour se réfugier en France, comme beaucoup de Russes blancs. Igor et Marie-Antoinette se plaisent, se déclarent leur flamme, puis se marient. Le 26 janvier 1928, Marie-Antoinette accouche d'un petit garçon qu'ils baptisent Roger Vadim, et c'est cette nuit-là, paraît-il, qu'évoquant pour la première fois leurs souvenirs, ils se rendent compte qu'ils ont eu, enfants, la même gouvernante ! Comment croire une chose pareille ? Et pourtant, Vadim est formel, il est bien issu de ce couple prédestiné.

Nous récupérons sa mallette et reprenons la route d'Agen. L'après-midi est bien avancé à présent, et nous n'avons pas vu passer la journée. « Nous n'allons pas attendre d'être arrivés à Agen pour dîner, me dis-je, sinon nous ne trouverons plus rien d'ouvert. »

— Avez-vous faim, cher Vadim ?

— J'ai non seulement faim, mais très soif.

— Alors je sais ce que nous allons faire : je connais un petit restaurant agréable du côté de Langon, nous allons nous y arrêter.

J'ai conscience d'assister au basculement de ma vie. Au fil des heures, j'ai ouvert grand la porte à cet homme, et bientôt nous allons dîner en tête à tête, avant de nous retrouver dans la même chambre... « Tu sais quoi ? avais-je dit quatre ans plus tôt à Jean Marbœuf. Je me sens désormais trop vieille pour l'amour. » J'ai quarante-quatre ans, Vadim en a soixante, et il me semble que je renais à la vie, que tout recommence. Comment ai-je pu énoncer une telle ânerie ? J'en souris secrètement dans le premier crépuscule. Mon Dieu, comme ma vie avec Michel me semble loin, soudain, et fanée, et ennuyeuse... Michel qui m'aime, qui m'a tout donné, l'amour, la sécurité, la quiétude familiale pour élever mes enfants, et que je suis en train de trahir, le sourire aux lèvres, emportée par une passion dont je devine qu'elle va tout balayer sur son passage...

L'amour est cruel, assassin, et cependant, je ne peux pas m'empêcher de sourire… « Je prendrai tout le temps nécessaire pour lui annoncer la nouvelle, me dis-je, je ne précipiterai rien, qu'il ait le loisir de se faire à l'idée de notre séparation, et puis je ne le laisserai pas tomber, je l'accompagnerai, je veillerai à ce que nous restions de bons amis… » Déjà, je cherche les mots que je vais devoir employer pour le ménager. « Mais rien ne presse », me dis-je encore, consciente du mal que je vais lui faire…

D'ailleurs, nous arrivons à Langon, et j'oublie aussitôt Michel pour revenir à Vadim, à l'ivresse délicieuse du moment, à l'excitation qui nous tient en haleine depuis le matin.

— C'est là. Et regardez, il y a même une place qui nous tend les bras sur le parking.

— Formidable !

Nous nous croyons seuls au monde à cet instant, un soir d'avril en semaine à Langon (6 200 habitants), chef-lieu d'arrondissement de la Gironde, si loin de Paris, n'est-ce pas ? et nous apprêtant à pousser la porte d'un restaurant qui ne figure sur aucun guide gastronomique. Seuls au monde, oui, pour vous dire notre stupeur, notre stupéfaction, en reconnaissant, la porte à peine poussée, joyeusement attablée au milieu de la pièce… toute l'équipe d'un film dont la plupart des visages nous sont familiers !

— Mais c'est Vadim ! s'exclame d'ailleurs aussitôt l'un des convives. Ça alors, c'est incroyable…

— Avec Marie Christine Barrault ! s'écrie un autre.

Cet autre, je le reconnais immédiatement, c'est Georges Descrières, qui a tourné avec Michel Boisrond, sa vedette dans *Voulez-vous danser avec moi ?* notamment.

Nous avions probablement une chance sur cent millions de tomber sur Georges Descrières ce soir-là, et le destin a voulu que nos routes se croisent. Un moment plus tôt, je n'avais cru qu'à moitié à l'histoire de la gouvernante d'Igor et de Marie-Antoinette, – « ces Russes, m'étais-je dit, ils ont le chic pour vous transformer la vie de tous les jours en conte de fées » –, mais là, soudain, je ne suis pas loin de croire à la magie et aux bonnes fées. Aux méchantes fées, en l'occurrence, car il est évident qu'après cette rencontre inopinée tout Paris va savoir dans les trois prochains jours que Vadim et moi sommes en pleine idylle. Et Michel Boisrond le premier, lui que je me promettais de ménager, d'épargner…

Notre première nuit d'amour à Agen, donc. Vadim a eu la délicatesse d'appeler pour réserver une chambre dans le même hôtel que le mien. Il a voulu qu'on puisse mettre les formes, s'inviter, frapper discrètement chez l'un ou l'autre, ou nous laisser la possibilité d'attendre, de remettre au lendemain, en tout cas de ne pas surgir en conquérant et d'envahir tout mon espace de sa personne et de ses affaires… « Tiens, voilà un homme qui sait vivre », me dis-je, et quand il frappe, je sens que mon cœur va se décrocher mais je n'en montre rien.

« La vie a commencé dans la mer, m'écrira-t-il quelques semaines plus tard. Ça Lui a pris trois milliards d'années. Ma vie a commencé à Agen, ça m'a pris deux heures. Toi, je ne sais pas. Moi, en tout cas, je me suis mieux démerdé que Dieu. Bien sûr, je ne demande pas le podium, mais tout de même, quel souvenir ! »

Et moi, dans une autre lettre que je retrouve parmi les siennes : « Nous sommes nés ensemble à l'existence un certain jour d'avril, mon amour, et nous grandissons, nous nous élevons depuis ce jour dans l'extase du bonheur découvert. Tu as fait, tu fais de moi chaque jour, chaque heure, chaque battement de seconde partagée, la femme la plus heureuse de cette planète. »

Toute la troupe m'a donné rendez-vous le lendemain, sur le coup de midi, puisque nous jouons le soir même. Dois-je leur présenter Vadim ? Je préférerais que notre histoire reste secrète, mais elle ne l'est plus depuis la veille au soir, et je ne vois pas Vadim arpentant anonymement les rues d'Agen, les mains dans les poches. Et puis il veut assister au spectacle, il tient absolument à me voir sur scène (tout en m'avouant que le théâtre l'ennuie un peu...), alors tant pis, je me lance, et nous arrivons ensemble à la répétition.

Effet de surprise garanti.

— Je vous présente Vadim !

Sourires confus, exclamations feutrées.

— Eh bien, oui, Marie Christine, on l'avait reconnu figure-toi...

— Bonjour, bonjour... Je suis très heureux...

— Nous aussi, c'est un honneur pour nous de vous accueillir à notre représentation !

Pour quelqu'un qui n'aime pas le théâtre, *L'Étrange Intermède* est sûrement la pire des épreuves puisque la pièce dure cinq heures. Mais quelle œuvre magnifique !

Je me retrouve, comme dans *Partage de midi*, femme unique convoitée par trois hommes, son mari, son amant, et un vieil ami de son père. La pièce démarre durant la guerre de 14-18, j'ai dix-huit ans et j'apparais sur scène habillée en infirmière avec mon petit foulard blanc, frappé de la croix rouge, sur le front. Cinq heures plus tard, ayant tiré le meilleur parti de mes trois soupirants (et bien gâché la vie de mon fils unique), j'ai... soixante-dix-huit ans ! Et je médite, comme la très vieille femme que je suis devenue, assise seule sur un banc, sur ce qu'a été ma vie. C'est dire si pour moi aussi cette pièce est un défi, de la même intensité qu'incarner la somptueuse Ysé de Claudel.

Mais comment porter ce rôle, comment parcourir tout ce long chemin avec son cortège de deuils et de sentiments ambivalents, quand on sait l'homme de sa vie, l'amant tout juste découvert, assis là, au troisième rang, à observer chacun de vos gestes, à boire chacune de vos paroles ? Je crois que jamais, de toute ma vie de comédienne, je n'ai aussi mal joué que ce soir-là. Plus la pièce avançait, plus je me sentais nulle. Et plus je me sentais nulle, plus je me répétais : « C'est horrible, il doit affreusement s'emmerder, je suis en train de lui faire vivre un cauchemar. »

— Non, pas un instant je ne me suis ennuyé, ment-il, quand nous nous retrouvons tous au restaurant après le spectacle.

J'avais redouté ce dîner, pensant que jamais la troupe n'adopterait le Vadim public, l'homme des magazines, trop beau pour être vrai, celui dont j'avais moi-même une image fausse avant de le connaître, mais j'avais tort : je le découvre ce soir-là volubile et généreux, drôle, amical, bienveillant, de sorte que comédiens et techniciens tombent sous son charme au fil des minutes, comme j'y suis moi-même tombée dès le premier jour à Cognac.

Et je me rappelle m'être fait cette réflexion, l'écoutant rire et bavarder, toute la table suspendue à ses lèvres : « Mais il est sublime ! Inimaginable ! Qu'ai-je donc fait au ciel, moi, Marie Christine Barrault, pour mériter un tel homme ? »

18.

Le lendemain matin, il me dépose à Toulouse, où je dois jouer le soir même *L'Étrange Intermède*, tandis que lui est attendu à Paris.

Nous nous séparons en pleine émotion, moi encore incapable de trouver les mots pour lui dire combien je suis bouleversée, lui me laissant entendre déjà qu'il est prêt à tout quitter, à tout me donner... J'écoute et je n'écoute pas, je pense confusément que nous partageons la même ivresse, que Vadim est sûrement excessif, comme tous les Slaves, que nous allons petit à petit redescendre sur terre, reprendre pied lorsque nous serons éloignés l'un de l'autre, et qu'alors il sera temps de regarder les choses avec lucidité.

J'habite rue de Lisbonne, avec Michel Boisrond, dont je suis la compagne depuis plus de dix ans. Vadim vit à Los Angeles, auprès d'Ann Biderman, scénariste talentueuse dont il partage l'existence depuis quelques années. Il n'est pas inutile de le dire, de l'écrire même, pour appréhender d'un seul coup d'œil tout ce qui nous sépare l'un de l'autre : neuf mille kilomètres, deux conjoints, sans compter les enfants, les amis, nos relations professionnelles respectives...

Qu'est-il venu faire en France en ce printemps 1988 ? Assister au Festival de Cognac, certes, mais surtout parler de son dernier livre, un roman, *Le Fou amoureux*, à la demande de son éditeur[1]. Il est d'ailleurs logé par lui au luxueux hôtel La Trémoille, dans le VIIIe arrondissement, où je le retrouve vingt-quatre heures plus tard.

Et non, l'ivresse ne s'est pas dissipée, je ne suis pas retombée sur terre, puisque le matin, avant qu'il m'emmène à l'aéroport d'où je dois m'envoler pour je ne sais où, j'ai le temps de lui écrire ces quelques mots sur la table du petit déjeuner :

« Je suis prise – et je suis là, en face de toi, consentante – que dis-je consentante : ouverte, désirante, nue...

« Depuis que je t'ai rencontré il y a comme une peur en moi – et j'aime cette peur – elle me relie à toi – c'est elle qui m'empêche de dormir, au propre et au figuré – elle est comme le cheval une fois entré dans la ville de Troie – et moi je me sens, je me sais envahie – c'est le bonheur absolu et la souffrance absolue – c'est la vie même. »

Mais je ne lui donne pas la lettre – ma première lettre –, je n'ose pas, je me dis que je la lui posterai en arrivant.

Et c'est ce matin-là, à Orly, debout devant nos cafés, quelques minutes avant de nous séparer, qu'il me fait cette déclaration impossible : « Moi, quand j'aime une femme, je veux tout partager avec elle. Je veux les

1. *Le Fou amoureux*, Fixot, 1988.

bonnes choses et les moins bonnes. Je veux tout. Je veux m'occuper d'elle chaque jour. Je veux faire de la vie à deux une fête quotidienne. »

J'ai beau avoir écrit ce que je viens d'écrire, je n'en crois pas mes oreilles. Nous ne nous connaissons pas depuis huit jours que déjà il me propose de s'installer dans ma vie, ou moi dans la sienne. « Il croit peut-être que c'est ce que les femmes ont envie d'entendre, me dis-je. Mais pas moi. Moi, j'ai toujours bien distingué la passion de ma vie de couple, de ma vie de tous les jours, et je n'attends pas de mon amant qu'il m'apporte la sécurité, au contraire, j'aime la clandestinité et l'improvisation qui entourent l'ivresse amoureuse. »

Oui, à ce moment-là précisément, je suis prise d'un doute sur sa sincérité. Mais c'est aussi que je ne peux pas croire que l'homme qui a tenu dans ses bras les plus belles femmes de son époque – Brigitte Bardot, Catherine Deneuve, Jane Fonda... – soit en train de me proposer de former avec moi un couple conventionnel, avec son inévitable cortège de petites habitudes qui ruinent l'amour. Je ne peux pas le croire parce que je ne sais encore presque rien de cet homme.

De notre premier printemps, je conserve le souvenir incandescent de rencontres clandestines entre deux avions, de moments volés au temps qui semble filer soudain de plus en plus vite, de nuits d'amour dans des hôtels à peine entrevus d'où nous nous échappons au matin pour courir chacun vers notre destin, épuisés mais le cœur en feu, encore essoufflés de tant d'amour, de tant de bonheur, et nous demandant déjà dans quelle ville nous nous retrouverons la prochaine fois. Vadim est sans cesse à Rome, ou à Gênes, pour préparer le tournage au Zaïre d'un film pour la télévision italienne, tandis que de mon côté je poursuis ma tournée en France avec *L'Étrange Intermède*, la pièce d'Eugene O'Neill, tout en jouant pour le cinéma les ultimes scènes de *Prisonnières*, un film de Charlotte Silvera, dans lequel je partage l'affiche avec Annie Girardot. Et j'adore vivre comme ça, un œil sur mon agenda, l'autre sur les horaires des avions ou des trains, calculant à toute allure, entre deux prises, un peu à l'écart du plateau, si je ne peux pas être pour la nuit à Rome, et à dix heures le lendemain matin de nouveau sur mon tournage, ou le soir à Pau, ou à Lyon, pour ma pièce de théâtre... « Oh ! mon Dieu, oui, à condition d'attraper cet avion... Pourvu qu'il reste une place !... » Je me souviens de mon excitation, apprenant que Vadim aura toute une journée de libre, à Rome, et de la négociation que j'engage aussitôt avec le premier assistant pour m'enfuir au milieu de l'après-midi et revenir le surlendemain.

— Mais pas avant midi, je ne pourrai pas.

— Comment ça, pas avant midi ? C'est impossible Marie Christine !

— Ce n'est pas moi qui décide, c'est Air Italia.

— Tu vas nous foutre dans une merde noire.

— Je t'en supplie, arrange-moi ça...

Conversation de marchands de tapis d'où je sors toujours gagnante, comme si l'amour avait cette vertu mystérieuse de lever tous les obstacles.

Au début de juin, après un mois de folie, je m'envole pour Montréal où je dois tourner dans un téléfilm de

Danièle Suissa, *No Blame*. C'est un engagement qui date d'avant ma rencontre avec Vadim, je ne peux pas m'y soustraire, et de toute façon j'ai besoin de gagner ma vie. Six semaines de tournage, six semaines sans voir Vadim, car je n'aurai pas un jour de libre tandis que lui sera retenu en Europe entre la préparation du film qu'il doit tourner au Zaïre et la promotion de son roman. Nous passons toutes nos soirées au téléphone. Il m'appelle « Z'yeux bleus », je lui réponds « mon amour ». « Je suis fou de toi, heureux de toi, tu es une femme unique », souffle-t-il. Il trouve des mots, en invente aussi, parfois, et moi je l'écoute, abasourdie de me découvrir amoureuse, de plus en plus amoureuse.

Le 14 juillet, je prends un vol direct de Montréal à Rome, et je le trouve sur le tarmac. Nous disparaissons du monde pour trois jours et trois nuits, enfermés dans notre chambre d'hôtel. « Tout ce temps perdu à rattraper, dit-il, tout ce temps perdu que personne ne nous rendra. » Il est amoureux et en colère. Je ne me lasse pas de l'écouter, de le regarder, de l'embrasser. Et il est vrai qu'on a le sentiment que l'éternité ne nous suffirait pas.

Puis nous rentrons à Paris, et repartons presque aussitôt pour Morzine, en Haute-Savoie. Ce bel été 1988, et pour la première fois depuis dix ans, je délaisse Ménerbes, Michel et les vacances en famille dans le Luberon, pour m'enfuir sur les routes avec Vadim.

— Pourquoi Morzine, mon amour ?

— Je rêve d'avoir un jour une maison là-bas. Morzine, c'est toute ma vie, je te raconterai.

Je suis si heureuse, tandis que nous roulons dans le vent chaud de juillet, que je ne cesse de lui répéter :

« J'aimerais avoir une vision de nous dans cinq ans, même une image furtive, tu sais, juste pour être bien certaine que nous serons toujours dans ce même éblouissement. »

« Onze semaines et trois jours », me dis-je. Et c'est ce jour-là que je prends conscience de cette chose bizarre qui ne va plus me lâcher durant nos douze années de vie commune : ma capacité à comptabiliser au jour près le temps que nous avons déjà partagé. Lorsqu'on me demandera à l'improviste : « Tu le connais depuis quand, Vadim ? », je m'entendrai chaque fois rétorquer du tac au tac : « Cinq ans, trois mois et vingt-quatre jours », ou : « Six ans, un mois et huit jours », comme si un petit démiurge, perché quelque part au-dessus de ma tête et tenant à jour les comptes, à l'heure près, me soufflait la réponse. Ai-je l'intuition que le temps nous est infiniment précieux, et j'allais écrire *décompté* ? Oui, sans doute, puisque aucun homme ne m'avait jamais donné ce sentiment d'urgence.

À Morzine, nous nous installons à l'hôtel, et je découvre petit à petit un autre Vadim, à l'opposé de celui que j'avais si souvent vu en photo à Saint-Tropez. Un increvable marcheur, grand connaisseur des sentiers de montagne, ami des arbres, des oiseaux d'altitude et du vent, silencieux, presque bourru, tant les sommets semblent le ramener à lui-même, à ses racines, dans une émotion que je devine et qui me touche.

Nous partageons notre temps entre lecture et balades, de longues randonnées au fil desquelles il me fait découvrir le pays, *son* pays. Veut-il me laisser le temps de l'aimer à mon tour avant de me raconter son enfance à Morzine ? Oui, sans doute.

Enfin, voilà qu'un jour il se décide à parler.

Au mois de juillet 1937, les Plemiannikov se trouvaient en vacances à Morzine, arrivant de Turquie où Igor, le père, était alors consul de France. Une famille heureuse, à laquelle la vie semblait sourire : Igor et Marie-Antoinette, jeunes époux radieux, comme je peux le voir sur cette photo de l'été 1937, et leurs deux enfants : Vadim, âgé de neuf ans, Hélène, de huit ans.

Soudain, un matin au petit déjeuner, Igor s'effondre, sous le regard d'abord incrédule, puis terrifié, de sa femme et de ses enfants.

Vadim me raconte la mort de son père, un demi-siècle plus tôt, ici, à Morzine.

Il me la raconte comme je peux la lire aujourd'hui, dans l'un de ses tout premiers livres. Avec les mêmes mots, exactement, et c'est cela qui me frappe :

« Quand il est tombé en avant, le nez dans son bol de café au lait, ma sœur s'est mise à rire. Moi, dès la première seconde, j'ai su. J'ai su que c'était fini. Que la mort, ce n'était pas seulement mon père très blanc, et qui demain serait parti, mais une impudicité qui décide de la vie des autres. Une frontière glacée, palpable.

« Mon père n'était qu'évanoui. Il allait mourir vingt-quatre heures plus tard. Le rire de ma sœur s'était transformé en un hurlement animal qui s'exprimait sur une note et n'en finissait pas. Je ne voulais pas crier. Je savais que ça ne changerait rien et que mon père en aurait souffert s'il pouvait entendre. Mais ce cri ignoble, déchaîné, était contagieux. Je luttais de toutes mes forces. Je pensais : "Ce n'est pas civilisé, je ne peux pas crier comme ça." Et puis c'est venu d'un coup. C'est parti du ventre, comme un vomissement. J'ai mêlé ma voix à celle de ma sœur dans ce hurlement qui remontait à l'origine de la vie[1]. »

Après la mort du père, ils ne retournent plus en Turquie. Ils habitent un temps Toulon, avant de s'installer en 1942 aux Gets, un hameau au-dessus de Morzine. Marie-Antoinette y a loué un chalet qu'elle transforme en Auberge de jeunesse pour gagner de quoi nourrir ses enfants. C'est ici que Vadim et Hélène vont à l'école et grandissent. C'est ici que Marie-Antoinette se remarie en 1943 avec un architecte, Gerald Hanning, élève de Le Corbusier, que les enfants vont adorer. Enfin c'est ici que Vadim, une nuit de l'hiver 1943-1944, fait passer la frontière suisse à un homme prénommé Georges, se disant juif, qui sera abattu dans la neige, sous ses yeux, par une patrouille allemande.

Est-ce dès ce premier séjour aux Gets que nous nous promettons d'y avoir un chalet ? Je crois bien, oui. En tout cas, Vadim me dit qu'il vient ici souvent, seul, arrivant de Los Angeles, et que peut-être deux ans plus tôt il a repéré un chalet isolé qui lui plaisait énormément mais était trop cher pour lui.

Puis nous partons pour Florence et, bien qu'il n'ait pas d'argent, Vadim loue pour plusieurs jours la plus belle chambre de la Villa San Michele, un hôtel installé dans un ancien monastère, sur les hauteurs de la ville, certainement l'un des endroits les plus romantiques et les plus chers au monde. C'est dans les ruines de ce monastère, me dit-il, qu'il a tourné, près de trente ans plus tôt, les dernières scènes du *Repos du guerrier*. Son élégance et sa générosité ne cessent de m'émouvoir. Je

1. *Mémoires du diable*, Stock, 1975.

découvre que nous avons en commun le sens de l'instant, *l'exigence* de l'instant, devrais-je plutôt écrire, et aussi une forme de mépris pour l'argent. Nous en avons, nous le dépensons; nous n'en avons plus, nous nous jetons à corps perdu dans le travail.

Ce que fait Vadim lors des derniers jours d'août que nous passons ensemble à Rome. Je l'observe qui se bat avec son producteur italien, Roberto Manoletti, pour obtenir des moyens décents pour son tournage au Zaïre, que l'autre lui chipote.

C'est d'ailleurs pendant ce séjour à Rome que la réalité semble vouloir nous rattraper. Ann Biderman appelle longuement Vadim de Los Angeles.

— Ann va avoir quarante ans, me dit-il après avoir raccroché. Elle est désespérée.

— De te perdre ?

— Non, de ne pas avoir d'enfant... Elle me supplie de lui en faire un.

— Et tu vas retourner à Los Angeles lui faire un enfant ?

— Mais non ! Tu ne parles pas sérieusement, j'espère...

Je ne sais pas. Pour la première fois je m'interroge. Chaque fois que Vadim m'a parlé d'Ann, c'était pour m'expliquer qu'il ne comprenait pas comment une histoire commencée sans amour avait pu durer aussi longtemps. Sans amour, vraiment ? Et si, l'éloignement aidant, il était lui-même surpris de se découvrir plus attaché à elle qu'il ne le croyait ?

Le surlendemain, je dois rejoindre Michel, et je constate que Vadim, par un curieux effet de miroir, se pose les mêmes questions à propos de Michel et moi.

Mais lui à haute voix, incapable de cacher quoi que ce soit.

— Michel va être content de te récupérer.

— Il ne me « récupère » pas, mon amour, tu le sais bien.

— Tout ce que je sais, c'est que tu vas dormir dans son lit, pendant que je serai seul dans le mien.

— Mais pas une minute tu ne cesseras d'être en moi, dans mon cœur

— C'est ce que disent toutes les femmes.

Vadim est comme un enfant en colère le jour où nous devons nous séparer. Nous remontons de Rome en voiture, et il est entendu qu'il va me déposer dans un restaurant, du côté de Brignoles, où Michel me récupérera. Je vais tout de même terminer l'été à Ménerbes, entre Michel et nos enfants, tandis que Vadim fera de même à Saint-Tropez, entre Catherine Schneider, sa dernière épouse avant Ann Biderman, et Vania, leur fils, alors jeune adolescent. Je suis sûre de mon amour pour Vadim, mais lui doute de moi, ou du moins le laisse entendre.

Comment lui faire comprendre que même avant de le rencontrer mon idylle avec Michel était finie depuis longtemps ? Comment lui faire comprendre que mon amour pour lui est différent de tous ceux que j'ai pu éprouver pour les hommes qui l'ont précédé ?

À plusieurs reprises, au cours des trois ou quatre dernières années, j'avais évoqué avec Michel l'éventualité de notre séparation. Sachant combien cela le blessait, j'avais avancé à petits pas, soucieuse de le ménager. Lors de nos dernières discussions, j'avais envisagé l'hypothèse de prendre un appartement proche du sien, de façon que nous puissions poursuivre une vie commune en pointillé, et Michel en avait accepté l'idée. Il approche alors les soixante-dix ans, a perdu petit à petit son enthousiasme, je l'ai dit, et cette forme de renonciation à la vie a creusé un peu plus encore notre différence d'âge, et de génération. Savait-il que j'avais des amants ? Oui, sans doute, mais tout en feignant de ne s'apercevoir de rien.

Pour Vadim, en revanche, il a su dès le premier jour, et cette fois ni lui ni moi ne feignons de croire que c'est une histoire anodine. Vadim n'est plus l'amant clandestin qui me permettait de trouver mon équilibre dans la vie maritale et familiale. Vadim est une tornade qui a fait voler en morceaux mon « petit système » inauguré au temps de mon mariage calamiteux avec Daniel : un mari pour le quotidien, un amant pour me faire battre le cœur. Vadim semble bien être un amour révolutionnaire, d'une tout autre nature que les précédents, puisque pour la première fois je me surprends à envisager de vivre avec lui, comme il me le demande, tout en lui conservant sa nature d'éternel amant.

Et pourtant oui, j'ai voulu rejoindre Michel à Ménerbes, pour lui manifester mon attachement, et ne pas briser brutalement les traditions familiales que nous avons instaurées ensemble. Michel qui souffre avec élégance, s'appliquant à donner le change, et espérant sans doute qu'en dépit de tout ce qu'il pressent je pourrais lui revenir.

— Et *Marie Curie* ? me demande-t-il un matin au petit déjeuner.

— Eh bien quoi *Marie Curie* ?

— Penses-tu abandonner le projet comme tu comptes m'abandonner ?

— Mais il n'en est pas question ! m'entends-je aussitôt rétorquer avec une vivacité qui me dépasse. Ce n'est pas parce que Vadim est en train de bouleverser ma vie, Michel, et probablement la tienne, que nous allons abandonner ce projet.

— Ah ! très bien. Alors je peux donc compter sur toi.

— Oui, quoi qu'il arrive, tu peux compter sur moi pour ce film.

Marie Curie est un projet que Michel Boisrond porte alors depuis huit ans. Avec mon ardent soutien. Il a d'abord songé à en faire un film pour le grand écran, puis, ne parvenant pas à monter la production, il s'est rabattu sur une série télévisée et a demandé à Françoise Giroud, auteure de la biographie de la physicienne, et du scénario qui en a été tiré, de le reprendre pour l'adapter à la télévision. Depuis le premier jour, il est entendu que j'incarnerai Marie Curie. Pour toute l'énergie et toute l'intelligence qu'il a déployées sur ce projet, Michel mérite largement de le réaliser. Je ne peux pas envisager une seule seconde de le lâcher. Je lui *dois* ce film, quoi que la vie décide par ailleurs.

À l'automne, nous retombons dans le même tourbillon qu'au printemps. Tandis que je pars pour l'Auvergne tourner dans *Un été d'orages*, le film de Charlotte Brandström, aux côtés notamment de Murray Head et de Judith Godrèche, Vadim s'envole pour un premier repérage au Zaïre.

« Le Zaïre pour Mme Barrault ! » s'écrie alors tous les soirs l'hôtelier dans la salle à manger de l'auberge où nous sommes tous logés, comme s'il annonçait le turbot mayonnaise.

Puis Vadim rentre, mais il reprend aussitôt ses navettes entre Paris et Rome, tandis que je suis assignée à résidence en Auvergne, et nous passons de nouveau nos soirées à confronter nos agendas, l'œil rivé sur les horaires d'avions et de trains.

Quand il se retrouve pour deux jours à Biarritz avec son scénariste, nous pressentons immédiatement l'occasion à ne pas rater, et je parviens en effet à m'échapper avec la complicité du premier assistant, comme d'habitude.

J'ai le souvenir d'un week-end volé à Londres pour fêter la fin du tournage en Auvergne, et juste avant de m'embarquer dans l'aventure suivante : un téléfilm, cette fois, *Une femme tranquille*, de Joyce Buñuel.

Est-ce durant ce délicieux week-end londonien que nous nous promettons de passer ensemble le pont du 11 Novembre ? Oui, sans doute. À moins que Vadim ait pris pour une promesse de ma part un simple souhait de femme amoureuse, mais débordée. Ce fameux 11 novembre 1988, en tout cas, je pars pour Ménerbes avec Michel, trahissant Vadim et son fol espoir.

Ce qui me vaut ma première lettre de rupture.

« Z'yeux bleus,

« Un mois durant, tu m'as parlé du pont du 11 Novembre, un rendez-vous dans le désert après une longue séparation, oasis pour moi avant mon film au Zaïre, ta pièce à Paris, et *Marie Curie* en Pologne. Tu as trouvé le temps, entre ton mari, tes obligations professionnelles et familiales, de passer beaucoup de nuits avec moi. Mais une promesse est une promesse. Davantage : une sorte de pacte. Que tu aies changé d'avis, je le comprends, mais il fallait le dire. Au contraire, tu t'es indignée : "Je n'ai jamais promis… J'ai des obligations." Bien sûr, je comprends, mais il ne fallait pas me demander si tendrement, si amoureusement, si victorieusement ce 11 Novembre. Pour la première fois, j'ai compris que tu savais mentir. Les vrais menteurs oublient leurs mensonges. Quand on a toutes les cartes en main… Marie Christine Barrault, j'aime ta peau, ton sexe, ton humour, ta dialectique, ton mari, j'aime que tu m'aimes. N'oublie pas que nous sommes des monstres.

« Vadim

« P.-S. : J'oubliais l'essentiel. Cette lettre est une lettre de rupture. Je ne suis pas fâché, mon amour. Il te faut Ménerbes, il te faut Boisrond, mais il ne me les faut pas. J'ai pensé à la situation inverse : je t'aurais demandé ce 11 Novembre, et j'aurais eu le culot de te dire : "Pardon, finalement je passe le pont avec Ann." Tu es fière, solide, je t'admire. Je vais maintenant t'admirer de loin.

« Hyper-P.-S. : J'ai un petit problème. Avant que tu reçoives cette lettre, tu vas me parler au téléphone. Vais-je mentir ? Pas vraiment, puisque nous avons rompu dans ma tête et dans cette lettre. Mais tu vas me dire : "Je t'aime", alors que tu passeras ce 11 Novembre à consolider ton futur sans moi. "Plus pour de rire", tu disais. Allons, ne me prends pas pour un bébé, encore que tu aimes me bercer. Si ça n'était plus pour de rire, tu me demanderais de t'aider à décorer Ménerbes. Si, moi, je ne t'aimais pas pour de rire, c'est ce que je ferais. Donc, tu poursuis ta vie avec l'homme de ta vie. Comme ce n'est plus pour de rire, c'est au revoir. »

Quand cette lettre me parvient, elle n'a plus d'objet, nous sommes déjà réconciliés (mais me parvient-elle ? Je la retrouve aujourd'hui parmi des centaines d'autres – j'ai conservé toutes ses lettres – et la lis avec un sourire plein de nostalgie et de tristesse, me demandant si je l'ai jamais lue, mon coup de téléphone, évidemment plein d'amour, dissuadant sans doute Vadim de me la poster. À moins qu'elle soit déjà partie, que je l'aie ouverte en sa présence, et qu'elle m'ait seulement fait éclater de rire...).

Prenons-nous la décision de passer chacun Noël en famille, par égard pour ceux que nous nous apprêtons à faire souffrir ? Eh bien oui, je le crois. Vadim, qui se disait prêt à rompre pour ma prétendue trahison du 11 Novembre, entend passer Noël auprès d'Ann Biderman, avant de la quitter définitivement. Il fait même mieux que ça : il lui offre un séjour à Saint-Barthélemy, aux Petites Antilles, séjour dix fois promis, paraît-il, et toujours remis à plus tard.

De mon côté, je rejoins Michel et tous nos enfants à Ménerbes. J'ai conscience de vivre mon dernier Noël avec Michel, dans cette ambiance sereine et joyeuse qui aura permis aux enfants de bien grandir, et cependant je ne regrette rien, je ne suis pas triste. Je sais parfaitement où je vais, sûre de mon amour pour Vadim, et acceptant déjà d'en payer le prix, quel qu'il soit.

19.

Au mois de janvier 1989, nous reprenons *L'Étrange Intermède* au Théâtre de la Commune, à Aubervilliers. J'ai déjà dit le défi que représentait cette pièce – cinq heures sur scène pour incarner soixante années de la vie d'une femme – et notre arrivée dans la région parisienne est saluée comme un événement artistique. Beaucoup de monde le soir de la première, amis illustres et personnalités politiques jouant des coudes, comme vingt-cinq ans plus tôt, dans ce même théâtre, lorsque nous avions créé *Andorra* (sous les yeux d'Aragon et Elsa Triolet !).

Je n'ai pas encore rompu totalement avec Michel Boisrond, de sorte que c'est lui, et non Vadim, qui m'a accompagnée au théâtre, comme il le fait depuis dix ans avec une forme de dévotion touchante, mais qui a fini par me peser.

Au même moment, Vadim, qui aurait tant aimé être là, est reclus dans sa chambre de l'hôtel La Trémoille. Il s'envole le lendemain pour le Zaïre et attend mon coup de téléphone. J'ai promis de l'appeler depuis ma loge à la fin du spectacle, aussitôt sortie de scène. Or une centaine de personnes se pressent à ce moment-là sur mon chemin et devant ma loge pour m'offrir des fleurs, me féliciter, m'embrasser, et je ne trouve pas une seconde pour lui téléphoner.

Dépité, il m'écrit cette nuit-là sa deuxième lettre de rupture.

« Z'yeux bleus,

« Ma beauté, il y en a toujours un qui aime mieux que l'autre. Il fallait un appel cette nuit. Moi, c'était facile, j'ai téléphoné. Avant, je ne pouvais pas te déranger. Après, c'était trop tard. Je n'ai pas laissé mon nom, pensant que Michel était sans doute au théâtre. À défaut de crème, elle aura le gâteau, ai-je pensé. J'étais néanmoins persuadé que tu avais appelé après la répétition. Pas de femme, pas de famille, personne à La Trémoille. Et voici minuit, et une heure, et deux heures, et pas de ring-ring... La dame, sur les ailes du succès au théâtre, cherchant la reconnaissance dans le sourire des amis, du mari exalté... la dame était ailleurs. L'amant laborieux ou sublime, l'amant du matin ou du soir comptait peu au parfum de la victoire. 47 23 34 20 était déjà un boulet au pied de l'actrice. L'amant le savait, qui n'était pas crétin. L'amant n'est pas bête. Il pensait pourtant : Si elle appelle après le théâtre, avant le mari, rien n'est perdu.

« Mais pas de ring-ring.

« Tant pis, je fais mes valises, je pars.

« Je ne t'en veux pas, mon amour. Tu n'as pas appelé l'amant qui bouclait ses bagages. Tu n'as pas assumé tes soupirs ni tes larmes. C'était si facile pour toi d'envoyer un signal. Mais rien, rien, rien... Garde tes fesses sublimes pour les autres; garde ta vie pour Michel. Nous, le Cosaque, mentons pour le plaisir de vivre. Toi, la femme honnête, tu triches sur l'essentiel.

« Adieu, Marie Christine, bonne chance, bonnes rencontres, à chacun son théâtre.

« Le Cosaque.

« P.-S. : Ce soir, pour moi, était le signal. Après le dialogue de la nuit dernière, je pensais que tu avais compris quelque chose. Mais rien. Tu donnes ce qui rapporte le plaisir, l'émotion, l'inattendu; tu gardes l'essentiel : sécurité, métier, famille, mari. La romance dans une main, la vie dans l'autre. L'amour, pour moi, n'est pas un contrat de notaire, même si le sexe, à l'article 4, prend le pas sur la raison pour un temps. Nous nous sommes trompés. Mais Dieu que cette tromperie était belle, et bonne, et lyrique, et unique. Tu veux l'amour, tu veux un amant; je désire une femme. On s'est un peu embrouillés, ma chérie. Je me suis perdu dans tes yeux. Je me vois à la première d'un film, toi partant au matin pour un tournage, seule à l'hôtel. Même ivre de succès, même ivre tout court, je t'aurais appelée. À moins, bien sûr, qu'amoureux d'une autre femme, je n'eusse pas voulu la trahir. Il n'y a aucune excuse à ton silence, cette nuit, sinon que tu m'as préféré ton mari, que le métier t'a grisée. Dans un cas comme dans l'autre, tu n'es plus une amie. »

Je n'ai jamais reçu cette lettre, et cependant la découvrant, vingt-deux ans plus tard, je me vois cette fois au bord des larmes. C'est dans ces moments que l'on mesure combien il est essentiel de s'être quittés en paix l'un avec l'autre, et profondément aimants. Quel chagrin inconsolable, me dis-je, si le destin nous avait séparés sur une telle lettre, sur un tel malentendu. Par bonheur, les onze années qui ont suivi ont réparé toutes les petites blessures de nos débuts. Et puis j'ai le souvenir, aux premières heures du jour, au lendemain de cette soirée au théâtre d'Aubervilliers, d'avoir appelé Vadim, et de l'avoir écouté, rassuré, consolé.

Il est donc heureux et sûr de mon amour quand il monte dans l'avion d'Air Zaïre... et l'avion passe à deux doigts de s'écraser ! Le destin, décidément. Ne jamais oublier que nous sommes entre Ses mains, qu'Il décide pour nous, et peut à tout moment nous retirer ce qu'Il nous a donné. De mon éducation religieuse à Dupanloup, de Claudel et de Rilke, j'ai conservé la foi en une forme d'éternité après la vie terrestre. Je ne crois pas au hasard, je ne crois pas au néant de Sartre, à l'« absurdité » des existentialistes, j'ai la certitude que notre vie a un sens, qu'elle suit une voie qui nous est dictée par un Esprit d'origine divine. Catholique pratiquante à mon rythme, je crois profondément à la spiritualité de nos existences.

Et l'avion ne tombe pas, et Vadim est sauvé. Le ciel n'a donc voulu ni de lui ni des autres passagers, c'est dire que nous avons encore beaucoup de choses à accomplir ensemble.

Vadim me raconte la chose en riant dans sa première lettre du Zaïre.

« Z'yeux bleus,

« Je me suis jeté dans les bras du 71030 d'Air Zaïre qui a failli m'écraser. À six mille mètres, il est redescendu vers le sol, un hublot éclaté. Les papiers et les lunettes du ministre, derrière moi, aspirés. Bien fait. Le ministre qui avait envoyé aux galères les amis et coupé cent têtes criait : “Maman ! Maman !”, pleurait pour sa vie, terrifié. Il faut voir un Noir quasi blanc de peur. “Dieu vous punit !” ai-je crié. Il fallait hurler, on ne s'entendait plus. “Je suis catholique !” hurlait-il, les bras tirés dans le vide, la joue écrasée sur la paroi. Raciste, je suis. Tu me connais, antibourgeois, anti-intellectuel, antifrançais, antiaméricain, antilatin, antiarabe, antisioniste, antianar. J'étais aux anges. Roberto, mon producteur, transpirait, répétant : “Je le savais ! Je le savais !” Il savait quoi ? Il l'avait oublié une fois au sol.

« Après le délice, la punition : six heures dans l'aéroport, tempérées cependant par la beauté de l'injustice sociale : le ministre noir et l'équipe du film, plus le consul d'Italie, se sont retrouvés dans le salon VIP. J'ai pris d'assaut le bar et soûlé tout le monde. Nous avons perdu le décorateur qui refuse de reprendre demain Air Zaïre. Moi je t'écris, je ne perds pas de temps. Je n'ai pas pensé que j'allais mourir, jusqu'au *black-out*, la dernière seconde. Là, je ne savais pas. J'aimerais, un jour, qu'elle soit pour toi cette dernière pensée.

« Je ne suis que ton amant,

« Vadim. »

Ce tournage au Zaïre est notre première véritable séparation. Jusqu'ici, même lui à Rome et moi au fond de l'Auvergne, il ne s'écoulait pas un jour sans que nous nous parlions au téléphone. Cette fois, c'est impossible, il tourne en pleine brousse et doit emprunter un petit avion pour rejoindre un poste téléphonique, de sorte que nous n'avons qu'un rendez-vous fixe une fois par semaine, entre onze heures et midi.

Le 30 janvier, je suis enfermée dans mon bureau avec une journaliste quand le téléphone sonne dans la pièce à côté. Je ne l'entends pas. Michel décroche mais, ne reconnaissant pas la voix de Vadim, ne se doutant pas que l'appel vient d'Afrique, il répond sèchement que je suis occupée et raccroche.

Quand il m'en parle, une demi-heure plus tard, je comprends immédiatement le malentendu et c'est un tel choc que je m'adosse au mur et me laisse glisser, jusqu'à tomber. Songer que j'attendais ce coup de téléphone depuis huit jours, et que Michel a tout anéanti…

« Jamais je ne te pardonnerai ce que tu viens de faire », lui dis-je un peu plus tard, quand je reprends mes esprits. Mais il parvient à me convaincre que la voix n'était pas celle de Vadim, et, connaissant son élégance, je décide de le croire (la suite nous révélera qu'en effet, ce jour-là, Vadim avait dépêché un de ses acteurs qui devait me proposer un rendez-vous téléphonique pour le lendemain…).

« Mon amour, lui écris-je l'après-midi même,

« Je n'imaginais pas à quel point cette épreuve serait pénible. Je me croyais plus forte que je ne le suis. Moins amoureuse ? Oh non ! Mais je me disais que les choses matérielles n'étaient que secondaires à côté de l'essentiel, et l'essentiel, j'en étais sûre, était que je te garderais en moi, que tu me garderais en toi. Mais tout n'est pas si facile. Toi, tu me manques affreusement. Mais ta voix, mais tes mots, n'avoir rien de toi est trop dur.

« Alors, cette matinée du 30 janvier restera dans les annales du cauchemar. Moi qui croyais ne pas savoir ce qu'était un rêve prémonitoire... Cette nuit, tu étais dans mon rêve. Tu apparaissais et disparaissais. Je te cherchais, tu n'étais plus là, sans raison apparente. Des gens, sans cesse, nous empêchaient de nous rejoindre. C'était un avant-goût de ce que je viens de vivre, jusqu'à ton prochain appel.

« Mon amour, il ne faut incriminer personne dans cet épisode douloureux, et je peux te jurer que le pauvre Michel était bouleversé de voir dans quel état j'étais quand nous avons compris le malentendu. La seule chose positive à laquelle j'essaie de me raccrocher pour les quelques jours à venir, et aussi pour combattre le fait que tu ne liras ces lignes que dans quatre jours, c'est de savoir que tu as toujours envie et besoin de me parler. Je dis ça parce que dans le silence qui nous réunit, j'ai quelquefois des images affolantes qui m'envahissent. Peut-être m'oublie-t-il ? Peut-être ne m'aime-t-il plus ? Peut-être commence-t-il à regarder autour de lui les babouines avec désir ? Oh non, mon amour, pas ça ! Si tu es dans le même état que celui dans lequel je me trouve, c'est comme si les milliers de kilomètres qui nous séparent étaient effacés. Je me réveille avec toi, je me couche avec toi. Je joue, tu es sur scène avec moi tous les soirs, je parle aux gens de toi sans qu'ils s'en aperçoivent. J'ai envie de pleurer souvent, et puis soudain de rire et d'éclater de joie parce que j'ai la certitude que tu existes, que tes bras me recevront bientôt, que ton regard me fera fondre, que ta présence me guérira de toutes mes maladies. Et j'en ai beaucoup quand tu es loin.

« Seulement trois semaines de passées et encore cinq à venir... Mon amour, je t'aime, je le dirais mille fois que ça ne serait pas assez. Je t'attends, je ne pense qu'à toi, je suis à toi. Et maintenant, je vais vite porter cette lettre à M. DHL...

« Tes z'yeux bleus. »

M'a-t-il répondu ? Cherchant une lettre du Zaïre dans le tiroir profond où je conserve tout ce qu'il m'a écrit, je tombe sur le double d'un long billet posté de Kinshasa à Roberto Manoletti, son producteur. J'aurais aimé recevoir une telle lettre, car enfin je peux l'imaginer au travail, en colère, perdu au fond de la brousse, manquant de tout, et tentant pourtant de sauver son film avec des bouts de ficelle. Qu'il est beau et touchant dans cette situation !

« Cher Roberto,

« J'écris à la lueur d'une lampe à pétrole qui marche mal, comme tout ici. Je me suis brûlé les doigts pour l'allumer, et tout à l'heure je vais me brûler les doigts pour arriver à l'éteindre. J'avais demandé, il y a six mois ou presque, un petit groupe électrogène pour mon bungalow. Je dois travailler la nuit pour les besoins du film. Naturellement, pas de groupe. Je termine à 5 heures du matin, j'arrive dans ma chambre à 5 h 10, la lumière s'éteint avant que j'aie pu approcher mon lit. Je me cogne la tête en cherchant la lampe électrique...

« Les décors ne sont jamais prêts à temps, pas d'accessoiriste, pas d'accessoires non plus. Je m'arrange, j'improvise, je change le plan de travail d'heure en heure, je fais des miracles pour que le film continue. Pas de camion quand on l'attend, pas de tentes pour le camp des réfugiés, pas de nappes pour les tables. Doit-on ouvrir la boutique de l'autre côté de la piscine ? Pas de clé. On attend une heure. Finalement, je casse une vitre pour qu'on puisse tourner. Et tout à l'avenant. Pas une seule fois le Wardrobe Department ne m'a présenté un acteur habillé, non pas bien, mais possiblement. Si je n'avais pas habillé moi-même les acteurs, nous aurions tourné un film honteux, même pour la télévision.

« Je n'ai pas de paysage. Tout est plat. Les quelques endroits intéressants sont à trois ou quatre heures de voiture, donc inaccessibles pour une production qui implique huit heures de tournage par jour minimum. Il n'y a pas d'animaux, pas de jungle, pas de forêts. C'est la saison sèche, donc pas même de perspective, tout est gris et morne. Je n'ai pas assez de kilowatts pour tourner la nuit. On ne peut éclairer qu'une partie des grands décors. Il m'a fallu changer les projecteurs de place pour changer d'axe. Les parasols installés par le décorateur étaient inamovibles, ce qui est un comble ! Il est dur de tourner en décor naturel, on pourrait au moins espérer que ce qui est construit aidera le metteur en scène. Non, Bruno a placé des parasols inamovibles...

« Nous tournons dans des bungalows de quelques mètres carrés. Il y a à peine la place pour les acteurs et la caméra. Malgré cela, je réalise un film qui permettra au montage une richesse de plans qu'aucune télévision européenne ne se permet jamais. Je trouve le temps de diriger les acteurs. Je ne fais aucune concession. Et qu'est-ce que j'entends ? Il n'y a pas assez de panoramiques ! Panoramiques sur quoi ? Sur la savane désertique ? Pour que les spectateurs découvrent que la production a choisi le Zaïre pour économiser sur le prix des chambres à coucher...

« Roberto, j'ai accepté de faire le film dans ces conditions, je le fais. Mais je ne supporte pas ce genre de commentaires : "Il n'y a pas assez de panoramiques et de mouvements de caméra pour voir l'Afrique." Cela me fait penser au capitaine d'armée qui envoie ses hommes dans une embuscade et qui dit au général : "Ces idiots n'ont pas gagné la bataille." Moi, Manoletti, je vais gagner la bataille, malgré mon capitaine. Je tourne pour donner à la RAI un film dynamique qui utilise au mieux l'absurde endroit où nous tournons. Un film qui pourra être vu aux États-Unis, après l'Europe. Je paie pour les chambres gratuites et pour les 30 % sur Air Zaïre. Je ne veux plus entendre parler de panoramiques sur l'Afrique, ce désert où il n'y a ni animaux ni forêts. L'Afrique de Manoletti ! Comme tous les amateurs qui ne savent pas regarder les *rushes*, tu vois les quarante mauvaises secondes, et pas les dix qui vont servir au montage. Je suis en train de te sortir d'une situation impossible, pour ne pas dire d'un désastre, et c'est tout ce que tu trouves à me dire.

« Roger Vadim. »

Quand il rentre enfin du Zaïre, c'est pour travailler à Rome où démarre aussitôt le montage du film.

Ce sont les premiers jours de mars. Suis-je encore tous les soirs sur scène au théâtre d'Aubervilliers ? ou prise par dix autres engagements ? En tout cas, je ne peux pas dormir avec lui, comme il l'avait espéré, pour son premier week-end en Europe.

Alors, blessé et dépité, il m'écrit une troisième lettre de rupture dans l'avion qui le conduit de Rome à Paris.

« Z'yeux bleus,

« Cette lettre fera plaisir à Michel. Ce n'est pas une lettre de bouderie ou de mauvaise humeur, c'est une lettre de rupture. Tu avais besoin d'amour, de lyrisme, de fantaisie, de sexe – j'espère avoir rempli mon contrat. J'avais besoin de continuité, de sécurité, de priorité – on m'a sevré. J'ai failli décider de séparer nos destins le soir de ta première, quand tu n'as pas trouvé le temps de m'appeler. C'était une insulte et une trahison. On ne connaît ses amis que dans les moments difficiles. La nuit de vendredi que je vais passer seul entérine ma décision. Je t'ai parfois emmerdée, mais jamais ni pour un enfant ni pour ma mère ni pour rien je n'ai refusé de passer une nuit avec toi. Ce vendredi, venant après beaucoup d'autres, sera donc la borne, la frontière de notre amour. Je ne suis pas masochiste. Les je t'aime, je t'adore, les nuits dans le train, les marathons en cabine téléphonique… »

La lettre s'interrompt brutalement. Je n'ai pas le souvenir de l'avoir reçue. Mais j'ai le souvenir, en revanche, des mêmes mots prononcés par lui à l'autre bout d'une ligne téléphonique.

M'appelle-t-il de l'aéroport ? de son hôtel ? En tout cas, son désappointement me touche et je m'entends dire :

— Cherche un appartement, mon amour.

— Pardon ? Qu'est-ce que tu as dit ?

— Cherche vite un appartement, je suis comme toi, tu sais, moi aussi je souffre trop, tout ça a trop duré…

— Un appartement à Paris, tu veux dire ?

— Oui, pour nous deux, notre premier appartement... Cherche-le, je ne veux plus qu'on se fasse du mal. Nous allons vivre ensemble. Je comprends tout ce que tu me dis, tu as raison, bien sûr, ça serait de la folie d'attendre plus.

Et quelques jours plus tard, sa voix, de nouveau au téléphone :

— Marie Christine ? Viens vite, j'ai trouvé un truc formidable.

— Où es-tu ?

— Dans une agence immobilière sur l'île Saint-Louis.

— Et l'appartement est sur l'île Saint-Louis ?

— Oui. Magnifique.

— Ne bouge pas, j'arrive tout de suite.

20.

La première fois que nous dormons ensemble sur l'île Saint-Louis tombe le soir... de mon anniversaire ! Sans l'avoir prémédité, mais sûrement guidé par sa bonne fée, Vadim me fait le plus beau cadeau imaginable.

21 mars 1989 : j'ai quarante-cinq ans, tandis que lui a fêté tout seul, deux mois plus tôt, au Zaïre, ses soixante et un ans.

L'appartement est somptueux, lumineux, versaillais, ou plutôt *fellinien* par son côté un rien décadent. Il est censé être meublé, mais comme beaucoup de choses sont bancales, ou tombent carrément en miettes, nous comblons les manques par un après-midi chez Ikea.

Bientôt une année que nous nous connaissons – le Festival de Cognac était en avril – et nous n'avons pas vu passer le temps. Au lieu de se consumer, de s'épuiser à l'épreuve du quotidien, comme s'étaient épuisées toutes mes idylles extraconjugales, mon histoire avec Vadim n'a pas cessé un instant de me transporter, de *m'élever*, m'enflammant le cœur et l'âme et me faisant reconsidérer toute ma vie à la lumière d'un amour que je n'avais jamais connu jusqu'à présent. Qui est donc cet homme, et de quoi est faite notre relation, notre attirance mutuelle, pour que je puisse envisager non seulement de bouleverser toute ma vie pour lui, mais de *m'installer* avec lui ? Est-ce que, prenant le risque d'en faire mon conjoint, je ne vais pas petit à petit en faire un Toscan du Plantier, ou un Michel Boisrond ? Ce sont des questions que je me pose aujourd'hui, dix années après sa mort, refaisant pas à pas pour ce livre le long chemin de ma vie, mais sur le moment ces questions ne se posent pas tant j'ai la certitude que l'amour que nous éprouvons l'un pour l'autre est inépuisable, et que jamais cet homme ne me décevra.

D'ailleurs, d'emblée, tout se déroule avec lui à l'inverse de ce qui se passe habituellement dans un couple. Il m'adresse beaucoup de lettres de dépit, voire de rupture, durant nos « fiançailles », si l'on peut appeler ainsi l'année de folie que nous venons de traverser, et guère de fleurs ou de télégrammes enflammés, comme savent si bien les écrire les soupirants, tandis qu'à peine établis sous le même toit c'est un festival.

Je ne sais pas quel contrat a bien pu passer Vadim avec la fleuriste de l'île Saint-Louis, mais en ce printemps 1989 pas un jour ne se lève sans qu'un bouquet me soit offert, disposé sur la table du petit déjeuner, ou embaumant la salle de bains à l'heure où j'y entre, sortant de ma nuit. Vadim achète des fleurs dépareillées et compose lui-même les bouquets selon son humeur du jour. Et partout des mots d'amour, sur ma table de nuit, accrochés aux portes, écrits au feutre sur les miroirs.

« Ma beauté, tu m'as montré ton délire, ta poésie, ta fantaisie, sexuelle, amoureuse, intellectuelle – ton amour. Je suis fou de toi, heureux de toi. »

« Je vais te dire pourquoi tu es une femme unique : ta peau lisse et douce, ton sexe blond, tes yeux, ta bouche, tes seins tendres, madeleines de Proust, le passé et le futur d'un homme. »

« Je vais te dire pourquoi je t'aime. Tu aimes les enfants et sais les guider. Tu es une femme et sais manier les hommes – tu les prends et leur laisse le meilleur d'eux-mêmes. Tu ne te manques point, et ne manques à personne. Tu n'as pas ton pareil. »

« J'ai fait semblant d'être jaloux, mais je respecte et admire ton amitié pour tes amants passés. Michel Boisrond, ton vieux mari, et les autres profiteurs de ton corps. Tu es une femme inouïe. Tu boulonnes, tu assumes, tu n'as peur de rien, tu protèges les enfants, même adultes, et tu restes vierge – et tu m'aimes ! »

Comment fait-il pour faire de chaque jour une fête ? Je ne veux pas me poser la question. Je me laisse éblouir, étourdir par son inventivité. On dirait que plus je me rapproche, plus il s'enflamme, au contraire de ces hommes qui, la conquête achevée, s'endorment petit à petit, laissant se déliter les beaux sentiments qu'ils avaient su éveiller.

Invraisemblable Vadim qui, même dans la vie courante, parvient à transformer la petite tuile qui vous plombe la journée en une espèce de kermesse, ou de garden-party. Nous ne sommes pas installés depuis deux mois sur l'île Saint-Louis qu'il perd son trousseau de clés (Vadim perd tout, ses clés, son argent, ses gants, ses lunettes, mais curieusement jamais sa distraction – son incorrigible distraction – ne m'agacera). C'est une semaine où je ne suis pas là, partie je ne sais où sur un tournage. Il commence donc à raconter sa mésaventure à la boulangère de la rue Saint-Louis-en-l'Île, à sa façon que j'aime tant, à la fois désappointé et drôle, ingénu et sincère.

— Il faut appeler les pompiers, monsieur Vadim.

— Vous croyez ?

— Mais oui, vous n'allez pas rester comme ça !

Bientôt, les autres commerçants accourent, le reconnaissant, bien sûr. Tout le monde veut l'aider – Vadim est de ces natures qui suscitent aussitôt l'émotion, sans doute parce qu'on devine immédiatement l'enfant sous la carapace de l'homme – et cela fait un joyeux petit attroupement sur le trottoir, sous le soleil déjà chaud d'un matin de mai.

« Vadim a perdu ses clés… Vadim a perdu ses clés », entend-on d'un bout à l'autre de la rue.

— Allez, j'appelle les pompiers ! tranche le charcutier, qui prend l'affaire en main.

(Dans la bouche de Vadim, qui me racontera son aventure, l'événement est devenu entre-temps la première scène d'un livre, ou d'un film.)

Les pompiers arrivent, flanqués de la grande échelle. Il faut imaginer l'énorme camion écarlate bloquant toute la rue Saint-Louis-en-l'Île simplement parce que « M. Vadim » a perdu ses clés. On se congratule, le cafetier du coin veut offrir une tournée de bière, mais le chef des pompiers propose qu'on boive plutôt « après ». Entre-temps, les hommes ont déployé l'échelle. Et c'est alors que Vadim s'y engage le premier, n'attendant pas les ordres, et ayant repéré une fenêtre entrouverte qui devrait lui permettre d'entrer facilement chez nous. On le regarde grimper, on commente la chose pour les derniers arrivés, les retardataires, qui n'en reviennent pas de ce spectacle – « C'est M. Vadim, il a perdu ses clés » –, et quand enfin il est dans la place et salue, la foule applaudit.

Après ça, il paie une tournée à tout le quartier.

Si les choses se gâtent, s'il se remet en colère, c'est que je dois m'éloigner, quand lui ne se lasse pas de notre quotidien.

À la fin du mois de juin, je m'envole pour la Pologne. Je pars incarner la Marie Curie de Michel Boisrond. Cette première partie du tournage dans le pays d'origine de la physicienne (Marie Sklodowska est née à Varsovie en 1867) doit durer quatre mois.

— Quatre mois sans te voir, je ne pense pas pouvoir supporter ça, m'a prévenue Vadim.

— Moi non plus, mon amour, j'essaierai de rentrer certains week-ends.

— Et pourquoi je ne te rejoindrais pas ?

— Non, c'est la seule chose que nous devons nous interdire. Je pense que tu tuerais Michel si tu venais sur le tournage. Il est fragile, il ne le supporterait pas.

— Alors je suis interdit de périmètre !

— Oui, mon chéri, c'est exactement ça, tu es interdit de périmètre. Ça va être très dur pour moi aussi, mais je dois protéger Michel. Je lui ai déjà fait suffisamment de mal sans le vouloir.

J'ai voulu être loyale avec Michel en ne l'abandonnant pas sur ce projet que nous avons porté ensemble durant des années, mais je me rends compte en arrivant en Pologne quelle épreuve ce tournage va être pour nous deux. Michel est si meurtri par notre séparation, qu'il ne parvient même plus à m'adresser la parole. Je vois sa souffrance, je voudrais trouver les mots justes pour le réconforter, mais on ne peut pas être à la fois celle qui brise le cœur et celle qui console, de sorte que j'ai conscience qu'en voulant bien faire nous nous sommes piégés dans une situation impossible.

Ce film, qui aurait pu être le couronnement de notre relation cinq ans plus tôt, est d'emblée un cauchemar. Toute l'équipe est logée dans le même hôtel, mais Michel et moi évitons de nous croiser, et, aux repas, nous nous asseyons aux deux extrémités de la table. Il ne me parle pas, mais il ne me passe rien. Si nous sommes convoqués le matin à 8 h 10, et que je descende à 8 h 12, je l'entends maugréer, sous le regard silencieux des autres : « Elle est impossible ! Impossible ! À cause d'elle on va devoir décaler tout le plan de travail de la journée… »

Sur le tournage, l'ambiance est à couper au couteau, et je me demande, avec le recul, ce qu'ont bien pu penser les autres acteurs et les techniciens, polonais pour la plupart. Tandis que je tiens le premier rôle, que tout le film repose sur mon personnage, le réalisateur ne m'adresse pas la parole, ne fait pas un geste pour me diriger (alors qu'il parle à tous les autres comédiens). Par chance, je suis complètement habitée par la personnalité de Marie Curie dont j'ai eu le temps d'étudier toutes les facettes, qui m'intrigue et me fascine, et je peux m'appuyer sur l'excellent scénario de Françoise Giroud. Mais tout de même, quelle surprise ce doit être pour toute la troupe de me voir avancer seule jour après jour dans cette entreprise à haut risque, telle une funambule, sous le regard glacé et mutique de notre metteur en scène.

Sur tout le tournage, Michel Boisrond n'ouvre qu'une fois la bouche pour me diriger, et cette fois-là est inoubliable pour moi puisqu'elle fait référence à Vadim. Après la mort de Pierre Curie, Marie eut une histoire d'amour avec le physicien Paul Langevin. La chose se sut, et comme Langevin était marié, la presse prit aussitôt fait et cause pour sa femme et traîna Marie Curie dans la boue. La campagne fut si violente, si blessante, qu'elle provoqua une rupture entre Marie Curie et Paul Langevin. Et c'est alors que j'interprète cette scène de rupture, que Michel sort soudain de son mutisme.

— Tu devrais t'adosser au mur et te laisser glisser, me suggère-t-il.

— Ah oui, je vois ce que tu imagines.

— Je ne l'imagine pas, je te l'ai vu faire il y a quelques mois, lâche-t-il sèchement. Et c'était très impressionnant, très émouvant.

Alors je comprends qu'il fait référence à ce matin du 30 janvier où Vadim m'avait fait appeler du Zaïre, et où lui, Michel, avait raccroché, sans se douter à quel point j'attendais ce coup de téléphone. Je m'étais en effet adossée au mur avant de glisser et de tomber en état de choc.

Je répète la scène devant la caméra de Michel, mais dans la peau de Marie Curie, cette fois.

Nous sommes deux, chaque soir, à regagner l'hôtel en courant : Christine, la coiffeuse, et moi. Elle aussi a laissé à Paris l'homme de sa vie, et nous partageons l'espoir que la standardiste ne nous fera pas trop attendre. Le mur de Berlin n'est pas encore tombé, la Pologne est encore sous le joug communiste, et le téléphone y est moyenâgeux. Parfois, je passe toute la soirée enfermée dans ma chambre, devant un bol de soupe, attendant que la ligne avec Paris, avec Vadim, soit établie.

Certains soirs, l'attente est d'autant plus pénible que j'ai sur le cœur la lettre de désespoir, ou de colère, arrivée le matin même. Comme ce soir d'août 1989.

« Marie Christine,

« Dès que tu as été sécurisée, tu ne m'as plus écrit. Pas une lettre, pas un mot. Les hommes et les femmes écrivent quand ils sont inquiets, quand ils veulent gagner, ou garder. Ensuite, sécurisés, ils oublient. Tu ne m'as plus écrit depuis que tu sais que je t'aime. Moi, je laisse des lettres sur la table de nuit, pour le meilleur ou le pire. Toi, tu Marie Christine, tu joues, tu glisses dans la sécurité. Tu es une poétesse du téléphone. Je me demande finalement s'il ne te faut pas un Michel Boisrond, un homme à protéger, un Ménerbes, un passé. Je suis très inquiet. Mon délire t'amuse, mais n'est pas fait pour toi. Moi, j'ai sacrifié Ann Biderman, je lui ai dit : "C'est fini." Toi, tu joues encore. Ménerbes, pas Ménerbes ; le film, pas le film ; la Pologne, la France… J'ai l'impression que Michel et toi formez un couple. Pas nous, malgré l'adresse : 70, rue Saint-Louis-en-l'Île. Il Ménerbes, pas moi ; il Pologne, pas moi ; il cinéma, pas moi. Il ne va pas rester grand-chose de Vadim, Barrault. Me revoilà à Saint-Tropez, l'horreur, tout ce que je voulais éviter.

« Conclusion : fais plaisir à Michel, je ferai plaisir à Ann. On se reverra en 1990. Si on s'aime encore.

« Vadim. »

Maintenant, le connaissant, je n'ai aucun mal à imaginer son horreur d'être à Saint-Tropez, comme si son image publique le rattrapait. C'est lui qui a fait sans le vouloir de Saint-Tropez ce que cet endroit est devenu : une vitrine pour ce qu'on appelle aujourd'hui les *peoples*. Quand il tourne *Et Dieu créa la femme*, avec Brigitte Bardot, sa première femme, en 1956, Saint-Tropez est un charmant petit port de pêche à peu près inconnu. C'est ce film, et l'aura de Brigitte par la suite, qui vont en faire, au fil des années, le lieu de vacances obligé des stars.

Si Vadim s'y trouve, tandis que je suis en Pologne, c'est que Catherine Schneider, sa dernière épouse, la mère de leur fils Vania, y possède une très jolie maison et qu'il s'y sent toujours chez lui.

Le souvenir me revient soudain, tandis que j'écris ces lignes, de notre tout premier week-end, après Cognac. Débarquant de Los Angeles, et ne sachant où m'emmener, il avait eu l'idée de demander à Catherine de lui prêter sa maison de Saint-Tropez, et nous nous étions retrouvés là-bas. Moi, un peu mal à l'aise; lui, dans la nostalgie du Saint-Tropez qu'il avait aimé trente ans plus tôt. Le connaissant à peine, et malgré tout influencée par ce que j'avais lu dans les journaux sur sa prétendue vie nocturne, j'avais craint qu'il ne me propose d'aller en boîte de nuit – le genre de lieu qui me fait horreur. Mais il s'était contenté de promenades dans la campagne, ou au bord de l'eau, de repas cuisinés par ses soins, et j'avais compris, quelques semaines plus tard à Morzine, quel homme il était vraiment. Plus trappeur que mondain.

J'aime cependant cette lettre, qui dit tout de lui : son insatiable exaltation amoureuse, presque juvénile, son exclusivité, et cette peur sourde qu'une fois de plus tout ce en quoi il a cru ne s'effondre. Il faut tout de même savoir que cet homme qui est passé à l'histoire pour son prétendu donjuanisme – outre son œuvre cinématographique, bien sûr – a été abandonné par toutes les femmes qu'il a aimées (et épousées pour la plupart). Les deux premières, dans des conditions qu'on a peine à se figurer : Brigitte Bardot le quitte en plein tournage de *Et Dieu créa la femme* – film destiné, dans l'esprit de Vadim, à sublimer l'objet de son amour – pour s'envoler avec Jean-Louis Trintignant; quant à Annette Stroyberg, qu'il rencontre sur le tournage de son neuvième film, *Les Liaisons dangereuses* (avec Jeanne Moreau et Gérard Philipe), elle le trompe très vite, après leur mariage, en 1958, et ils divorceront deux ans plus tard. Il veut épouser Catherine Deneuve, mais elle le quitte avant. Il avait rêvé d'un mariage éternel avec Jane Fonda, mais Jane s'en va après sept ans de vie commune. Quant à Catherine Schneider, ils se séparent peu après la naissance de Vania, tout en demeurant de très proches amis.

L'homme que je rencontre à Cognac, et qui partage alors la vie d'Ann Biderman – sans croire que cela durera, selon son propre aveu –, ne croit plus, comme moi, à la possibilité de retomber amoureux. Il pense qu'il finira sa vie tout seul, attentif à ses quatre enfants qu'il aime, quatre enfants issus de ces échecs à répétition, et qui habitent de part et d'autre de l'Atlantique : Nathalie, la fille d'Annette Stroyberg, Christian, le fils de Catherine Deneuve, Vanessa, la fille de Jane Fonda, et Vania, le fils de Catherine Schneider.

C'est le miracle de notre rencontre, après tant de désillusions, qui explique aussi l'ardeur et l'exigence que déploie Vadim pour élever sans cesse notre histoire, la maintenir sur les cimes, et ne rien céder.

J'essaie de rentrer un week-end sur deux en France pour atténuer les souffrances de la séparation – théâtrales chez Vadim qui aime tant se plaindre et réclamer, et que je baptise alors tendrement le « lamentin » ; plus secrètes chez moi qui ai appris, très jeune, à ne rien montrer de mes douleurs. Mais ces allers et retours en avion sont aussi terribles que le tournage, car Michel est généralement sur le même vol que moi, lui aussi désireux d'aller reprendre des forces à Paris, auprès de ses enfants ... et des miens !

David, mais surtout Ariane, ne me pardonnent pas d'avoir quitté un homme qu'ils aiment profondément et qui est associé à leurs plus beaux souvenirs d'enfants et d'adolescents. Ils ne me pardonnent pas d'avoir brisé la famille recomposée que nous avions parfaitement réussie, anéanti les tablées du dimanche rue de Lisbonne, comme les étés à Ménerbes dans notre maison familiale, désormais menacée, elle aussi. Oui, Ariane est la plus remontée. Elle avait trouvé absolument normal que je quitte son père, se demandant même, je crois, comment on pouvait vivre avec un tel homme (qui prêtait si peu attention aux siens qu'il oubliait leurs anniversaires), mais elle ne s'explique pas que je puisse abandonner Michel qui possède, en effet, toutes les qualités dont une femme puisse rêver chez un homme.

Quand Michel tombera malade, très rapidement après la Pologne, atteint comme le fut sa mère par la maladie d'Alzheimer, et que nous assisterons à sa lente dégradation, je devinerai beaucoup de ressentiment à mon égard dans les yeux d'Ariane, comme si elle me faisait porter secrètement la responsabilité de ce mal incurable. Et alors il me sautera aux yeux que, par une cruelle ironie du destin, Ariane était en train de vivre ce que j'avais vécu avec mon père, atteint d'une sclérose en plaques après que ma mère l'eut quitté, et moi en voulant à mort à celle-ci et à mon beau-père pour leur « inhumanité ». De la même façon, Ariane semble en vouloir à Vadim auquel elle n'adresse la parole qu'avec parcimonie, ne faisant aucun effort pour le mettre à l'aise.

Beaucoup de mes amis et proches partagent cette réserve à l'égard de Vadim. J'ai le souvenir de réflexions assassines quand j'annonce petit à petit aux uns et aux autres que je me suis séparée de Michel Boisrond pour m'installer avec Vadim. « Mais tu es complètement folle ! Qu'est-ce que tu vas foutre avec ce type ? C'est rien du tout ce mec. C'est un don Juan, un destructeur, regarde ce qu'il a fait des femmes qu'il a soi-disant aimées… » Je trouve épouvantable, connaissant Vadim, d'entendre de telles horreurs, de tels mensonges. Mais comment les convaincre qu'ils se trompent ?

En leur présentant Vadim, en organisant des dîners. Jamais le courant ne passera vraiment entre mes enfants et lui, mais en revanche une jolie amitié voit le jour, et me réconforte, entre Vadim et mon frère Alain, dont la présence et le regard me sont, depuis toujours, infiniment précieux.

Il en va de même avec Geneviève Rex, mon professeur de chant, mon « accoucheuse », pourtant terriblement remontée contre Vadim au nom de son amitié pour Michel.

C'est Geneviève qui m'appelle un jour après avoir eu longuement Michel au téléphone.

— Mais comment peux-tu lui faire une chose pareille ! s'exclame-t-elle. Tu ne penses donc qu'à ton cul ! Qu'est-ce que c'est ce Vadim ? Un sauteur, un type à femmes... C'est nul ! Nul ! Réfléchis une minute avant de tout envoyer balader.

— Vous vous trompez, Geneviève. Je vais vous le présenter, et vous vous ferez une idée par vous-même.

— Il n'en est pas question, je ne veux pas le rencontrer, je ne veux même pas en entendre parler.

Mais quelques semaines plus tard, la tempête passée, elle accepte de venir dîner sur l'île Saint-Louis avec Vadim. Et elle tombe amoureuse de Vadim... « Comment va mon amour ? » s'enquiert-elle par la suite chaque fois que nous nous parlons au téléphone.

Dans l'autre sens, en revanche, les choses se passent d'emblée merveilleusement : je suis reçue à bras ouverts par la famille et les proches amis de Vadim. Sa famille, c'est Hélène, sa sœur, qui devient rapidement une amie. Les deux enfants d'Hélène, Nathalie et Igor, et leur père, Serge Lafaurie, l'un des fondateurs du *Nouvel Observateur*, avec lequel Hélène a gardé des relations très affectueuses bien que le couple se soit séparé.

Sa famille, c'est aussi, et j'allais écrire surtout, sa mère, Marie-Antoinette, dite « Propi ». Toujours verte et ardente en dépit des années, Propi me fera le plus beau cadeau qu'une belle-mère puisse faire en me déclarant, heureuse du bonheur de Vadim après tant de mariages ratés : « Ma petite fille, je te remercie, tu m'as rendu mon fils. »

La fin du tournage de *Marie Curie*, qui clôt l'année 1989, est un soulagement. Et comme si le destin voulait nous réconforter après l'épreuve, une bonne nouvelle nous tombe du ciel : Vadim et moi allons enfin pouvoir travailler ensemble sur un projet théâtral.

21.

Quinze années se sont écoulées depuis *Cousin, cousine*, mais Victor Lanoux n'a pas oublié le couple illégitime, libre et jouisseur, que nous formions dans le film de Jean-Charles Tacchella.

C'est donc lui qui me téléphone, un matin. Vadim et moi paressons pour une fois dans notre palais décati de l'île Saint-Louis. Victor Lanoux m'explique qu'il avait le projet de jouer une jolie comédie américaine avec sa compagne, Marie-José Nat, mais qu'ils viennent de se séparer.

— Je ne me vois pas travaillant avec Marie-José, ça va être un enfer.

Alors moi, encore sous le coup de ma collaboration forcée avec Michel Boisrond :

— Ah oui, s'il y a une chose qu'il faut éviter après une rupture, c'est de se retrouver sur le même plateau. C'est dramatique !

— Tu as l'air assez au courant.

— Disons que j'ai une expérience de la chose.

— Je voulais te proposer de prendre la place de Marie-José...

C'est une pièce de l'auteur américain Bernard Slade, *Même heure l'année prochaine*. Quand j'en découvre le texte, je suis aussitôt enthousiasmée. Doris et Georges, mariés et heureux chacun de leur côté, cèdent un jour à un coup de foudre et se retrouvent deux heures plus tard dans un motel des environs de San Francisco, dans le même lit. Ils décident de renouveler l'expérience l'année suivante à la même heure, dans la même chambre. On assiste ainsi à six rencontres du couple au fil de vingt-cinq années d'existence, six rencontres à travers lesquelles la petite histoire de deux êtres qui nous ressemblent à s'y méprendre se conjugue avec la grande Histoire, celle des convulsions que traverse le monde au lendemain de la guerre.

J'accepte d'être Doris, tandis que Victor Lanoux sera Georges. Mais nous n'avons pas de metteur en scène, et c'est alors que je songe à Vadim. Il en a fini avec son film tourné au Zaïre, et il travaille sur plusieurs projets, dont un scénario sur la vie de Talleyrand dont il peine à monter la production. Il n'a jamais fait de théâtre, a toujours prétendu que le théâtre l'ennuyait, mais je ne désespère pas de le faire changer d'avis à la faveur d'une pièce qu'il aurait pu écrire, me semble-t-il. Et, en effet, le texte l'emballe. Il veut bien relever le défi de nous mettre en scène.

Qu'en pense Victor Lanoux? Le plus grand mal, Vadim et moi allons bientôt le découvrir, mais il accepte cependant (soulagé, sans doute, de n'avoir plus à chercher de metteur de scène et que la pièce puisse se monter rapidement).

Dès les premiers jours, les répétitions sont difficiles. Victor Lanoux s'est persuadé que Vadim n'est là que pour me servir, me mettre en valeur, et il demande donc que sa fille soit recrutée pour être l'assistante de Vadim. Vadim se retrouve pris entre une jeune femme qui n'a aucune expérience de la mise en scène et un comédien d'assez mauvaise volonté, persuadé que son chef d'orchestre cherche à le brimer, à l'étouffer. Il suffit que Vadim ouvre la bouche, pour lui conseiller par exemple de se déplacer de telle ou telle façon, pour qu'aussitôt Victor Lanoux se rebiffe :

— Mais non, c'est nul !

— Bon, alors fais comme tu le sens, Victor.

— C'est pas moi le metteur en scène !

Vadim tempère, sourit. Tous les gens qui ont travaillé avec lui savent combien il est agréable sur un tournage, attentif à mettre chacun à son aise, conciliant, toujours d'humeur égale, et à son affaire, flottant dans une sorte de félicité. Je vois tous les efforts qu'il fait pour rester dans le plaisir en dépit des soupçons de Lanoux et de ses grommellements permanents, et je l'admire de n'avoir jamais un mot plus haut que l'autre.

Les répétitions achevées, nous partons en tournée à travers toute la France (sans Vadim, qui nous rejoindra cependant à plusieurs reprises) et la pièce est aussitôt un succès. Partout, nous jouons à guichets fermés, ce qui devrait nous transporter d'aise et faire enfin de Victor un comédien épanoui et détendu. Eh bien, pas du tout, mon compagnon de voyage bougonne, décidant seul de l'heure du départ chaque matin, choisissant la meilleure place dans la voiture, envoyant paître les maîtres d'hôtel dans les restaurants.

— Qu'est-ce qu'elle a, la vieille ? me lance-t-il un

soir. Elle est fatiguée ? Si elle est fatiguée, elle n'a qu'à prendre le train.

Pour un prétendu rendez-vous important à Pau, où nous jouons le lendemain, il a décidé d'un départ aux aurores.

— Je me fiche de ton rendez-vous, Victor. Nous partirons à une heure normale, et s'il y en a un de nous deux qui doit prendre le train, ce sera toi. Moi, je garde la voiture.

C'est moi qui l'emporte, Victor part en train pour la ville de Pau où je découvre en arrivant à l'hôtel que son rendez-vous « important »... est un match de rugby à la télévision ! Il ne m'adresse plus la parole pendant vingt-quatre heures.

Puis nous reprenons la pièce à Paris, au Théâtre Édouard-VII, et c'est de nouveau un énorme succès. Mon compagnon n'est pas tous les jours facile, même s'il cache sous ses dehors bougons un vrai bon cœur.

En pleine tournée pour *Même heure l'année prochaine*, au milieu du mois de décembre 1990, Vadim et moi nous marions.

C'est lui qui en lance le premier l'idée, dans ce petit mot envoyé d'Orly, mais non daté (pour où partait-il ? Je ne sais plus), ce petit mot que j'ai longtemps gardé sur mon bureau :

« Orly. Barouchka, j'ai beaucoup lu, j'ai pas mal vécu, je n'avais jamais connu la bonne orthographe du mot amour avant de t'avoir rencontrée. L'orthographe du mot bonheur est en prime. Si on s'épousait ? »

Depuis sa première déclaration, à Orly déjà – « Moi, quand j'aime une femme, je veux tout partager avec elle. Je veux les bonnes choses et les moins bonnes. Je veux tout. Je veux m'occuper d'elle chaque jour. Je veux faire de la vie une fête quotidienne », – j'avais compris que Vadim était un « militant » du mariage, qu'il aimait l'idée de ce lien contractuel venant officialiser aux yeux du monde un amour qu'il imaginait chaque fois éternel. Et d'ailleurs, à l'exception de Catherine Deneuve, il avait consciencieusement épousé toutes les femmes qu'il avait aimées. Quatre mariages dans lesquels il avait investi son insatiable appétit pour le bonheur conjugal. Mais quatre mariages qui avaient échoué.

J'ai l'intuition que le nôtre, venant après tant de désillusions – et parce que ces désillusions nous ont énormément appris sur l'amour –, que le nôtre, donc, sera une réussite. Celle de l'œuvre, dix fois remise sur le métier par le sculpteur, le peintre ou l'écrivain, et qui lui apparaît enfin comme l'accomplissement de toute sa vie. C'est pourquoi, immédiatement, je lui dis « oui ». Avec une réserve, cependant : que jamais il n'emploie l'expression « ma femme » en parlant de moi. Je sais bien qu'il n'a pas le sens de la propriété, que son amour est généreux, tout à l'opposé de celui, pervers et aliénant, d'un Toscan du Plantier, mais vraiment, cette expression, je ne peux pas. Vadim m'appellera donc « ma blonde », ou « ma fiancée », durant notre décennie de jeunes mariés, ce qui fera chaque fois dire à nos interlocuteurs :

— Ah bon ? Mais je croyais que vous étiez mariés.

— Eh bien oui, nous le sommes !

De Los Angeles, où il se trouve quelques jours avant notre mariage pour voir ses enfants « américains », Nathalie et Vanessa, il m'adresse cette lettre :

« Chère Marie Christine,

« Il y avait des arbres aux fleurs mauves sur les rues au carré de Santa Monica. Touché de beauté, j'ai tourné la tête pour te parler. Le siège à côté du conducteur était vide. Distrait d'amour, je ne l'avais pas remarqué. Je t'ai parlé, on a beaucoup aimé ces bouquets géants, éphémères et vivaces. L'amour, comme la vision, offre une autre dimension. Je le savais, mais je l'ai compris 11e Rue, entre Picot et Pearl Avenue. On voit tout d'un œil, mais pas en relief; on sait tout, mais c'est à deux que l'on comprend. Ta taille, ton cul, tes yeux, m'ont appris davantage de l'amour et de la terre que mes rêves, mes livres et mes mariages. Les heures, les jours, les années passent... l'horloge de la vie est inversée, je vieillis à l'envers près de toi, ma fille. Chaque poil de ma tête qui tombe est un pas de danse qui suspend le temps. J'étais dubitatif devant ma glace, au rasage du matin, à voir le crâne sous la tignasse mélancolique, et voilà que je m'imagine chauve et heureux dans la roseur de tes seins, de ta peau, et que j'aime mes défauts. Tu as réussi ce miracle : je rajeunis de l'âge qui passe. N'empêche que je balance le Minoxil matin et soir sur la tignasse susnommée... Tout cela ne compte guère. Ce qui compte, c'est l'intelligence, la beauté, la bonté, toi. Bien sûr, tu as du talent; bien sûr, tu es une mère admirable; bien sûr, tu es généreuse; mais ce qu'ils ne savaient pas, ce qu'ils ne savent pas, c'est que tu es unique. Je bande à chaque seconde en pensant à toi. Cette unique qui n'existe pas, je l'ai rencontrée, et même qu'elle veut m'épouser !

« Je t'adore Z'yeux bleus,

« Vadim. »

Nous nous marions le vendredi 21 décembre 1990 à la mairie de Levallois. Nous voulions éviter de publier les bans dans une mairie parisienne : nous voulions un mariage discret, avec nos véritables amis seulement. Mais quand nous arrivons à la mairie… télévisions et radios sont là !

Je suis si contrariée, si blessée, que j'éclate en sanglots. Quant à Vadim, il ne voit pas le problème, et c'est Ariane qui me remet les pieds sur terre :

— Arrête de pleurer, maman, je t'en supplie. De toute façon, maintenant, il n'y a plus rien à faire : ils sont là, et ce ne sont pas tes larmes qui vont les faire partir. Tout ce que tu vas gagner, c'est que tu vas être moche sur les photos.

Elle a raison, bien sûr.

Pour témoins, j'ai choisi mes deux enfants, Ariane et David. Et Vadim a retenu son éditeur, notre ami commun Bernard Fixot, ainsi que Pierre Huth, un homme auquel il est également très attaché.

Cependant, même le jour de mon mariage, le théâtre n'est pas bien loin. Le soir même, je suis attendue à Arras, au côté de mon irascible amant à la scène, Victor Lanoux, pour interpréter *Même heure l'année prochaine*. Et il se passe alors une chose incroyable : nous ne surveillons pas l'heure, puis nous sommes pris dans les embouteillages des départs en vacances, et nous arrivons à Arras… avec plus de une heure de retard !

Jamais cela ne m'était arrivé. J'imagine le scandale, la salle vide, peut-être même une émeute autour du théâtre...

Mais c'est tout le contraire qui nous attend : une petite foule souriante massée devant l'entrée des artistes et qui, dès notre descente de voiture, se met à applaudir et à crier : « Vive les mariés ! Vive les mariés ! »

Comment les remercier ? Comment dire à tous ces gens combien je suis touchée ? combien ce soir-là ils m'ont offert mon plus beau cadeau de mariage ?

Le lendemain, samedi, pour la fête (nous avons prévu un mariage sur deux jours), nous nous félicitons d'avoir réservé un de ces vieux bateaux-mouches en bois et cuivre. Quel meilleur moyen qu'un bateau pour éviter les importuns ? On s'assure que seuls montent à bord les gens auxquels nous tenons, et puis nous appareillons pour une croisière à travers Paris, et cette fois tout est réussi, c'est un très beau moment, joyeux, émouvant et sincère, loin des caméras, des postures et des faux-semblants.

À un moment, et comme par miracle, nous nous retrouvons seuls dans un petit salon. Vadim me prend dans ses bras, et c'est alors que me revient à l'esprit cette phrase que Robert Bresson fait dire à son héros à la fin de *Pickpocket* :

— Mon amour, quel long chemin il m'a fallu parcourir pour arriver jusqu'à toi !

Et Vadim :

— Il a fallu que nous nous perdions pour nous trouver. Pourquoi la vie a-t-elle été si cruelle ?

— La vie n'est pas cruelle, mon chéri. Je crois simplement qu'elle donne beaucoup à ceux qui risquent beaucoup. Et nous avons beaucoup risqué.

Vadim et moi nous offrons un autre cadeau cette année-là : un chalet aux Gets, au-dessus de Morzine. Avoir une maison là-bas est un rêve qu'il nourrit depuis son adolescence, ou plutôt depuis ses premiers pas dans la vie adulte. Morzine est étroitement liée au souvenir de son père, au dernier été en famille. À la veille de sa mort, en juillet 1937, Igor Plemiannikov est photographié au guidon de sa moto devant le chalet de location, et on reconnaît la petite Hélène dans le side-car. Elle sourit à sa mère qui prend la photo. Vadim n'a jamais oublié cette scène; un moment plus tôt, c'était lui qui était assis dans le side-car.

Après la mort d'Igor, ce sont les années aux Gets, pendant la guerre. Jeune veuve, Marie-Antoinette y a loué une grande ferme pour ouvrir une auberge de jeunesse. Vadim est adolescent. Marie-Antoinette reçoit dans son auberge, parmi les clients habituels, des résistants et des Juifs. Quand Pupu, le passeur, est occupé ou malade, c'est Vadim qui les fait passer en Suisse par le col des Gets. Tout le village le sait, y compris les gendarmes qui ferment les yeux. Jusqu'au jour où ils viennent discrètement prévenir Marie-Antoinette que la Milice aurait été mise au courant. Alors, du jour au lendemain, la famille Plemiannikov plie bagage. Marie-Antoinette et ses deux enfants sont cachés durant quelques jours à Grenoble, puis conduits à Lyon d'où ils parviennent à monter dans un train pour Paris.

À Paris, ils sont sauvés. Gerald Hanning, le compagnon de Marie-Antoinette, leur trouve une maison où loger. Vadim découvre Paris sous l'Occupation, mais il rencontre surtout le grand Charles Dullin, directeur de l'École d'art dramatique qui va lui ouvrir les portes de la scène, et bientôt du cinéma. À cet âge, il songe plutôt à marcher sur les traces de son père, la diplomatie, les ambassades, mais c'est sa mère, chose rare, qui le pousse vers une carrière artistique, pensant que cela correspondra mieux à sa nature.

Cependant, Vadim n'a jamais oublié les Gets, pas plus que Marie-Antoinette qui revient, bien des années plus tard, habiter Morzine.

De Los Angeles, c'est donc vers elle qu'il se tourne pour tenter de réaliser son rêve. Peut-elle lui chercher un chalet ? ou du moins regarder s'il existe des maisons à vendre entre Morzine et les Gets ?

Au milieu des années 1980, deux ou trois ans avant notre rencontre, « Propi », puisque c'est ainsi qu'il appelle sa mère depuis toujours, lui trouve enfin une ferme. Il rassemble toutes ses économies et fait neuf mille kilomètres pour venir la voir. C'est exactement celle dont il rêvait : une masure accrochée sur un versant généreusement ensoleillé, sur le territoire des Gets, mais en même temps isolée, vieille d'un siècle et demi, et même peut-être de plus. Il sympathise avec Mme Guérard, la propriétaire – mais comment ne pas sympathiser avec Vadim ? –, et l'affaire est faite, ou presque.

Près d'une année s'écoule avant que les notaires aient rassemblé et rédigé tous les documents nécessaires à la vente. Quand tout est prêt, Vadim s'apprête à payer, et c'est à ce moment qu'il découvre que le dollar a perdu entre-temps la moitié de sa valeur. Il n'a plus les moyens d'acheter et doit renoncer.

Nous sommes de nouveau aux Gets, au printemps 1990, lorsqu'il me dit un matin :

— Marie Christine, je voudrais tout de même te montrer la ferme que j'ai failli acheter.

— Oh oui, allons-y !

C'est une belle journée, il est heureux et volubile, et en chemin il me raconte combien il a aimé cette Mme Guérard et sa maison délabrée au sol de terre battue.

Nous arrivons. Il gare la voiture au bord du chemin et nous grimpons à pied. C'est une maison très isolée, oui, et disposée de telle façon qu'elle profite du soleil du matin au soir, ce qui n'est pas courant à la montagne. Vadim s'attend à découvrir une famille inconnue dans la place, c'est pourquoi nous nous faisons discrets, quand soudain je l'entends s'exclamer :

— Madame Guérard ! Ça alors, je ne pensais pas vous trouver là. Vous n'avez donc pas vendu votre ferme ?

— Mais non, je vous attendais.

— Comment ça, vous m'attendiez ?

— C'est bien vous qui deviez me l'acheter, non ?

Elle est attablée dehors au soleil avec quelques amis, donnant le sentiment qu'elle nous attend là, en effet, depuis des années.

— La maison est donc toujours à vendre ? dis-je, après m'être présentée.

— Mais bien sûr ! J'attendais M. Vadim.

— Alors cette fois nous allons l'acheter !

Vadim rassemble toutes ses économies, je mets en vente la maison de Ménerbes – ce qui signe définitivement la fin d'une belle histoire familiale autour de Michel Boisrond – et nous achetons la ferme des Gets.

22.

Entre-temps, nous avons quitté l'île Saint-Louis pour un appartement qui nous va beaucoup mieux, une sorte de perchoir, plein de recoins et d'escaliers en colimaçon, sous les toits, rue de Rivoli.

Et les choses se sont un peu passées comme aux Gets, comme dans un conte de fées, allais-je écrire, et comme elles se déroulent souvent avec Vadim.

Au mois de juin, six mois avant notre mariage, notre sympathique propriétaire de l'île Saint-Louis souhaite récupérer son appartement d'urgence.

— Je crois que nous sommes bons pour l'hôtel, dis-je à Vadim.

— Non, attends, je vais appeler Catherine.

Catherine Schneider est alors en train d'emménager rue de Rivoli, dans un troisième étage somptueux donnant sur le jardin des Tuileries.

— Laisse-moi vingt-quatre heures, lui dit-elle, j'ai vu qu'ils étaient en train de faire des travaux au cinquième, je vais me renseigner.

Mais le soir même elle nous rappelle : l'appartement du cinquième sera bien à louer dès la fin du chantier.

— Et comment faire pour que le propriétaire nous choisisse ? s'enquiert Vadim.

— On va faire jouer le regroupement familial ! s'exclame sans rire Catherine. Ton fils est au troisième, il est à l'âge où il a le plus besoin de toi... Laisse-moi faire.

Je n'oublierai jamais notre éblouissement en découvrant cet endroit. Nous arrivons à pied par la place de la Concorde d'où l'on aperçoit parfaitement les toits des immeubles imposants de la rue de Rivoli. Des hommes s'affairent sur un étroit balcon au-dessus des Tuileries.

— Regarde là-bas, ça doit être ça, dit Vadim.

— Non, ça, c'est bien trop beau pour être vrai ! Tu imagines la vue qu'on doit avoir ?

— Je suis sûr que c'est là, il n'y a pas de travaux ailleurs.

Et c'est en effet là ! Une vue à couper le souffle : toute la place de la Concorde à nos pieds fermée par le fronton magistral de l'Assemblée nationale, tandis qu'au fond se dresse la tour Eiffel et que sur notre droite les rayons du soleil jouent sur les verrières du Grand Palais.

Nous emménageons au milieu de l'été 1990, et le soir de notre mariage, rentrant d'Arras où Vadim m'a accompagnée, c'est dans notre perchoir que nous passons notre nuit de noces, contemplant Paris illuminé et endormi à la veille de Noël. Il y aura bientôt deux ans que nous nous aimons.

Le lendemain, je trouve ces quelques lignes sur ma table de nuit :

« Samedi.

« Ma chérie,

« Tu es une femme intelligente, sensuelle et généreuse. Un rêve pour mari, amant et enfants. Je te l'ai dit souvent, mais il y a cette chose de plus scintillante, et pourtant impondérable, une rumeur, un goût, une couleur, des sentiments, qui donnent envie de remercier.

« Comme un miracle qui ne se cristallise pas en quelques secondes, mais s'étale, se rivière au fil des jours. En rêve, avant de te rencontrer, j'avais parfois éprouvé des émotions, des sensations que je n'avais jamais connues. C'est ce qui m'arrive au quotidien depuis que je te connais. Tu es mon amour fiction, ma science du bonheur. Je ne suis pas un pleureur, mais il me vient à chaque instant de la journée des envies de larmes, d'extase, dont tu es la source.

« J'ai dit oui à la mairie, je te dis oui encore et toujours.

« Je t'aime,

« Vadim. »

Nous passons le nouvel an dans le Ténéré, en guise de voyage de noces. Dix jours loin du monde, avec trois compagnons merveilleux, touaregs, pour nous guider et assurer notre survie. Nous avons emporté avec nous caviar et vodka ; pour le reste, nos guides ont ce qu'il faut : l'eau, et le pain qu'ils font cuire sur de la pierre. Nous roulons le matin, au milieu de l'après-midi nous montons le camp, et le soir nous lisons, remerciant silencieusement le ciel pour tant de bonheur.

Paris. Certains soirs, il me laisse me coucher seule, se sert un whisky, et passe la nuit à écrire. D'autres fois, je me réveille seule, trouve une lettre sur ma table de nuit, et le découvre dans son bureau penché sur sa feuille.

Mais ce que je préfère, c'est le trouver au matin endormi à côté de moi. Il a dû écrire la moitié de la nuit et venir s'abattre sur le lit vers trois ou quatre heures du matin. Je me lève à pas feutrés et je descends à la cuisine – oui, car notre chambre, les salles d'eau et mon bureau sont sous les combles, tandis que le reste est à l'étage en dessous. J'ai toujours aimé être levée avant les autres, entrer la première dans la cuisine et aller et venir pour préparer mon petit déjeuner tout en feuilletant vaguement les journaux. Il me semble que c'est du temps volé au temps, comme si la vie ne commençait vraiment qu'avec le réveil de ceux que j'aime. Rue de Rivoli, elle ne commence qu'avec l'arrivée de Vadim.

Comment décrire mon bonheur, mon éblouissement, quand je le vois surgir, ébouriffé, dans une improbable robe de chambre ? Il me semble que d'un seul coup c'est la vie qui entre avec lui, avec son poids de fantaisie, de curiosité, d'amour, de désirs… La terre avait cessé de tourner, et soudain elle s'emballe.

Il me prend par la taille – « Ah ! tu es là ma chérie ! Je te cherchais… » – tout en cherchant des yeux la cafetière, les œufs, tout en se régalant déjà de ce qu'il va se préparer. Généralement, ce plaisir si secret, si intime, de se retrouver au matin dans la même cuisine ne dure que quelques mois. Avec Vadim, il est inépuisable. Chaque matin je l'espère, et chaque matin je suis prise d'un sentiment d'incrédulité à l'instant où il apparaît. Mais qui est-il, d'où sort-il, pour avoir ce pouvoir mystérieux de me faire accélérer le cœur, de songer que c'est encore une belle journée qui commence alors même que la pluie bat à la fenêtre ? Il est insatiablement vivant, amoureux, et comme n'en revenant pas de me découvrir là. Je suis insatiablement désireuse de l'entendre, de le caresser des yeux, de me remplir de sa présence, et je n'en reviens pas de tout cet amour qu'il éveille en moi.

— Il faut que je te raconte mon rêve ! dit-il.

— Oh ! oui, s'il te plaît.

Moi, généralement, mes rêves n'ont aucun intérêt. Je suis à la gare, je dois prendre le train, et soudain je m'aperçois que j'ai oublié mon sac sur la table du café. Je retourne au café – « Ah ! non madame, etc. » – et alors je suis prise dans une spirale infernale : comment est-ce que je vais faire pour prendre mon train, ou pour prévenir les gens qui m'attendent, ou pour rentrer chez moi... jusqu'à ce que je me réveille en nage. On ne peut pas imaginer rêves plus nuls que les miens. « Marie Christine, tu es toujours si pragmatique ! » se désole Vadim quand je lui raconte ce qui m'a traversée durant la nuit.

Lui n'est pas pragmatique, c'est le moins qu'on puisse dire, et du coup ses rêves ne le sont pas non plus. Ils sont le reflet têtu de l'enfant qu'il n'a pas cessé d'être et de l'écrivain, ou plutôt du poète, qu'il est devenu sans le savoir. Ce sont toujours des histoires qui se passent dans un ailleurs lointain, d'autres planètes peuplées d'êtres qui ne nous ressemblent pas mais qui cependant parlent notre langue. Au contraire de moi, qui ai toujours peur de ne pas pouvoir partir à temps, de rater mon train, Vadim semble vivre dans l'angoisse de devoir revenir, multipliant les initiatives pour être adopté par ses petits extraterrestres qui, invariablement, finissent par lui signifier qu'il n'est pas d'ici et doit retourner d'où il vient.

— Enfin, ce n'est pas possible que tu aies rêvé tout ça ! lui dis-je certains matins, sidérée des histoires invraisemblables qu'il me raconte.

— Je t'assure que si. Et encore, je ne me souviens pas de tout...

Ensuite, chacun s'en va de son côté vivre sa vie. Ou plutôt je m'en vais, et lui reste à la maison. Il écrit alors le scénario d'un long métrage qu'il veut réaliser sur le Saint-Germain-des-Prés de l'après-guerre qu'il a bien connu lorsqu'il était l'élève de Charles Dullin, puis l'assistant de Marc Allégret pour ses débuts au cinéma.

En cet hiver 1991, Victor Lanoux et moi sommes au Théâtre Édouard-VII avec toujours notre pièce à succès, *Même heure l'année prochaine*, que nous venons de promener à travers toute la France. Au contraire de Michel Boisrond, qui n'aurait jamais raté l'une de mes représentations, Vadim passe ses soirées seul à la maison, à travailler, lire, ou regarder la télévision. Je l'appelle en sortant de scène.

— Ah ! Barouchka ! Qui a gagné ce soir, le public ou vous ?

— Nous n'avons pas été mauvais, je crois. Et toi, raconte-moi ce que tu fais ?

— J'allais me mettre à préparer un dîner.

— Si je ramène trois amis à la maison, tu as de quoi nous nourrir ?

— Jusqu'à dix je peux assurer. Venez vite, j'ai faim !

L'écoutant me raconter ses rêves, il m'est arrivé de penser qu'il les inventait, comme je le voyais inventer un plat avec presque rien. On rentrait de voyage.

— Il n'y a rien à manger, mon chéri. Tu veux qu'on aille au restaurant ?

— Non, on ne va pas ressortir, je vais bien trouver un petit truc à cuisiner.

Il dénichait une gousse d'ail, un vieux fond de vermicelle, un morceau de parmesan et un quart d'heure plus tard on se régalait.

Quand j'arrive du théâtre avec mes amis, la table est mise, le vin ouvert, je ne sais pas ce qu'il a fait sauter dans la poêle mais ça embaume délicieusement dès le vestibule.

J'avais toujours pensé qu'on ne pouvait pas allier l'amour fou avec la vie de tous les jours, et Vadim me fait découvrir qu'une telle chose est possible. On peut donc être mariés et demeurer amants ; vivre sous le même toit et être impatients de s'aimer, de s'étreindre.

Lui aussi le découvre. Je le vois à sa tête contrite, je l'entends à sa voix glacée, aussitôt que je fais mine de me mettre en colère, ou qu'un malentendu minuscule le fait brusquement basculer de son petit nuage enchanté.

Il m'appelle au théâtre, un quart d'heure avant que j'entre en scène.

— Vadim vous cherche, Marie Christine, il dit que c'est urgent.

— Ah, passez-le-moi.

— Je suis à la porte, Barouchka.

— Ne me dis pas que tu as encore perdu tes clés !

— Si. Je suis descendu chercher des cigarettes, et plus de clés…

— Oh, non ! Tu es impossible… impossible…

— On prend le même ou on en prend deux ?

— Mais de quoi me parles-tu ?

— Pour les avocats, tu préfères qu'on ait chacun le nôtre ou on peut s'arranger avec un seul ?

— Pourquoi un avocat ? Quel rapport avec tes clés ?

— Tu as vu comment tu m'as parlé ? Je préfère qu'on divorce tout de suite plutôt que de t'entendre me parler encore une fois sur ce ton.

— Oh, pardon, mon chéri. Pardon. Tu as raison, ça n'a aucune importance. On te fera refaire des clés. En attendant, rejoins-moi au théâtre, on rentrera ensemble.

Il est obsédé par les scènes violentes qu'il a connues avec les femmes qui m'ont précédée, il ne supporte plus les cris, et le moindre rappel de ces conflits le précipite dans un profond abattement. « Ça va donc recommencer, je me suis encore bercé d'illusions », semble-t-il se dire, et aussitôt il parle de divorce.

Avec lui, j'apprends à ne plus m'énerver, moi qui m'emballais si facilement auparavant contre mari, concubins ou amants, me fichant bien des conséquences. J'accepte que nous soyons le couple en porcelaine qu'il se figure, à la fois infiniment précieux et terriblement fragile. C'est lui qui, le premier – après une énième affaire de clés, peut-être –, énonce l'un des principes fondateurs de notre couple : ne jamais s'endormir sur un malentendu, ne jamais garder sur le cœur une chose que l'on n'aurait pas osé s'avouer.

C'est dire si nous parlons, sans cesse attentifs à illuminer ces petites zones d'ombre où peuvent se loger l'agacement, la déception, l'attente d'un mot ou d'un geste qui n'est pas venu. Aujourd'hui, avec le recul, me remémorant l'attention que nous nous sommes portée l'un à l'autre, je suis fière de nous. Je trouve que nous avons fait preuve d'une immense intelligence, d'une très grande sensibilité dans notre façon d'être ensemble.

Jamais nous n'avons oublié combien nous avions pu être pitoyables dans nos couples précédents. Et nous avons eu l'un et l'autre à cœur d'en tirer les leçons. C'est pourquoi nous avons déployé des qualités exceptionnelles, des trésors d'imagination et de sensibilité pour que notre amour reste un bijou, qu'il se bonifie au fil des années et se maintienne constamment sur les cimes, bien au-dessus des petites médiocrités du quotidien qui viennent à bout, on le sait, des plus beaux élans.

Évoquant nos histoires d'amour précédentes, nous nous disions qu'elles avaient été comme des sacs bien remplis au départ dont nous avions petit à petit épuisé le contenu, jusqu'à nous déchirer autour du vide (et par l'intermédiaire des fameux avocats). Tandis que notre histoire est bien différente, remarquions-nous : à moitié plein seulement au départ – lui sans illusions, moi séduite mais incrédule –, le sac semblait se remplir jour après jour, mois après mois. Il nous avait donc fallu toutes ces années, quitter la jeunesse et devenir presque vieux, pour apprendre qu'un jardin qui n'est pas arrosé chaque jour se dessèche et finit par mourir.

Vadim est le plus consciencieux, le plus scrupuleux des jardiniers. Rares sont les nuits où il se couche sans avoir pris le temps de m'écrire une lettre d'amour qu'il glisse dans une enveloppe timbrée et que je découvre sur ma table de nuit en ouvrant les yeux.

Et moi, toujours si pragmatique, n'est-ce pas :

— Mais pourquoi mets-tu un timbre, mon amour ?

— Parce qu'une lettre non timbrée n'est pas une vraie lettre.

« Ma Barouchka,

« Je te parle peu de mon travail, mais chaque approche, même déguisée ou timide, reçoit sa réponse. Je me posais des questions : avec ta précision naturelle tu as enfoncé un doigt de guérisseur sur la partie malade. Grâce à ces quelques mots échangés devant la télévision, j'ai trouvé ce que je cherchais. Et d'une scène sans grand intérêt, page 42, j'ai ciselé un vrai bijou, mais perdu quatre heures hors de ta couche, hélas.

« Je plains les malades qui s'agenouillent trois fois par jour, tête vers La Mecque, assoiffés d'un vieux cardinal. Pourquoi chercher un point sur la planète quand la bonté, la beauté, l'intelligence, vous entourent ? Ma coquille, mon ovale, je n'ai pas à m'humilier ni à prier. Tu éclaires de l'intérieur. Moi, le marin un peu trop téméraire, je respecte le signal d'un phare. Il me dit : "Tu peux survivre." Il me dit : "N'oublie pas que le bonheur est un accident dans l'univers." Je m'endors chaque nuit près de mon phare. Je me réveille au matin, étonné que le phare éclaire, même au soleil. Et j'aime cette femme qui me rend le respect de toutes les femmes passées.

« Je vais monter les dix-neuf marches de l'escalier, me glisser dans le lit, écouter ta chaleur, toucher ta cheville ou ton épaule. Et si je ne meurs pas au matin… J'ai passé les années d'enfance et d'adulte à m'accrocher à la nuit, à souffrir de quitter le monde du rêve. Le réveil, c'était mon enfer quotidien. Je n'ai pas le souvenir d'un visage de mère penché sur moi. Depuis que je t'aime, tout a changé. Je passe du rêve à la vie sans douleur. Chaque lever du jour est une expérience heureuse. Je m'éveille et découvre un regard attendri, des cheveux embrouillés de nuit, un sourire discret qui est le rire de la terre. Un visage carré, beauté de l'âme, de la chair et de l'amour. Guéri de la mélancolie matinale, je descends les dix-neuf marches, je t'observe et t'écoute, ravie, au téléphone, enchenillée dans ta robe de chambre.

« Après le café, tu t'habilles et nous reviens maquillée, impeccable. Tu plonges dans la vie. Le vieux fiancé, pour le principe, râle un peu. Amusée, généreuse, tu verses la goutte d'huile qui permet au moteur de repartir.

« Voici un lundi : dîner de famille. Je te regarde au bout de la table. Ravissante en blouson de pêche marine, tu conduis l'orchestre, pas une faute de goût, pas une faute d'amour, pas la moindre erreur de psychologie. N'importe quel mec serait terrifié par ta perfection. Moi, en particulier, qui n'ai pas été à Cannes depuis vingt ans, qui amuse la société avec de minables gains au tiercé – ça paie la bonne, le secrétaire et les morilles, ou encore un aller-retour Paris-Bordeaux. Eh bien, non, pas de complexes, pas de culpabilité. Le miracle, c'est que tu m'aimes et me respectes. Et tu as du mérite.

« Ce soir, je me confie davantage. C'est qu'hier matin, dans la cuisine, tu m'as dit : “Si la vie a un sens, c'est l'amour.” Tu ne m'as pas vu : je me suis détourné et j'ai pleuré. Oui, j'ai pleuré. De bonheur. Qu'un être humain de ta qualité partage sa vie avec la mienne m'a ébloui. Bien sûr, je t'aime, mais c'était un peu beaucoup.

« Je vais faire mon film, gagner des sous et te rendre heureuse.

« Vadim. »

Il me rend heureuse, oh oui, mais ne parvient pas plus à faire ce film – un huis clos entre trois sœurs – que le précédent sur Saint-Germain-des-Prés. Je l'entends se battre au téléphone pour faire lire son scénario, pour trouver un producteur, et je vois comme on le traite – comme s'il n'avait jamais fait de films, comme s'il était un inconnu. On le laisse patienter pour finalement lui demander de rappeler plus tard. Il va à la poste pour expédier son scénario, et n'a aucun retour. Les producteurs promettent de le rappeler, et ne le rappellent pas. Sans doute a-t-il eu tort de quitter la France pour épouser Jane Fonda, en 1965. Après *Et Dieu créa la femme* (1956), il réalise des films devenus cultes : *Les Liaisons dangereuses* (1959), *Le Repos du guerrier* (1962), *Le Vice et la vertu* (1963), *Château en Suède* (1963), *La Ronde* (1964), *La Curée* (1965). Puis il habite Los Angeles et ce qu'il fait est moins singulier (à part *Barbarella* en 1968). Il est loin, on l'oublie.

J'admire son courage, sa modestie, l'énergie qu'il déploie pour obtenir les moyens de retravailler en France. Parfois, je suis si blessée par la façon dont on le traite que je me dis qu'on veut lui faire payer ses succès d'autrefois, sa beauté, son rayonnement, et le fait peut-être qu'il ait été le compagnon des plus belles femmes du siècle. Mais il nous arrive aussi d'être soudainement réconfortés, comme à ce dîner qu'organise Daniel Toscan du Plantier (qui aime beaucoup Vadim) pour lui remettre le pied à l'étrier. Il y a là Maurice Pialat, le grand Pialat, qui est un ami de Daniel, et qui fait cette remarque magnifique au milieu de la soirée : « Si un jour je ne peux pas finir un film, je veux qu'on demande à Vadim de le terminer à ma place. » Comment mieux exprimer son estime, son amitié ?

Les producteurs ne le rappellent pas, mais quand on se promène tous les deux à travers la France il est bien rare que les gens ne le reconnaissent pas, la plupart s'arrêtant pour venir lui dire un mot gentil. Un jour, nous lisons dans un journal cette phrase qui le fait éclater de rire : « Vadim, devenu un mythe... » Après ça, chaque fois que des gens s'arrêtent pour le montrer du doigt, ou s'approcher, il me souffle à l'oreille : « Regarde, Barouchka, la mite a encore frappé ! »

Par chance, après *Même heure l'année prochaine*, on me propose de nouveau une pièce d'un auteur américain, Lawrence Roman : *Enfin seuls !* J'en aime immédiatement l'idée – le phénomène des enfants qui ne se décident pas à partir de chez leurs parents en grandissant, que je vois traité ici pour la première fois –, cependant la traduction ne me semble pas à la hauteur du texte original. J'en fais la remarque au metteur en scène, Michel Fagadau.

— J'accepte le rôle, lui dis-je, mais je pense que la pièce gagnerait énormément si Vadim en refaisait l'adaptation.

— Eh bien, d'accord !

Je serai donc la mère de famille. Reste à trouver le père. Quand on suggère que ce pourrait être Daniel Ceccaldi, je bondis de joie. Ceccaldi est un vieil ami de Michel Boisrond, et au temps où Michel et moi vivions ensemble, j'adorais qu'il vienne à la maison. Je le trouvais irrésistiblement drôle, subtil, cultivé.

Et je déchante ! Comme quoi il ne faut jamais confondre vie privée et vie publique. Adorable dans l'intimité, Daniel Ceccaldi est moins amusant dès lors qu'il endosse sa peau de comédien. Je découvre un homme tourné sur lui-même, prêtant peu d'attention aux autres, et à moi en particulier qui suis sa partenaire. Si bien qu'après Victor Lanoux j'ai le sentiment d'être poursuivie par le mauvais sort.

Cela dit, la pièce est immédiatement un succès, et nous nous installons pour une année au Théâtre Saint-Georges.

23.

Et voilà que Jacques Rosner, qui dirige le Théâtre national de Toulouse, me propose *La Cerisaie*, de Tchekhov, l'un des plus beaux rôles du répertoire. J'ai joué avec Jacques Rosner dans *Partage de midi*, où il incarnait De Ciz ; il nous a mis en scène dans *L'Étrange Intermède*, la pièce magnifique d'Eugene O'Neill ; et c'est encore lui qui nous mettra en scène dans *La Cerisaie*.

La cerisaie, ce pourrait être notre maison de Margaux, chargée du souvenir de tous ceux que j'ai aimés. Et s'il fallait un jour vendre cette maison, je pourrais m'écrier, comme Lioubov Andreïevna Ranevskaïa, mon personnage : « Moi, je suis née ici, c'est ici qu'ont vécu mon père et ma mère, mon grand-père, j'aime cette maison, je ne comprends pas ma vie sans la cerisaie, et s'il faut décidément vendre, eh bien, qu'on me vende avec la cerisaie… »

Au milieu de l'été 1992, Vadim et moi partons pour Toulouse où doit être créée *La Cerisaie*, avant d'être jouée en tournée dans toute la France, puis à Paris. Je n'imagine pas Vadim enfermé trois mois dans un studio, aussi j'ai loué un grand appartement au centre du vieux Toulouse pour qu'il soit à son aise pour travailler à son rythme, plus souvent la nuit que le jour.

J'ai réservé cet appartement par téléphone, depuis Paris, indifférente au loyer exorbitant et alors que nous sommes tous les deux aussi fauchés. Quand nous prenons la route pour aller passer le week-end du 15 août dans le Luberon, chez Pierre et Sophie Vaneck, mes amis, nos comptes en banque sont dans le rouge et je compte sur l'ingéniosité de Vadim pour nous procurer le montant du loyer que la propriétaire de l'appartement nous a réclamé en liquide.

— Ne t'en fais pas, m'a-t-il dit, je vais gagner ça dans le week-end.

— Je ne m'en fais pas une seconde, mon amour. Je suis certaine que tu vas très bien t'en sortir, comme d'habitude.

Voilà un peu plus de quatre ans que nous vivons ensemble et chaque fois que nous nous sommes trouvés au bord de l'asphyxie, je l'ai vu rapporter du PMU la somme exacte dont nous avions besoin.

— Comment fais-tu ? lui ai-je demandé au début. Tu ne connais rien aux chevaux, tu vas très rarement sur les champs de course... Je ne comprends pas.

— Je ne peux pas t'expliquer, c'est trop compliqué. J'ai appris le calcul des probabilités avec un polytechnicien, et j'arrive à miser sur les bons chevaux sans rien savoir d'eux, ni de leur entraîneur.

Cela lui demande un petit travail quotidien : après chaque course, il note dans un cahier le numéro et le placement des chevaux. Il fait cela depuis dix ans et conserve scrupuleusement tous ses cahiers. Quand il a besoin d'argent, il s'enferme dans une pièce avec sa pile de cahiers et calcule quels doivent être les gagnants, et dans quel ordre, selon la règle des probabilités. Cela fait, il remplit ses tickets et joue d'assez grosses sommes – jamais moins de 500 francs, et jusqu'à 5 000 francs s'il les a.

Ce 15 août, chez les Vaneck, il plonge le nez dans ses cahiers, file au PMU et joue à dix-sept heures précises. Et je le vois livide lorsque est donnée l'arrivée de la course.

— Tue-moi ! s'écrie-t-il, avec cette emphase russe qui me fait toujours sourire. Je ne mérite pas de vivre...

— Pourquoi devrais-je te tuer, mon chéri ?

— Regarde, j'avais le ticket gagnant mais j'ai oublié de le passer dans la machine !

Il est sincèrement défait, lui qui d'ordinaire sait s'amuser des mauvais tours que lui joue la vie (et sa distraction en particulier). Mais ce jour-là, ni lui ni moi n'avons envie de rire, sachant que nous n'aurons pas notre appartement si nous n'avons pas le surlendemain les 30 000 francs demandés.

— Tu n'as qu'une solution : recommencer à parier demain.

— Ça ne marchera pas, le bon Dieu va me punir de ma connerie.

— Je suis certaine du contraire : Il a voulu te mettre à l'épreuve, le bon Dieu. Si tu as la force de tout recommencer, Il va rendre hommage à ton courage et te récompenser.

Et j'ai raison ! Vadim gagne très précisément 30 000 francs le lendemain. Nous avions estimé que ses gains ne devaient pas excéder cette somme, car au-delà le PMU vous paie par chèque, ce qui aurait comblé d'aise notre banquier parisien mais nous aurait laissés aussi démunis.

Huit semaines de répétition avant la première, durant lesquelles Vadim est à la fois présent, toujours attentif et réconfortant, sans être jamais pesant. J'aime son autonomie, et la facilité avec laquelle il tisse sa toile, quel que soit l'endroit où on l'installe. Après huit jours seulement, exactement comme sur l'île Saint-Louis dans nos débuts, tout le quartier le reconnaît et le salue. Au bar du PMU, il a toute une bande d'amis qu'il associe volontiers à sa réussite. Son immense curiosité pour les gens, et cette bienveillance qui lui est naturelle, font merveille. On l'aime parce qu'il sait écouter, et que son attention est sincère. Je le vois bien lorsque nous nous retrouvons le soir pour dîner en tête à tête et qu'il me rapporte la somme d'histoires glanées dans la journée. Il n'en revient pas du destin de tel ou tel, de la beauté de la vie un jour, de sa cruauté un autre jour. Il s'est mis à écrire un livre enchanteur dont il lui arrive de me lire quelques pages. Il y parle à la fois des autres et de lui. *Le Goût du bonheur* : j'aime ce titre, parce qu'il lui ressemble, bien sûr, mais surtout parce qu'il exprime dans quelle sérénité il vit désormais « après bien des expériences matrimoniales passionnantes, mais tumultueuses[1] », écrit-il à la deuxième page.

Il a ouvert un compte dans une banque locale qu'il n'alimente que par ses gains au PMU. Après trois semaines, le directeur l'a invité à déjeuner, curieux de savoir comment il faisait pour gagner à tous les coups.

1. *Le Goût du bonheur*, Fixot, Lincoln, 1993.

— Je ne peux pas vous expliquer ça entre la poire et le fromage, c'est un vrai travail qui me demande beaucoup d'intelligence et d'énergie. Mais je peux vous aider à remplir vos grilles si vous voulez...

Ils sont devenus amis.

Comme il est l'ami de toute la troupe de *La Cerisaie*, que nous recevons régulièrement dans notre bel appartement et qu'il régale de sa cuisine.

Un soir, nous jouons à trente kilomètres de notre propriété familiale de Margaux. Alors nous louons un car et, aussitôt après la représentation, nous embarquons toute la troupe pour un souper aux chandelles dans cette maison si pleine de souvenirs. Un souper que nous a préparé Vadim. L'émotion est palpable à l'instant de s'installer autour de la table, comme si nous retrouvions, mais dans la vraie vie cette fois, *La Cerisaie* des héros magnifiques et douloureux de Tchekhov.

Avec le recul, il me semble que nous sommes passés à deux doigts d'avoir un enfant, Vadim et moi. Nous aurions pu, au début de notre histoire, lui dans la jeune soixantaine, moi flirtant avec les quarante-cinq ans. Je suis certaine qu'il y a pensé – sur les cinq femmes qu'il a aimées avant moi, il n'y a qu'avec Brigitte Bardot qu'il n'a pas eu d'enfant. J'ai le sentiment qu'il a espéré que je le lui proposerais. Et je ne l'ai pas fait. Cela m'étonne, d'une certaine façon, car chaque fois que je me suis engagée dans une relation avec un homme, j'ai songé : « Et s'il y avait un enfant ? » Pour moi, un enfant a toujours été la finalité heureuse d'une histoire d'amour. Alors pourquoi n'ai-je pas proposé à Vadim, l'homme de ma vie, d'avoir un enfant ?

Sans doute parce que j'avais l'intuition que le destin allait nous donner cet enfant d'une autre façon. Et c'est ce qui est arrivé avec la naissance de Marie, en 1993, ma première petite-fille, l'enfant que mon fils David a eu avec la première femme qu'il a aimée, la comédienne Nathalie Roussel. Tous les deux se sont rapidement séparés, mais j'ai eu immédiatement avec Nathalie une relation magnifique, et qui n'a pas cessé un instant de l'être jusqu'à aujourd'hui. « Cet enfant, nous allons l'élever ensemble, m'a-t-elle dit au début de sa grossesse. Jure-moi que tu seras toujours là. » J'ai juré, et j'ai tenu parole puisque je suis toujours là tandis que Marie entre dans sa dix-huitième année.

Marie est l'enfant de Nathalie et David, oui, bien sûr, mais elle est aussi notre enfant.

D'emblée, nous sommes quatre à l'aimer, à la couver des yeux et de toute notre attention. Il est vrai qu'elle a su se faire désirer : venue au monde à moins de six mois, pesant à peine plus lourd qu'un poussin (960 grammes !) elle est restée trois mois entre la vie et la mort. Trois mois durant lesquels nous n'avons pas dormi et n'avons fait que penser à elle, retenant notre souffle, suppliant secrètement le ciel.

Elle est beaucoup à la maison dans les premiers temps de sa vie, et je découvre Vadim en jeune père tandis que moi je suis tous les soirs sur scène, dans la peau de Lioubov Andreïevna, l'héroïne du grand Tchekhov.

Et quel amour il faut à ce jeune père pour dorloter une enfant qui se remet difficilement de ces premiers mois à l'hôpital ! Sans doute traumatisée par les bip-bip et les sonneries incessantes du centre des grands prématurés, Marie est une petite fille qui refuse obstinément de céder au sommeil. Comme si dormir était associé dans sa mémoire à un effroi, ou à une souffrance, qu'elle ne sait pas exprimer autrement que par les larmes et qui la hante. Elle pleure, jusqu'à tomber d'épuisement, et quand elle saura marcher, elle ira jusqu'à somnoler debout, tout en se retenant d'une main, pour ne pas se laisser emporter par le sommeil. Et quand nous la mettrons au lit, elle refusera obstinément qu'on lui retire ses chaussures...

Vadim est bouleversé par Marie. Peu importe qu'elle n'ait pas les mots pour lui expliquer ses cauchemars, il a tout deviné, tout compris, et il passe alors des heures à la bercer dans ses bras, puis dans son petit lit, à lui parler tout bas à l'oreille, à lui raconter des histoires dont elle ne saisit pas le sens, bien sûr, mais dont la musique l'apaise.

Certains soirs, je les laisse en tête à tête pour courir au théâtre.

— Ne t'inquiète pas, Barouchka, ça va très bien aller.

Il lui donne son bain, cuisine sa petite soupe, lui chante une chanson.

Dix minutes avant d'entrer en scène je ne peux pas me retenir de lui téléphoner.

— Alors, comment s'est passé le dîner ?

— Eh bien, nous avons vomi, figure-toi, et nous étions en train de chercher un pyjama de rechange.

— Oh, mon pauvre chéri ! Je crois qu'il reste quelques pyjamas propres dans le placard de la salle de bains...

— Oui, mais tout va bien tu sais. Je crois même que nous allons nous offrir le luxe d'un autre petit bain. Et puis après ça, nous essaierons peut-être de dormir un peu.

Marie dort enfin quand je rentre du théâtre, et lui m'attend, plein du désir de me raconter ce qu'ils se sont dit par les yeux, ce qu'il a compris d'elle. Il se sent à sa place, heureux de cet enfant comme de ses quatre précédents, et le regardant, l'écoutant, je me dis que ce qui fait sa singularité, sa beauté, c'est sa façon d'assumer avec tant de naturel sa part de féminité. La plupart des hommes tentent de dissimuler cette féminité qui les effraie, leur fait confusément honte, peut-être, tandis que lui en semble comblé.

Et c'est alors qu'il me revient une chose que j'avais découverte de lui bien avant de le connaître. Un jour, j'étais tombée sur un entretien qu'il avait accordé au mensuel *Marie Claire*. Pourquoi avais-je pris le temps de le lire, moi qui n'avais à ce moment-là en tête que l'image publique (guère flatteuse à mes yeux) que les journaux nous avaient donnée de Vadim ? Je ne sais pas, je devais être dans le salon d'attente d'un médecin, ou bloquée quelque part. Vadim parlait de ses quatre enfants, expliquant que les deux garçons, Christian et Vania, avaient été plutôt élevés par leur mère (Catherine Deneuve et Catherine Schneider), mais qu'en revanche il avait élevé pratiquement ses deux filles, Nathalie et Vanessa (enfants d'Annette Stroyberg et de Jane Fonda). Et soudain, il avait cette phrase magnifique, que je cite ici de mémoire : « J'ai dû avoir un rapport étrange avec mes filles parce que très souvent elles m'appellent maman. Et c'est vrai que j'ai l'impression d'être autant leur maman que leur papa. »

Qu'un homme ose avouer dans un magazine féminin que ses filles l'appellent « maman » m'avait éblouie. Je m'étais dit que cet homme-là devait être en paix avec sa masculinité pour assumer avec autant de tranquillité sa féminité. Et puis je n'y avais plus pensé. Mais tout demeure dans notre mémoire, voire dans notre inconscient, et je songe aujourd'hui que cette réflexion si charmante, si intelligente, était sans doute présente dans le premier regard que j'ai porté sur Vadim, à Cognac.

De quand date cette lettre dans laquelle il évoque Marie, rédigée à la hâte après une nuit d'écriture, les paupières lourdes et la main fatiguée ? Sans doute de l'hiver 1994.

« Il est cinq heures bonnes gens. Barouchka, nous n'écrivons pas la lettre d'amour parce qu'il est tard. Néanmoins, je confesse que je n'ai jamais regardé une femme comme je te regarde. Je confesse que je n'ai jamais été aussi heureux d'approcher, de rêver, d'écouter parler une femme. Je confesse que même impuissant une fois sur dix, la lumière de ta peau, le dessin de ta taille m'entraînent au sommet des félicités humaines. Je confesse que tu me conduis au péché de luxure, au-delà du mur du son, ce qui me vaudra des siècles de purgatoire. Je confesse que ça vaut le coup. Et d'ailleurs, je ferai entendre à Dieu le Père qu'être débauché par une sainte me donne droit à la rédemption.

« En attendant, je suis heureux de te connaître, tu m'ouvres les nuages et m'apprends à respecter les femmes. Aux mots qui suivent, et qui vont te plaire, n'imagine aucune flatterie : je suis devant toi comme

Marie découvre les couleurs de la vie. Je te mange des yeux, habillée ou nue, et je pense fleurs, fleurs… Ainsi va le monde, ainsi nous t'adulons. J'ai croqué la pomme, et tu m'as embrasé. Ce qui m'amène à ces mots : Ils eurent beaucoup d'enfants et vécurent heureux.

« Ton fiancé,

« Vadim. »

Tandis que je continue de jouer dans *La Cerisaie*, lui a publié *Le Goût du bonheur* et il s'est mis peu après à l'écriture d'un scénario fleuve pour la télévision française : *La Nouvelle Tribu*. C'est son éditeur et ami, Bernard Fixot, qui lui en a suggéré l'idée, un soir à table, après l'avoir entendu raconter – avec un ravissement manifeste – les aventures extravagantes de ses enfants pour rejoindre leurs mères à l'autre bout du monde, ou retrouver leur père. Christian, qui repart de Los Angeles pour Paris avec la valise de Nathalie, tandis que celle-ci s'envole pour le Danemark avec la valise de son frère… Quand ce ne sont pas carrément les enfants qui sont placés dans le mauvais avion et se retrouvent dans les bras d'une mère qui n'est pas la leur, toutes n'ayant pas forcément le sens de l'humour.

En matière de familles recomposées, Vadim est un précurseur. Il a essuyé les plâtres, tenté d'imaginer les meilleures solutions pour que ses enfants ne pâtissent pas trop du divorce de leurs parents, affronté le féminisme de l'une, les colères froides de l'autre, et voulant bien faire s'est souvent pris les pieds dans le tapis.

— Tu as le scénario d'un film extraordinaire, lui a dit Bernard Fixot.

L'idée a fait son chemin et, quelque temps plus tard, Vadim a commencé à inventer ses personnages, son histoire, à partir de la sienne, bien sûr, mais aussi de tout ce que son imagination lui a soufflé.

Cette fois-ci, il n'a aucun mal à monter la production et je me retrouve dans son casting au côté de Ludmila Mikaël, Roger Van Hool (qui fut mon partenaire dans *Femme entre chien et loup*), François Chaumette, Jean-Pierre Bisson et toute une ribambelle de jeunes comédiens et comédiennes qui vont incarner avec nous *La Nouvelle Tribu*.

On m'avait dit que tourner avec Vadim était d'un immense confort parce qu'il était attentif au bien-être de chacun, et je constate combien c'est vrai. Il est dans son élément sur un plateau, le visage épanoui et souriant, observant chacun de ses comédiens avec une curiosité d'enfant, à la fois amusé et réfléchi, l'air de se demander sans cesse comment il pourrait tirer le meilleur parti de toutes ces personnalités différentes, de la retenue de l'un, du mauvais caractère de l'autre, voire d'un détail qui vient seulement d'attirer son attention. D'un geste, il vient décoiffer celle-ci, défaire le col de cet autre... sans jamais perdre le fil de la scène et glisser un conseil à tel ou tel tout en lançant à la cantonade : « On la refait encore une fois, mais on y était, c'était magnifique. Vous étiez tous magnifiques ! »

On dirait que le cinéma est une seconde nature. Il est là comme il est à la maison, ne se pressant jamais, goûtant le plaisir de chaque minute que lui offre la vie – la vie réinventée en l'occurrence. Mais qu'elle soit réinventée lui donne manifestement un plaisir supplémentaire, « celui que doit éprouver le bon Dieu, dit-il, à nous regarder de là-haut chercher notre chemin ». Il est un bon Dieu bienveillant et généreux, nous laissant fourmiller, nous tromper, revenir en arrière, sachant saisir l'humanité de chacun. Après quelques jours seulement, je vois combien les gens se sentent bien dans leur peau, tous, qu'ils soient comédiens ou techniciens, et ce bonheur de travailler ensemble qu'ils partagent, je sais bien que c'est lui qui en est la source. J'ai suffisamment tourné pour savoir combien nous sommes des éponges sur un plateau : que le réalisateur soit nerveux et peu sûr de lui, et c'est toute la troupe qui se surprend à douter.

Avec Vadim, on se sent portés, valorisés, et constater combien les gens l'aiment est sûrement la plus grande joie que m'apporte ce tournage. Au début, je suis un peu gênée parce que nous arrivons ensemble sur le plateau – une vaste villa que la production a louée sur les hauteurs de Suresnes. Vadim a refusé la voiture avec chauffeur qu'on lui a proposée, de sorte qu'il arrive en retard, ayant toujours perdu quelque chose, comme à son habitude.

— Demain, j'irai toute seule, dis-je, furieuse. Que tu sois en retard, ça te regarde, mais moi ça ne m'est jamais arrivé.

Et lui :

— Ne t'énerve pas, Barouchka. Ça n'a aucune importance.

— Comment ça, aucune importance ? La maquilleuse va m'attendre ! Tout le monde va m'attendre ! Je ne peux tout de même pas dire que je suis en retard à cause de toi ! « Excusez-moi, mais c'est Vadim qui n'était pas prêt… »

Il éclate de rire.

Et c'est vrai que ça n'a aucune importance. Ce qu'on ne pardonnerait pas à un autre, on le lui pardonne à lui, parce que aussitôt là il est l'incarnation de la générosité, de la bonne humeur, du talent.

Et puis on se retrouve aux Gets. Il part quelques jours avant moi, pour le plaisir d'y être seul. Il bûcheronne, écrit, se bat avec la neige si c'est l'hiver pour maintenir ouvert le sentier qui conduit au village, s'en va marcher des heures tout seul si c'est le printemps, empruntant ces chemins douaniers qu'il connaît si bien. Sur l'unique photo que j'ai prise de lui aux Gets (un miracle, je ne fais jamais de photos), il sourit, comme n'en revenant pas d'avoir enfin cette maison, de s'être réconcilié avec un bonheur d'enfant qu'il avait perdu en chemin. Je n'ai jamais comparé avec les photos de lui publiées dans les magazines, bien avant qu'on se connaisse, mais je devine qu'il n'avait ni le même regard ni le même sourire. Le Vadim des Gets est enfin revenu au port après avoir longtemps vagabondé, et s'être perdu.

Il est attentif, désormais, à ce qu'aucun malentendu ne le distraie d'un bonheur qu'il a mis tant de temps à conquérir.

« La ferme, mardi.

« Ma Barouchka, tu m'as parlé avant-hier d'un froid. Je ne veux pas avoir froid sans toi. Je ne pense plus qu'à ça. J'ai fait un rêve que je t'ai raconté, un rêve hyperréaliste qui venait de ta question. Un homme amoureux peut tout faire, tout promettre, ma chérie, mais comment jurer que tu n'auras plus froid après la mort ? Tu aimes trop les voyages pour avoir peur de celui-ci. Merde, il fait chaud, ouvre la fenêtre, demande aux anges d'aller jouer plus loin… »

La lettre s'arrête là. Je n'ai pas le souvenir de m'être jamais gravement disputée avec Vadim. Alors de quel froid a-t-il eu peur soudain ? Sans doute avions-nous dû parler de la mort, la mienne, la sienne. Et cette fois, il s'était senti démuni.

Pourtant, il y songeait, et l'évoquait même souvent dans ses lettres.

Dans celle-ci, par exemple, pas plus datée que la précédente :

« La nuit.

« Léger, attentif au désastre, suspendu, le murmure raconte la douceur de la peau, le toucher, le désir et l'intelligence. Il sait presque tout. Il invente l'inconnu. Le murmure est plus subtil et plus élaboré que la toile d'araignée. Il résiste aux tourments, aux intempéries, et s'éteint parfois d'un mot. Il nous a suivis de la naissance à ce jour. Il a respiré notre premier regard ; il rendra heureuse notre mort.

« Mais c'est un gentleman, il n'espère ni n'exige. Poète aussi. Il dit en parlant de toi : “La beauté lui va.” Il sourit, et ajoute : “Mieux, elle l'habille.” J'aime ce murmure, ne le froissons pas, il est fragile. Encore qu'il affirme tout savoir et raconte que la mort ne sera pour nous qu'un repas de plus.

« Je lui ai demandé :

« — À quand ce repas ?

« J'ai mal entendu la réponse.

« J'ai cru saisir :

« — Qui parle de manger ? Votre vie est un festin.

« Ces mots quasi inaudibles m'ont ouvert l'appétit. Tu es mon festin, Barouchka, ma truffe blanche, mon lait concentré, mon butter scotch, ma forme et mon délice. »

Je le rejoins aux Gets et nous passons quelques jours dans l'intimité l'un de l'autre. Nous nous promenons, nous lisons silencieusement, il fait la cuisine, nous jouons au Scrabble, mais à notre façon, chacun aidant l'autre à obtenir le plus de points possible, et nous dormons pressés l'un contre l'autre, jusqu'à des heures impossibles parfois.

Ah ! oui, le lait concentré. Il est comme un enfant. Certains soirs, il monte se coucher avec son tube de lait concentré qu'il tète goulûment avant de sombrer dans le sommeil.

24.

C'est Jean-Marie Sénia qui a cette étrange idée de me faire chanter. Non pas chanter pour trouver ma voix et être au plus près de moi, comme je continue de le faire avec Geneviève Rex, mais chanter pour enregistrer un album, et, pourquoi pas, me produire un jour sur scène. Jean-Marie est entré dans ma vie quinze ans plus tôt, quand je jouais *Conversation chez les Stein sur monsieur de Goethe absent*, en composant la musique de scène et en me faisant jouer un petit morceau qui revenait entre deux actes. Puis nous nous sommes retrouvés pour *Partage de midi* dont il a composé une admirable musique de scène. Il s'était alors si bien entendu avec le metteur en scène, Gilles Atlan, que lorsque celui-ci est mort, nous laissant orphelins, c'est à Jean-Marie que j'avais fait appel pour nous remettre en scène à Paris.

C'est encore lui qui compose les différentes musiques de *Marie Curie*, des *Mots pour le dire*, de *La Nouvelle Tribu*, découvrant à cette occasion Vadim. Comme Geneviève Rex avant lui, Jean-Marie tombe sous le charme de Vadim. Lorsqu'il m'appelle, un matin, pour me rappeler sa vieille idée de m'écrire des chansons (voilà quinze ans qu'il m'en parle !), je commence par en rire. Mais soudain je mesure mon erreur quand je l'entends m'annoncer gravement :

— Et pour les paroles, j'ai enfin trouvé : j'aimerais que ce soit Vadim.

Le projet n'avait pas abouti jusqu'ici, car nous nous heurtions chaque fois au même problème : où dénicher un parolier qui nous corresponde à l'un comme à l'autre ?

— Attends, tu veux demander à Vadim d'écrire nos chansons ?

— Oui, voilà.

— Mais Vadim n'a jamais fait ça !

— Vadim est un poète, je suis sûr qu'il saura trouver les mots. Parle-lui de mon idée et rappelle-moi.

Vadim est à la fois surpris et ravi. Il me dit tout de suite oui, qu'il veut essayer. Il a une confiance aveugle en Jean-Marie, sans doute aussi secrètement peur de le décevoir, mais c'est le genre de situation qui lui donne envie de se lancer.

Certains jours, désormais, je le trouve attablé dans la cuisine, ou allant et venant dans le salon, carnet et crayon en main, composant... des vers ! Des vers libres, certes, mais des vers malgré tout ! Ai-je dit mon bonheur quand, glissant ma clé dans la serrure, je vois que la porte n'est pas verrouillée, preuve qu'il est à la maison ? Voilà bientôt dix ans que je partage la vie de cet homme, et dix ans que mon cœur s'emballe quand j'ai la certitude de le trouver à la maison. Il compose des vers, oui, et les mots lui viennent sans difficulté. Parfois même, il est si heureux de son travail, qu'il voudrait avoir un retour immédiat de Jean-Marie.

Il l'appelle, lui envoie ses paroles – Jean-Marie Sénia habite Dijon – et n'a… aucun retour.

— Pourquoi ne me répond-il pas ?

— Jean-Marie est comme ça, mon amour. C'est un homme qui disparaît, c'est un artiste. Mais il finit toujours par réapparaître.

— J'ai besoin de son avis, je ne peux pas travailler dans le vide.

Vadim en arrive à se mettre en colère, lui que je n'ai jamais vu perdre son sang-froid, même sur le plus calamiteux des tournages, comme au Zaïre.

— Si c'est comme ça, Barouchka, nous n'avons qu'à changer de compositeur.

— Ah ça jamais ! Jamais je ne chanterai avec quelqu'un d'autre que Jean-Marie.

Il réapparaît. Tout va bien, il a trouvé les paroles de Vadim, les aime ! et a déjà composé quelque chose qu'il nous chante au téléphone.

La chanson s'appellera *L'Homme rêvé*, et c'est un portrait de Vadim, un autoportrait, devrais-je écrire, puisque les paroles sont de lui :

« Il n'était pas comme tout le monde,
Il ne votait pas,
Il ne pleurait pas,
Il se moquait des impôts,
De vos ministres et de vos journaux.

Et quand on a vieilli,
Lui restait toujours lui,
L'amour ne l'avait pas fui,
Ni sa main,

Qui caressait mon sein,
Pour nous fêter demain. »

Et celle-ci encore, qui est une commande de ma part, à partir de la première phrase que m'inspire ma vie : *Dis-moi merci pour mes péchés* :

« Dis-moi merci pour mes péchés,
Pour ces amants qui me comblaient,
Pour ces leçons d'anatomie,
Ces jeux piquants en compagnie,
Et ces nuits blanches endiablées.

Dis-moi merci pour mes péchés,
Je chantonnais dans l'escalier,
Qui conduisait au 7e ciel,
Jusqu'au grand lit de mon amant,
Sur l'oreiller de la sagesse.

Dis-moi merci pour mes péchés,
J'ai pris les hommes du bon côté,
Je leur ai donné, j'ai câliné,
Parfois aussi je me suis fâchée,
Jamais je ne les ai regrettés.

Je t'ai trouvé mon pauvre chéri,
Oiseau perdu à la dérive,
J'ai su t'aimer, te rendre heureux,
Car j'avais bien appris la vie,
Dis-moi merci pour mes péchés,
J'ai pris le bonheur
Quand il passait. »

Il a fini de tourner *Un coup de baguette magique*, troisième et dernier épisode de *La Nouvelle Tribu*, et il est plongé dans ce travail éthéré de poésie où il évoque notre amour, les femmes, ma passion pour Claudel – « Elle se pensait plus belle, Elle se voyait en Dieu, Quand... quand elle jouait Claudel ! » –, quand Dieu, justement, vient nous rappeler combien nous sommes peu de chose, combien le bonheur est éphémère.

Durant l'été 1997, Vadim se découvre une douleur sourde dans la poitrine, une douleur qu'il ne connaît pas, qu'il n'a pas appris à dompter avec les années. Le généraliste ne trouve rien d'anormal, et l'on consulte donc un ostéopathe. Mais l'ostéopathe est impuissant à le soulager, alors on se tourne vers un autre médecin. Celui-ci recommande une biopsie et le résultat est sans équivoque : c'est un cancer. Un cancer du thymus, cet organe situé en arrière du sternum et dont j'apprends alors qu'il est très développé chez l'enfant mais s'atrophie habituellement chez l'adulte, jusqu'à se faire complètement oublier. « Il aurait pu être touché aux poumons, me dis-je, lui qui a tant fumé, ou au foie, lui qui a pas mal bu, mais non, le destin le frappe au thymus, cette glande de l'enfance, comme si le destin voulait le punir d'être resté toute sa vie un enfant. »

Vadim reçoit la nouvelle avec son sang-froid habituel, prenant garde à ne rien montrer de son inquiétude.

— Nous allons tout faire au mieux et tu vas guérir, lui dis-je en sortant de chez le médecin avec ce fardeau sur le cœur.

— Oui, ma chérie, j'ai confiance, ne te fais aucun souci.

Je partage absolument sa confiance. À ce moment-là, je pense que c'est une épreuve qui se présente sur notre route, mais que nous sommes bien assez forts pour la surmonter et que notre beau voyage va se poursuivre de longues années encore.

Avant de décider quoi que ce soit, il souhaite que nous prenions conseil auprès de son vieil ami, Pierre Huth, qui fut son témoin à notre mariage. Et c'est donc Pierre Huth, dentiste de profession, qui nous obtient en quarante-huit heures un rendez-vous avec le professeur David Khayat, cancérologue à la Pitié-Salpêtrière.

Le professeur Khayat nous reçoit avec beaucoup d'affabilité. J'ai le sentiment qu'il est prêt à répondre à toutes les questions que souhaiterait lui poser Vadim – de quelle nature est mon cancer ? comment va-t-il évoluer ? mon pronostic vital est-il engagé ? – mais je constate que Vadim ne pose aucune question, et je prends ce jour-là la décision d'adhérer, de *coller* à sa position. Si lui ne veut rien savoir de plus que le strict minimum, eh bien, je demeurerai dans la même ignorance. Je ne veux pas me trouver dans la situation d'en savoir plus que lui, et de devoir lui annoncer peut-être un jour des choses qu'il ne saurait pas. Je veux que nous soyons sur un absolu pied d'égalité face à sa maladie.

Le strict minimum, c'est la chimio, dont le professeur Khayat lui expose le rythme et les conséquences. Vadim acquiesce silencieusement, sans mesurer certainement la violence dévastatrice du traitement qui va lui être infligé. Et comment le pourrait-il ? En une seule petite semaine il est méconnaissable : ravagé, amaigri, épuisé, sans plus un cheveu sur la tête, ses cheveux qu'il mettait tant de soin à conserver…

Une semaine de chimio, deux semaines pour se remettre ; une semaine de chimio, deux semaines pour se remettre... et ainsi de suite. Bientôt, Vadim n'est plus que l'ombre de lui-même, une sorte de mort vivant, mais il ne se plaint pas et il s'applique à reprendre un peu de force dans les intervalles. Il a confiance, je le vois, je le sens, et je soutiens de toutes mes forces cette confiance. « Oui, la chimio va venir à bout de ta tumeur, et oui, les médecins vont te guérir, et un jour tu te remettras à composer des chansons pour Jean-Marie Sénia, et tu referas du cinéma, et nous vieillirons aux Gets comme nous l'avons toujours voulu. »

Il veut que personne ne sache, ni sa maladie ni son calvaire, et nous ne prévenons ni ses enfants, ni sa mère, toujours solide en dépit de son âge. Seule sa sœur Hélène est dans le secret. Quand sept ans plus tard j'aurai moi-même un cancer (sans comparaison avec la gravité de celui de Vadim) j'éprouverai également le désir de garder le secret. Vadim ne veut pas alarmer ceux qu'il aime le plus au monde, il ne veut pas qu'on accoure à son chevet et surtout qu'on le plaigne. Il a bien compris que le cancer est un combat, une sorte de défi que nous lance la vie (ou peut-être la mort), et il veut mener ce combat sereinement, silencieusement, concentré sur lui-même et sur le peu de souffle qui lui reste. Je le comprends – j'adopterai la même attitude quand la maladie se présentera.

Il est en traitement depuis deux mois, peut-être, quand je me retrouve un après-midi seule chez ses amis Pierre et Françoise Huth. Je n'arrive pas à me souvenir, aujourd'hui, quelle circonstance exceptionnelle a pu me conduire chez eux, sans Vadim.

Pierre Huth me fait asseoir, sous le regard extrêmement attentif et grave de sa femme, et j'ai soudain le pressentiment qu'il va se produire une chose impossible. Je devrais me lever, m'enfuir, mais j'en suis incapable, comme paralysée par l'angoisse.

— Je crois que tu n'as pas bien compris la gravité de la situation, commence-t-il.

— Je la vis tous les jours, Pierre, je ne peux pas mieux la comprendre.

— Marie Christine, Vadim est perdu.

— Mais pourquoi me dis-tu ça ! Mais comment… ?

— C'est notre devoir de t'en informer, m'interrompt doucement sa femme.

Alors moi, m'entendant crier :

— Vous ne pouvez pas me dire une chose pareille ! Vous ne pouvez pas ! Et comment le savez-vous d'abord ? On ne nous a rien dit à l'hôpital !

— Personne n'a osé vous le dire, reprend-il. Mais nous on le sait de bonne source, crois-moi, et nous sommes là pour t'en informer.

— Je ne veux pas le savoir ! Je ne vous ai rien demandé ! Je veux continuer à croire ! Oh, mon Dieu, comment pouvez-vous me dire une chose pareille ! Oh, mon Dieu non !

— Marie Christine, nous comprenons parfaitement ta douleur, tu le sais, pardonne-nous, mais dans une telle situation…

— Non, je ne veux rien savoir ! Je vous en supplie, taisez-vous ! Taisez-vous ! Laissez-moi sortir !

Je me revois courant jusqu'à ma voiture, et une fois dedans me mettant à hurler, à hurler. Quand j'y repense, aujourd'hui, il me semble que de toute ma vie je n'ai jamais été aussi près de l'animal qu'à cet instant-là.

Et en même temps, je ne peux pas le croire, même si je l'ai entendu. « Eux le croient, mais ils peuvent se tromper », me dis-je. Je m'accroche à ces quatre mots : « ils peuvent se tromper », « ils peuvent se tromper », et je vois combien petit à petit, à force de les répéter, ils m'aident à reprendre mon souffle, à recouvrer mon calme.

Je ne hurle plus, je sèche mes larmes, je parviens à mettre le contact, à tourner le volant, à prendre la bonne direction. Vadim m'attend à la maison, je suis supposée être sortie pour une toute petite course, mais en chemin j'ai rencontré la mort, l'idée de la mort. Où est-ce que je vais la mettre, maintenant, pour qu'elle ne m'empêche pas de sourire à l'homme que j'aime plus que tout au monde, pour que je puisse lui donner ses médicaments sans trembler, et le prendre dans mes bras, et lui murmurer à l'oreille des mots d'amour et de réconfort ? Où est-ce que je vais la mettre, l'idée de la mort, dans quel recoin obscur de mon cœur, pour ne plus l'avoir à l'esprit, pour l'oublier ?

Après, avec le recul, on se demande comment on a pu surmonter une telle épreuve, ouvrir la porte sans frémir et lancer presque joyeusement : « C'est moi, mon chéri, je suis rentrée, comment te sens-tu ? »

Moi qui avais pris le parti de ne rien savoir de plus que lui sur sa maladie.

Nous ne voulons pas nous laisser gagner par la peur, nous voulons demeurer dans la vie, continuer à imaginer notre lendemain, continuer à créer, à jouer, à prendre du plaisir, si fragile et si douloureux soit-il. C'est un dérèglement mystérieux du corps qui nous a soudain précipités au bord du gouffre, mais nous avons l'intuition qu'en marge de la médecine notre appétit de vivre est notre meilleur allié pour ne rien céder à l'ennemi, pour ne pas nous effondrer, et tomber.

Avant même que Vadim entre dans cette épreuve, le destin m'a tendu la main en me faisant le cadeau de la pièce magnifique d'Edward Albee *Qui a peur de Virginia Woolf ?* Je parle de destin, car la chose s'est jouée à presque rien. Un soir de septembre 1996, je vais voir la pièce, interprétée par Béatrice Agenin et Jean-Pierre Cassel. Il se trouve que le metteur en scène, Pierre Constant, est présent, et que nous échangeons quelques mots après la représentation. Je crois comprendre que le spectacle va s'arrêter parce que Béatrice Agenin est appelée sur un autre projet. Est-ce que j'en manifeste le regret ? Oui, sans doute, puisque le lendemain matin Pierre Constant me téléphone :

— Cette nuit, j'ai repensé à notre conversation. Nous sommes tous désolés de devoir arrêter la pièce, j'ai compris que vous l'étiez aussi. Est-ce que vous seriez libre… et intéressée par le rôle ?

— Là, vous me prenez de court, je n'y avais pas pensé.

— Si vous étiez partante, nous pourrions envisager de poursuivre.

— Laissez-moi une heure et je vous rappelle.

Je viens de tourner deux téléfilms, *Le Grand Batre*, de Laurent Carceles, et *La Maison de famille*, de Serge Moati, je suis miraculeusement disponible.

— C'est d'accord, dis-je à Pierre Constant. Vous ne pouvez pas savoir comme je suis heureuse de reprendre ce rôle !

J'ai trois semaines pour mémoriser le texte, et nous n'aurons qu'une semaine pour répéter. On m'offre un *coach* pour m'aider à assimiler ce rôle très lourd.

Qui a peur de Virginia Woolf? est une immense scène de ménage, féroce et destructrice, entre George, professeur d'université dans une petite ville de la Nouvelle-Angleterre, et Martha, malheureuse et frustrée. Ils rentrent d'un dîner, épuisés et ivres, quand survient un jeune couple (Anne Loiret et Françoise Feroleto) qui va servir de prétexte à un effrayant déballage. C'est toute la noirceur de la vie qui déborde soudain dans l'Amérique morale et bien-pensante de l'après-guerre. La fin est somptueuse : le jeune couple est parti, George et Martha sont à terre après s'être tout dit, tout fait. Ils sont absolument nus moralement l'un en face de l'autre, et George pose délicatement sa veste sur les épaules de sa femme qui grelotte. Pour moi, c'est le moment où ils vont enfin pouvoir commencer à construire quelque chose, à s'aimer, après tant d'années passées à se détruire.

Tous les soirs, après avoir vécu des heures intenses et douloureuses auprès de Vadim, je suis au Théâtre de l'Œuvre, rue de Clichy, dans la peau de Martha, donnant la réplique à un Jean-Pierre Cassel extraordinaire dans le rôle de George. Et tous les soirs, Vadim retrouve son sourire pour m'apostropher depuis la cuisine où il m'attend :

— Ah ! Barouchka, je m'ennuyais de toi. Avez-vous été applaudis comme vous le méritez ?

— Un triomphe, mon chéri. Nous avons été excellents, comme d'habitude !

Et Vadim se lève pour m'enlacer. Rien ne le réjouit comme ce genre de bêtises.

Au mois de janvier 1998, l'équipe du professeur Khayat a le sourire. Sous les assauts de la chimiothérapie, la tumeur a fondu, paraît-il, passant de 100 à 20, selon le dernier scanner. Durant quelques jours, j'ai le sentiment que Vadim est guéri tant il reprend rapidement des forces. Et d'ailleurs, il se remet à écrire, une chanson ou deux, un début de scénario, quelques lettres d'amour que je découvre sur ma table de nuit comme au temps de sa splendeur.

« Ma chérie, même que je suis mort cette nuit. Même que tu es plus que ma vie. Tu es mon chiffre, tu es mon univers. Moi qui aime les montagnes, la mer et les nuages, je n'imagine pas un paysage sans ta présence. Mon âme chérie, je rêve de ton rire, je respire de tes yeux et de ta joie charnelle. Tu m'as inventé, moi qui ai tant vécu. Je t'invente chaque jour pour mon plaisir. Quand le cœur bat si fort, on n'ose plus dire je t'aime. »

Le professeur Khayat nous a fixé rendez-vous, et nous attendons cet entretien avec le sentiment qu'il devrait marquer un heureux tournant dans le traitement.

— Grâce à la chimio, nous confirme-t-il, nous avons obtenu des résultats très satisfaisants.

— Oui, dit Vadim, je me sens en bien meilleure forme.

— La tumeur a considérablement diminué, et elle est maintenant opérable. C'est de cette intervention que je souhaite que nous parlions aujourd'hui.

— Pardon ? Mais on ne m'a jamais parlé d'une opération.

— Nous ne l'avions pas évoquée jusqu'à présent parce que la tumeur n'était pas opérable. Elle l'est désormais, et nous devons programmer rapidement cette intervention.

Je vois Vadim abasourdi, effondré. Et moi aussi je suis prise de court. Ce n'est donc pas fini, tout cet automne abominable, effrayant, n'était que le début du chemin de croix.

Mesure-t-il à ce moment-là, et *a posteriori*, l'extrême gravité de son cancer ? Je n'en suis pas certaine tant il est assommé par la perspective de cette opération. Mais moi j'en prends conscience, oui, comprenant que la tumeur devait être véritablement énorme pour qu'à aucun moment la chirurgie n'ait été évoquée jusqu'ici. Et j'en tire aussitôt argument pour le rassurer.

— C'est formidable, lui dis-je en repartant, ça veut tout simplement dire que tu as gagné la première bataille. C'était inquiétant de ne pas être opérable. Mais désormais, tu l'es. C'est un pas immense vers la guérison, mon amour. Je suis heureuse. Je suis heureuse et fière de toi !

— Alors c'est l'essentiel Barouchka.

Les médecins ne nous ont pas caché que c'est une intervention très lourde, et le matin où il doit entrer en salle d'opération Vadim est extrêmement angoissé. Je le vois se recroqueviller sur lui-même au fil des minutes, et ni les mots ni les caresses ne semblent plus pouvoir l'atteindre. Alors je me glisse dans son lit, et comme il se met aussitôt en position fœtale, je me colle dans son dos et l'enlace. Depuis dix ans que nous nous aimons, nous dormons dans la position inverse, lui s'emboîtant étroitement dans mon dos, ce que nous appelons « faire la cuillère ». Pour la première fois, ce n'est plus lui qui me fait un rempart de son corps, c'est moi. C'est moi qui l'enferme et le protège, et je le sens aussitôt qui lâche, qui s'abandonne. Alors je calque ma respiration sur la sienne pour que nous ne formions véritablement plus qu'un, qu'il se déleste sur moi de tous ses cauchemars, et il se passe bientôt une chose qui me bouleverse : il s'endort. Lui qui était si tendu un moment plus tôt, au point qu'il ne m'entendait plus, oublie tout, ne veut plus rien savoir de ce qui l'attend, pour sombrer dans le sommeil. Comme un enfant malmené, menacé, qui retrouverait enfin les bras de sa mère.

Il est encore dans la douce inconscience du sommeil quand on vient le chercher.

Un moment plus tard, Ariane me rejoint. Nous allons patienter ensemble. Je n'ai gardé qu'un souvenir décousu de cette journée interminable, alternant de longues parenthèses d'inconscience, et même de rire, grâce aux talents de conteuse de ma fille, et des instants de lucidité où je me sens brusquement rattrapée par un froid polaire, les mains gelées, le cœur glacé. « Mon Dieu, pourvu que tout se passe bien... Pourquoi ne nous donne-t-on aucune nouvelle ?... Depuis combien de temps est-il parti maintenant ?... Bientôt six heures !... C'est normal que ça soit si long ?... Mais oui, s'il y avait quoi que ce soit, ils seraient déjà venus nous avertir... Ne rien imaginer, chasser les images qui me viennent... »

L'opération dure un peu plus de dix heures.

— Votre mari est en réanimation, tout s'est passé comme prévu, m'assure finalement le chirurgien.

Mais il est encore à l'hôpital qu'on lui parle déjà d'une radiothérapie.

La tumeur a été enlevée, certes, mais il faut maintenant prévenir les métastases, se prémunir contre une éventuelle récidive.

La radiothérapie, qui débute alors que la cicatrisation n'est pas terminée, est un nouveau calvaire. On lui brûle l'œsophage à tel point qu'il ne peut pratiquement plus rien avaler. Chaque bouchée est comme un papier de verre qu'on passerait sur une plaie à vif.

Que faut-il penser ? Que faut-il croire ? Chaque fois que je le croise, le professeur Khayat me glisse un mot gentil :

— Si tu as besoin de parler, si tu as des questions, surtout n'hésite pas, je suis aussi là pour ça.

— Merci David, j'ai bien entendu.

Mais je ne bouge pas. Je ne me vois pas allant le trouver dans le dos de Vadim. « S'il m'annonce qu'il est perdu, me dis-je, me remémorant soudain mon effroyable conversation chez les Huth, qu'est-ce que je ferai ? » Je devrai trouver la force d'aller le dire à Vadim. Et je m'en sens incapable, bien sûr. Alors non, je ne veux décidément rien savoir de plus que ce qu'il sait lui-même.

25.

Cependant, le temps semble récompenser notre foi partagée en la guérison : au printemps de cette année 1998, Vadim va mieux. Les souffrances consécutives à l'opération se sont petit à petit estompées, la radiothérapie a été interrompue (jusqu'à quand ?), il retrouve un peu d'appétit et le désir de se remettre au travail.

Son grand projet du moment, miraculeusement adapté à son état d'épuisement, demeure mon hypothétique récital. Jean-Marie Sénia continue d'y croire, et il presse Vadim de lui écrire de nouvelles chansons qu'il mettra en musique.

Il me semble que c'est durant ce printemps que Vadim compose *Le soleil s'ennuie*, et il est impossible de ne pas faire le lien avec ce qui lui traverse l'âme à ce moment-là.

« On se croit monument,
On n'est que "pauvre instant",
Refrain sempiternel,
Refrain, refrain, chagrin.

Viens, on se balade,
Aux coins d'la vie,
Le printemps refleurit,
Les amants réunis,
Le soleil sourit,
On reprend d'l'appétit. »

De mon côté, je suis passée de *Qui a peur de Virginia Woolf?* à *La Ménagerie de verre*, de Tennessee Williams, sous la direction de Michel Fagadau (qui nous avait déjà mis en scène dans *Enfin seuls!*). Avant de jouer au Studio des Champs-Élysées, nous rodons le spectacle en tournée, en Belgique, à Monaco, et dans différentes villes de France.

Je rentre à Paris aussitôt que je le peux, et sinon Vadim et moi ne passons pas deux heures sans nous téléphoner.

L'été s'annonce clément après cet hiver qui nous a paru interminable : Vadim a suffisamment repris le dessus pour que nous envisagions d'accepter l'invitation de fidèles amis, François Bennaceur et sa femme, à les rejoindre à Hammamet, en Tunisie, avant de gagner notre ferme des Gets, tous les deux seuls, cette fois.

Je le revois marchant sur la plage d'Hammamet, désormais toujours en tee-shirt pour protéger l'impressionnante cicatrice qui lui barre le torse, suivant tour à tour des yeux les petits avions qui larguent des parachutistes et les skieurs sur l'eau, et rêvant tout haut de faire l'un ou l'autre, ou les deux.

— Est-ce que tu crois que j'ai quelque chance de me tenir au bout d'un parachute et d'arriver entier, Barouchka ?

— Tu peux peut-être attendre encore quelques jours...

— Alors pourquoi ne pas essayer le ski nautique ?

À vingt-cinq ou trente ans, avec son ami Christian Marquand, ils avaient fait le pari de traverser la baie de Saint-Tropez en smoking sur des skis nautiques. Sans se mouiller naturellement. Et ils avaient réussi. Il me raconte cette anecdote et il éclate de rire.

— Quel plaisir de t'entendre rire, mon chéri !

— Ce qu'on pouvait être cons tout de même...

— Allez, je suis sûre que tu recommencerais si quelqu'un te le proposait.

— Tu crois ?

Mais, finalement, il ne fait ni parachutisme ni ski nautique.

Aux Gets, je le retrouve tel que je l'aime, ébouriffé et souriant au réveil (il est content, ses cheveux ont repoussé), pressé de profiter du soleil déjà haut, puis marchant devant moi sur les sentiers escarpés, tantôt longuement silencieux, tantôt volubile parce qu'un souvenir d'enfance lui revient. Cuisinier le soir, puis tendre et fatigué, s'endormant le premier dans mes bras, lui qui se moquait de moi parce que, soi-disant, je sombrais au milieu d'une phrase – « Hier soir, Barouchka, tu as encore plouffé au milieu de la conversation. » C'est lui qui « plouffe » avant moi, désormais.

En septembre, et durant tout l'automne, on peut croire que la vie est presque redevenue comme avant.

Et d'ailleurs, David Khayat nous le confirme.

— C'est gagné, dit-il à Vadim, tu es en rémission.

Durant ces quelques mois de bonheur retrouvé, nous descendons à Dijon, chez Jean-Marie Sénia, répéter les premières chansons. Sénia a un studio d'enregistrement chez lui, et nous travaillons une chanson après l'autre jusqu'à être tous les trois satisfaits. La présence de Vadim est une grâce parce qu'il arrive qu'un mot ne convienne pas, ici ou là, et aussitôt il corrige son texte.

Je ne sais plus qui songe à nous photographier tous les trois en pleine répétition, mais j'ai cette photo où Vadim s'amuse, visiblement, de me voir chanter ses textes, debout devant un micro, tandis que Jean-Marie est au piano. Vadim travaillant au spectacle qu'un an et demi plus tard nous dédierons à sa mémoire, Jean-Marie pleurant alors silencieusement sur ce même piano, sans cesser de jouer, et moi retenant mes sanglots pour aller jusqu'au bout de *L'Homme rêvé*.

C'est en janvier 1999 que les choses se gâtent insensiblement. Il passe un scanner dont nous attendons la confirmation de sa guérison. Mais l'image est mauvaise, étrangement.

— On ne voit pas bien, il est impossible d'en déduire quoi que ce soit, nous expliquent l'un après l'autre les médecins. C'est la machine, ça peut arriver.

Un second scanner est programmé.

Cette fois, l'image est bonne, et il faudrait être aveugle pour ne pas deviner qu'elle préoccupe les médecins, en dépit de leur sourire et de leur calme apparent.

Plus personne ne parle de guérison, ni même de rémission.

— Par mesure de précaution, nous annonce le professeur Khayat, nous allons refaire une série de chimios.

Vadim accuse silencieusement le coup.

— Ne t'alarme pas pour autant, reprend le professeur, elle ne sera pas de la même nature que la première.

C'est une chimio moins nocive, en effet, qui ne lui fait pas tomber les cheveux et lui laisse suffisamment de force pour continuer à travailler. Il reprend son scénario, retourne à Dijon avec moi chez Jean-Marie Sénia, vient me voir jouer certains soirs pour le plaisir de m'emmener dîner ensuite dans un restaurant qu'il a repéré.

Désormais, il faut faire très régulièrement des scanners, et c'est chaque fois une épreuve que Vadim supporte sans ciller, tandis qu'elle me laisse en miettes. L'examen passé, on nous prie de patienter dans la salle d'attente. D'autres malades sont là, entourés d'un des leurs le plus souvent, chacun attendant d'être appelé pour entendre le médecin lui donner les dernières nouvelles de son cancer. On se sourit, on fait bonne figure, mais cette attente, c'est épouvantable.

Enfin, c'est à nous.

Le médecin sourit timidement, nous fait asseoir, se lance.

Déjà, on tente de décrypter ce qui se cache derrière ce sourire. N'a-t-il pas l'air un peu contraint ? Est-ce qu'il ne serait pas plus franc et généreux si les nouvelles étaient bonnes ?

Elles ne le sont pas, et c'est pourquoi sans doute le propos nous semble terriblement alambiqué. On est si tendus dans les premières secondes que les phrases n'ont aucun sens, les mots tombant ici et là comme des cailloux qu'on nous lancerait à la figure. Puis, tout de même, ils finissent par s'ordonner, émettre un écho familier, mais dont la musique n'est pas agréable à l'oreille.

— Tout n'est pas parfait, rien d'alarmant, mais il y a là une petite tache dont il va falloir se préoccuper...

« Oh, mon Dieu ! » songe-t-on, sans parvenir à écouter la suite. « Oh, mon Dieu ! » Et puis on s'en veut de sa peur, de sa lâcheté, et on essaie précipitamment de raccrocher les wagons. Ça y est, on a raté le début, mais maintenant on écoute scrupuleusement, tendu comme une corde à piano.

— Nous allons donc entreprendre une nouvelle chimio, un peu différente…

« Une nouvelle chimio. » Vadim demeure silencieux, peut-être blêmit-il tout au plus, tandis que moi je ressens soudain la présence d'une barre de plomb en travers du ventre. Je ne suis pas certaine de pouvoir me relever.

— J'ai confiance, nous sommes sur la bonne voie. Je suis certain que le prochain scanner…

Oui, docteur, merci de votre réconfort, nous aussi avons confiance.

— Alors au revoir, et surtout n'hésitez pas à me rappeler si vous avez des questions.

Dans la voiture, en regagnant la maison, on se réconforte mutuellement.

— Tout n'est pas parfait, mon chéri, mais on a quand même fait un sacré chemin depuis l'année dernière à la même époque !

Je veux parler de son opération, il y a tout juste un an.

— Ah, ça, tu l'as dit, Barouchka !

Et il rit. Il trouve la force de rire.

Quand je me remémore ces moments, aujourd'hui, je suis pleine d'admiration pour nous. On aurait dû sortir liquéfiés de ces rendez-vous, puisque, si on regarde bien, le médecin s'est efforcé de nous dire poliment que ça ne va pas du tout. On a bien compris, mais on refuse pourtant de se laisser gagner par le doute. On veut y croire, on ne perd pas confiance.

Enfin, je ne sais pas ce que pense Vadim tout au fond de lui. Je veux dire, derrière son rire et sa main qui caresse furtivement ma joue dans la voiture. Mais moi je n'envisage pas une seconde que nous soyons vaincus. Jusqu'à trois semaines avant sa mort, je n'ai pas voulu croire qu'il allait mourir. C'était inconcevable, tout simplement inconcevable.

En dépit des chimios, les scanners ne sont pas bons. Mais les médecins ne baissent pas les bras, et nous non plus.

L'état de Vadim se dégrade au fil des mois. Pourtant, c'est avec bonheur que nous voyons arriver l'été, comme si l'été ne pouvait être porteur que de bonnes nouvelles.

Nous partons pour les Gets avec Marie, notre petite-fille, notre enfant chéri, celle que Vadim a nourrie et bercée comme l'aurait fait une maman durant ses premiers mois si difficiles. Il n'a plus la force de marcher, mais il profite du paysage, de ses montagnes, s'installant au soleil pour écrire, lire, ou simplement rêver. Parfois, Marie vient s'asseoir à côté de lui et ils se racontent des histoires en se tenant par la main, ou ils lisent un livre à voix haute.

C'est l'été de la grande éclipse qui, au milieu d'une belle journée ensoleillée, et comme un mauvais présage, nous précipite pour quelques minutes dans les ténèbres.

L'automne est infiniment douloureux pour Vadim qui commence à souffrir dans chaque parcelle de son corps, tout en supportant à intervalles des séances de chimiothérapie.

Nous avons la chance, à ce moment-là, de rencontrer le docteur Tarot que l'on a vu auprès de François Mitterrand durant la dernière année de sa vie. Anesthésiste-réanimateur, spécialiste de la prise en charge de la douleur, Jean-Pierre Tarot permet à Vadim de retrouver un semblant de confort et de traverser les nuits dans une relative sérénité. Il ne quitte plus guère son lit, tandis que je suis en pleine répétition pour interpréter bientôt la mère dans *Un barrage contre le Pacifique*, le texte somptueux de Marguerite Duras. J'ai retrouvé pour l'occasion le metteur en scène de mes débuts, mon ami Gabriel Garran, qui m'avait dirigée dans *Andorra*, au Théâtre de la Commune d'Aubervilliers, trente-cinq ans plus tôt.

Un matin, Vadim se réveille cloué au lit par une douleur inimaginable. J'appelle immédiatement une ambulance et nous parvenons à le conduire jusqu'à l'hôpital de la Pitié-Salpêtrière avec mille précautions. La radio révèle qu'il s'est fracturé le col du fémur en ne faisant que changer de position au cours de la nuit. Le constat est dramatique, sans appel : le cancer est à présent partout, notamment dans les os qui sont devenus aussi fragiles et friables que du sucre.

Dans un premier temps, il est hospitalisé en orthopédie où l'on répare sa fracture de telle façon qu'elle ne le fasse plus souffrir. Puis se pose la question de son éventuel retour à la maison, et surtout de la poursuite de la chimiothérapie. De nouvelles séances étaient prévues avant que ne survienne cette fracture, faut-il les maintenir ? Est-ce qu'à ce point de la maladie ça ne serait pas entrer dans une forme d'acharnement thérapeutique ?

C'est le débat que nous avons avec sa sœur Hélène et Catherine Schneider qui m'ont rejointe à l'hôpital. Vadim dort dans la pièce à côté.

Pour la première fois, je perds confiance. Je suis bien placée pour savoir que sa vie est devenue un supplice – cette immense souffrance a-t-elle encore un sens ? Quelles chances a-t-il réellement de guérir ? Je devine ce que va me répondre le professeur Khayat que j'ai soigneusement évité d'interroger tous ces derniers mois. Je devrais le faire, à présent, mais je n'en ai pas le courage.

— Veux-tu qu'Hélène et moi allions lui parler ? me propose Catherine.

Oui, c'est ce que je veux, pour gagner quelques minutes, pour avoir le temps de me préparer.

Le professeur les reçoit l'après-midi même.

— Marie Christine, il n'y a plus d'espoir, me disent-elles à leur retour. Khayat ne peut plus rien faire, il dit qu'il est inutile de poursuivre la chimio. C'est terminé. Il t'attend, il voudrait te parler.

Jamais je n'oublierai avec quelle humanité nous ont traités tous ces gens, infirmières et médecins confondus.

— Tu ne peux pas le ramener chez vous, me dit David Khayat le lendemain matin, c'est trop risqué. Nous allons le faire transférer dans mon service.

Il semble réfléchir, puis cherchant mon regard :

— Nous avons quelques chambres de libres en ce moment. Si tu veux, va choisir celle qui te semble la plus agréable.

Il ne me faut pas plus d'une seconde pour prendre conscience de ce qu'il me demande, ou plutôt me consent : choisir la dernière chambre de Vadim, celle où il va mourir.

C'est à la fois généreux et terrifiant.

— Tu veux bien, ou tu préfères que nous choisissions nous-mêmes ?

— Non, je veux bien aller voir les chambres. Merci de me le proposer, David.

Une jeune femme m'accompagne pour cette visite. Elle est très attentionnée, attentive à me laisser le temps.

— Celle-ci est bien ensoleillée, dit-elle en me montrant la première.

— Oui, je vois.

Et en moi-même je pense : « Est-ce que le soleil ne va pas le fatiguer ? »

L'autre est orientée au nord, elle ne bénéficie d'aucune luminosité, mais elle est bien plus grande que la première. Vadim a toujours aimé avoir de l'espace autour de lui. « Et puis dans celle-ci, me dis-je, je vais pouvoir mettre un lit supplémentaire et passer mes nuits près de lui. »

— Je vais prendre celle-ci, si vous voulez bien.

— Vous ne voulez pas revoir la précédente, ou une autre ?

— Non, celle-ci me paraît la mieux adaptée.

« Mieux adaptée pour quoi ? me dis-je à part moi. Pour se dire adieu ? Pour mourir ? » Et quand la jeune femme s'en va, je cours m'enfermer dans les toilettes.

Ce même matin, on installe Vadim dans la chambre que je lui ai choisie. Sa sœur Hélène et Catherine Schneider sont de nouveau présentes.

— Maintenant, dis-je, nous allons aller tous ensemble lui dire la vérité.

Le professeur Khayat et son équipe nous rejoignent. Il est peut-être onze heures du matin.

Quand nous entrons dans sa chambre, Vadim semble reposé, confortablement adossé à ses oreillers. Il ne souffre plus, enfin, et il paraît un peu surpris de nous voir tous débarquer.

— Eh bien ! s'étonne-t-il.

Je m'assois au bord de son lit et nous nous prenons la main.

— Nous avons fait tout ce qui est en notre pouvoir..., commence gravement Khayat.

Au fil des phrases, très explicites, Vadim comprend. Il demeure étonnamment calme, pressant plus étroitement ma main.

— Bon, dit-il à la fin, et j'en ai pour combien de temps ?

— On ne peut pas savoir, rétorque David Khayat, tout dépend de la façon dont ton organisme va réagir. Une semaine, peut-être un mois, peut-être trois.

— Est-ce que je peux vous demander que ça se termine au plus vite ?

— Non, nous ne sommes pas là pour abréger la vie de nos patients tant que cette vie peut être vécue dignement.

— Mais elle ne le peut plus ! s'insurge faiblement Vadim. Regardez-moi, regardez dans quel état je suis. Je ne suis plus Vadim.

— Le fait que tu puisses nous le dire avec tant de passion montre au contraire que tu l'es toujours, réplique tranquillement Khayat, sans dissimuler un léger sourire.

Et je crois que nous avons tous eu envie de sourire en écoutant Vadim, tout en nous demandant : « Comment puis-je avoir envie de rire dans une telle circonstance ? » Mais la vie est ainsi faite, surtout celle de Vadim, qu'on peut dans le même instant sourire et pleurer.

— Néanmoins, je te jure une chose, reprend Khayat, et Marie Christine en sera la garante : on ne se livrera à aucun acharnement thérapeutique et, le moment venu, on fera en sorte que tu t'en ailles dignement, sans souffrir.

L'équipe médicale s'en va, et il se passe alors une chose bouleversante : en quelques heures, Vadim s'éteint. Il ne meurt pas, mais il a compris, il a cessé d'espérer, et il se prépare à mourir. Assis dans son lit et l'esprit vif à onze heures du matin, il se replie sur lui-même au fil de la journée, renonçant à lutter, s'abandonnant aux premières morsures de la mort. C'est si rapide, si effrayant, qu'à dix-sept heures je cours chercher l'interne.

— Venez vite, il n'est plus le même, je ne comprends pas...

Et pourtant si, je comprends. Puisqu'on refuse d'abréger son calvaire, il va s'en charger lui-même. Il ne lui reste alors que trois semaines à vivre.

Le lendemain, avec le concours d'Hélène et de Catherine, j'emménage dans sa chambre d'hôpital dont je fais la réplique de notre chambre. J'installe mon lit contre le sien, de jolies lampes pour oublier la lumière dure des néons, une table de travail, un fauteuil et des coussins colorés, un lecteur de CD-radio, et je couvre les murs d'affiches et de photos. Sans oublier une énorme horloge fluorescente que je suspends en face de son lit, car je trouve qu'il n'y a rien de plus angoissant, quand on se réveille au milieu de la nuit, que de ne pas savoir l'heure.

Nous sommes à l'hôpital, mais c'est nous qui prenons le dessus avec le consentement discret de tout le personnel, et quand l'une ou l'autre doit entrer pour une piqûre, ou apporter le repas, il ou elle prend soin de frapper comme si nous étions à l'hôtel.

Les siens ont été prévenus, le premier cercle, et ils accourent. Ses quatre enfants, bien sûr, Nathalie et Vanessa, Christian et Vania. Brigitte Bardot, qui a si peur de la mort, ne vient pas, mais elle envoie une multitude de fax pour lui dire toute son affection et combien elle pense à lui. Jane Fonda fait le voyage depuis Los Angeles, elle reste une dizaine de jours durant lesquels elle habite chez nous. Ils passent de très longs moments ensemble, et j'ai encore en mémoire le visage défait de Jane quand elle sort de la chambre le dernier jour, à la veille de son retour aux États-Unis.

— Penser que c'est la dernière fois, murmure-t-elle. Oh, non, c'est impossible !

Je la vois pivoter sur elle-même, et soudain elle retourne dans la chambre.

Il a conservé des liens avec toutes les femmes qu'il a aimées, à l'exception de Catherine Deneuve. Or voilà qu'elle aussi veut le revoir. C'est Christian, leur fils, qui est chargé de porter le message à Vadim.

— Catherine insiste pour venir t'embrasser, mon chéri, dis-je. Christian vient encore de me le répéter.

Quelques jours plus tard :

— Dis-lui de venir, Barouchka.

Catherine Deneuve arrive avec un buis en pot, taillé en forme de cœur. Elle a le regard un peu perdu, elle qui sait pourtant si bien maîtriser son émotion, elle si discrète, et cela me touche.

Il me semble qu'ils passent près de deux heures en tête à tête.

— Je lui ai demandé si je pouvais revenir, me dit-elle en sortant, et il m'a dit oui.

Catherine n'en aura plus le temps, Vadim mourra peu de temps après sa visite.

La seule qu'il nous demande obstinément de ne pas prévenir, c'est sa mère. Je pense qu'il s'en veut de lui donner ce chagrin supplémentaire, elle qui n'en a pas manqué tout au long de sa vie, et qu'il redoute ses larmes.

— Si tu la mets au courant, me souffle-t-il, elle va s'installer au pied de mon lit et ne plus en bouger. Je ne le supporterai pas.

Mais comment ne pas avertir sa mère alors qu'elle a toute sa tête en dépit des années ? Hélène et moi prenons la décision de passer outre la volonté de Vadim, et nous montons un énorme bobard pour justifier notre silence passé : Vadim aurait été pris de vertiges, hospitalisé en urgence, et on lui aurait découvert un cancer fulgurant…

Propi encaisse le coup avec un étonnant courage, mais il se passe exactement ce qu'avait prédit Vadim : à partir de cet instant, elle s'installe un petit moment chaque jour au pied du lit de son fils et le fixe sans bouger, comme si elle avait la conviction que, elle présente, la mort n'oserait pas venir Et à peine Vadim la voit-il entrer, qu'il s'endort..

Sinon, Hélène et Catherine Schneider sont tous les jours présentes, en particulier dans les moments où je dois m'absenter. J'ai beau être en répétition pour la reprise d'*Un barrage contre le Pacifique*, je suis là tous les matins, tous les soirs, et je dors auprès de lui. Comment vais-je faire quand la tournée va démarrer ? Je ne me vois pas l'abandonnant une seule nuit, mais je ne me vois pas non plus renonçant à mon engagement et précipitant toute la troupe dans une situation impossible.

Un matin, peut-être trois ou quatre jours avant sa mort, je l'entends qui m'appelle. Il est à peine cinq heures. Il est très calme, lui qui est souvent si angoissé et souffrant au réveil. Je le sens désireux de parler, et c'est à ce moment que nous avons cette conversation, notre dernière conversation, qui va être si fondatrice pour la suite de ma vie.

Je lui demande s'il a des regrets, s'il aurait aimé que son existence soit différente.

— Non, Barouchka, je ne regrette rien, j'ai eu une belle vie.

Il sourit imperceptiblement, puis il y revient, comme je l'ai raconté, déjà, dans les toutes premières pages de ce livre.

— Il y a tout de même deux choses qui m'énervent, me dit-il. J'avais toujours parié avec ma mère que je mourrais avant elle, eh bien, finalement ça me fait chier d'avoir eu raison. Et puis j'aurais aimé voir le monde s'installer dans le nouveau siècle.

Alors il me regarde très sereinement :

— Et toi, qu'est-ce que tu vas faire quand je ne serai plus là ?

— Nos chansons ! Je vais chanter les chansons que tu m'as écrites, sur scène… Et puis je vais écrire un livre sur nous deux.

Jamais je n'oublierai son regard à ce moment-là, et la belle lumière qui a furtivement illuminé son visage.

— Ah ! formidable, ça fera oublier toutes les conneries qu'on a écrites sur moi ! Eh bien, tu vois, je pars en te laissant des devoirs de vacance.

Puis il se rendort, mais moi je ne suis plus exactement la même. « Quel est l'homme, me dis-je, qui a le courage, au moment de mourir, de dire à sa femme : "Je suis en paix, je pars en te laissant des devoirs de vacance" ? » Je suis si bouleversée que je ne retrouve pas le sommeil ce matin-là. Car ces « devoirs de vacance », ils ne se résument pas à quelques chansons et à un livre, bien sûr, ils traduisent une attitude qui devra être la mienne désormais : « Continue de vivre, continue de travailler, tant que tu seras en vie ne baisse pas les bras », me dit Vadim en s'en allant. Et quel plus beau message, quel testament plus généreux peut laisser à celle qui reste celui qui s'en va ?

Depuis dix ans qu'il n'est plus là j'ai vu beaucoup de mes amis, femmes et hommes, perdre leur conjoint, et après chacun de ces deuils j'ai entendu s'exprimer le même désespoir : « Il (ou elle) n'a plus goût à rien, plus rien ne l'intéresse, la vie a perdu tout son sens. » Vadim m'a épargné cela en me mettant au défi de continuer à vivre si je voulais être digne de ce que nous avions partagé. Je peux écrire aujourd'hui que, dès sa disparition, je me suis sentie investie du « devoir de vivre », avec la conscience aiguë qu'il me voyait, et me soutenait, de là où il se tenait désormais – car je n'ai jamais cessé de croire à une forme d'éternité après notre passage sur terre.

Il est dans les dernières heures de sa vie quand commence la tournée du *Barrage contre le Pacifique.*

Par chance, nous jouons le premier soir à Saint-Germain-en-Laye et je peux regagner sa chambre d'hôpital aussitôt sortie de scène.

Est-ce cette nuit-là, ou la précédente, que nous avons cet échange dont j'ai honte, je m'en veux encore aujourd'hui, sans pouvoir néanmoins m'empêcher de sourire ?

Je suis épuisée par le chagrin, les nuits sans sommeil, mon travail sur scène, et quand Vadim me réveille en s'agitant nerveusement dans son lit, il me vient cette phrase impossible que je m'entends prononcer tout en en éprouvant aussitôt le regret :

— Je t'en supplie, mon chéri, calme-toi, il faut que tu me laisses dormir un peu, sinon demain je ne vais pas y arriver.

Alors lui, consterné :

— Tu as toujours été tellement pragmatique !

Comment est-ce que je fais pour ne pas éclater de rire ? L'épuisement, sans doute.

Mais surtout la mort, la mort que je sens maintenant là, si présente.

Le lendemain, je dois jouer au Havre. J'ai conscience que c'est absolument la fin mais il n'est pas envisageable d'annuler.

Camilla, l'administratrice de la tournée, vient me chercher à quatorze heures à l'hôpital. Je suis folle d'angoisse, broyée par la douleur. Alors je prends Vadim dans mes bras et je le supplie :

— Je m'en vais, mon chéri, à tout à l'heure. Tu m'attends, hein ? Promets-moi que tu m'attends !

Mais il n'a pas la force de répondre quoi que ce soit, et je le laisse.

Arrivée au Havre, je suis si inquiète que je téléphone. C'est Vanessa qui décroche.

— Comment est-il ?

— Il est réveillé, ça va.

— Passe-le-moi. Il ne prend plus le téléphone, mais si tu lui tiens le combiné je vais pouvoir lui parler.

Vanessa lui met le téléphone contre l'oreille.

— Mon amour, dis-je, je rentre au milieu de la nuit. Tu as bien compris n'est-ce pas ?

Et à ce moment-là j'entends :

— Je t'attends... Je t'attends...

Je ne sais pas où je trouve la force de jouer ce soir-là, mais je joue, oui, mettant scrupuleusement mes pas dans ceux de mon personnage, me laissant porter par le texte.

— Dès que tu as dit le dernier mot, je te ramène, m'a promis Camilla.

Je m'engouffre dans sa voiture en sortant de scène.

— Vite, vite, dépêche-toi, je t'en supplie.

Pour la première fois, je n'ai plus toute ma tête. Je me sens tremblante, perdue. J'ai le pressentiment que c'est imminent, et tous ces kilomètres qui me séparent de lui me sont insupportables.

Mais j'arrive à temps. Oh, merci mon Dieu ! Merci ! Et je passe ces dernières heures de la nuit à côté de lui, lui caressant le visage, lui murmurant combien je l'aime.

Puis Vanessa nous rejoint, et nous savons maintenant qu'il va partir. Que ce sont ses dernières heures.

À l'instant où il a rendu son dernier souffle, le lendemain, vers midi, j'ai eu le sentiment d'accoucher, de mettre au monde sa mort, c'est cela que je veux dire maintenant. J'ai pris sa main, je l'ai posée sur mon ventre, et j'ai respiré avec lui, au même rythme que lui exactement. Sa respiration a commencé à être de plus en plus hachée, de plus en plus chaotique, mais je ne l'ai pas lâché, je l'ai accompagné. C'était tragique, oui, bien sûr, mais nous n'étions pas dans l'émotion, le chagrin viendrait plus tard, pour le moment nous étions dans l'action, dans quelque chose de très charnel, de « vital », allais-je écrire. Nous étions dans l'acte de mourir, de devoir mourir, nous étions à l'œuvre, comme à l'instant où nous mettons au monde, sachant combien les sentiments seraient forts, mais après, plus tard, quand l'urgence serait passée et que tout serait fini. Non, je ne l'ai pas lâché, je l'ai accompagné jusqu'au seuil de la mort. Et là, nous avons coupé le cordon, nous nous sommes séparés : lui entrant dans cette partie mystérieuse de notre destin, moi demeurant sur terre. Infiniment seule brusquement.

C'est effrayant, le moment où il n'y a plus de respiration de l'autre côté, le moment où il y en a un des deux qui s'arrête, qui n'est plus là. C'est effrayant le bruit que fait son silence, soudain.

26.

Vadim est mort le 11 février 2000. C'était un vendredi.

On perd l'être qui nous est le plus précieux, et une heure plus tard on se retrouve dans un bureau de l'hôpital à remplir des formulaires.

Je l'ai fait. J'ai rempli calmement tous les papiers qu'on m'a demandé de remplir. Ça n'est pas plus difficile que de jouer sur scène alors qu'on sait son mari en train de mourir.

Mais je ne me suis pas occupée de choisir le cercueil. Ça non. Je ne sais pas comment font les gens qui sont seuls, qui n'ont pas d'autre solution que de choisir eux-mêmes le cercueil dans lequel ils vont mettre celui qu'ils ont perdu. Je ne sais pas, moi je n'ai pas pu, et j'espère qu'une telle chose me sera épargnée pour le restant de mes jours.

Il y a eu ensuite une petite discussion avec les enfants de Vadim qui n'étaient pas certains que leur père aurait voulu un enterrement religieux. Mais je n'ai rien voulu entendre. Je ne vois pas d'autre endroit qu'une église pour enterrer dignement quelqu'un. Vadim n'était pas athée, il était croyant à sa façon. « Toi qui es bien avec le bon Dieu, me disait-il, tu ne pourrais pas lui demander de venir à notre secours ? Parce que là, on a vraiment besoin d'aide. » C'était exprimé sur le ton de la plaisanterie, mais il voulait tout de même croire que le ciel n'était pas vide, et jamais il ne s'est moqué de ma foi.

Alors je suis allée trouver le curé de Saint-Germain-des-Prés, parce que je voulais que la messe d'enterrement soit célébrée dans ce quartier qu'avait tellement aimé Vadim.

— Votre mari était-il croyant ? m'a demandé le prêtre.

— Je ne peux pas vous assurer qu'il était croyant, ai-je répondu, mais il était...

J'ai cherché le mot juste durant quelques secondes, et songeant à ces gens qui soutiennent un parti politique sans y adhérer, j'ai dit :

— ... sympathisant ! Oui, voilà, il n'était peut-être pas croyant, mais il était sympathisant.

Le curé de Saint-Germain a ri de bon cœur.

— Eh bien, nous allons nous satisfaire de cette « sympathie », m'a-t-il rétorqué avec chaleur. Je ferai mon homélie en ce sens.

Je suis allée rechercher mon agenda de l'an 2000 pour les besoins de ce livre.

Je vois que le soir de la mort de Vadim, je dîne au restaurant avec Catherine Schneider et certains des membres de la famille, dont Vanessa bien sûr. Je m'en souviens parfaitement maintenant. C'est Catherine qui est allée dans l'après-midi rencontrer les pompes funèbres, choisir le cercueil, et discuter de l'organisation de la cérémonie. Ma vie s'est effondrée quelques heures plus tôt, et cependant je parviens à bavarder sereinement avec Catherine, et même à avaler quelques bouchées de ce que nous avons commandé. Les religieuses de Dupanloup disaient qu'en certaines circonstances le Seigneur nous envoie une « grâce d'état ». Je me sens portée par une chose qui y ressemble, en effet, à la fois étreinte d'un chagrin abyssal, qui pourrait me faire hurler et me précipiter la tête la première contre un mur, et parfaitement maîtresse des événements.

Nous devions jouer à Gap, ce soir-là, la troisième représentation du *Barrage*, et j'ai fait reporter à une autre date.

Après avoir embrassé Catherine, je suis rentrée dormir à la maison. Depuis trois semaines, j'avais passé toutes mes nuits à l'hôpital. Pour la première fois, j'allais dormir seule dans cette chambre que nous avions partagée dix années durant. Comment allais-je traverser cette épreuve ? Comment allais-je supporter la solitude et le silence de cette nuit-là ?

J'ai poussé la porte de l'appartement, tout allumé, et soudain j'ai vu le dernier livre de Vadim, *Le Goût du bonheur*. J'avais dû vouloir le relire la veille de notre départ pour l'hôpital, car il était resté posé en évidence sur la table de la cuisine, là où tous les matins nous prenions notre petit déjeuner.

Je l'ai ouvert au hasard, espérant un réconfort, bien sûr, et je me suis mise à lire. J'étais à la page 45. Vadim raconte qu'avant de mourir son père avait demandé à lui parler mais que, voulant le protéger, sa mère avait prétendu qu'il était déjà parti pour l'école.

« Je ne lui ai pardonné (ce mensonge) qu'après ce rêve », écrit-il. Et alors il raconte le rêve qui lui a permis de retrouver brièvement son père, et de rattraper ainsi le rendez-vous manqué :

« C'était une demeure imposante au milieu d'un grand parc bordé d'une rivière. Mon père, debout sur l'autre rive, m'appelait. Une muraille invisible nous séparait. J'ai traversé la rivière, passé l'écran.

« — Que voulais-tu me dire avant de mourir ? lui ai-je demandé.

« — Rien. Je voulais t'embrasser, c'est tout. Un baiser, c'est important. Oui, c'est important. (Il a souri.) Puisque tu es venu, je vais t'embrasser.

« Sans s'approcher, sans me toucher, il m'a embrassé. C'était doux et pénétrant. Je me sentais à la fois bébé, petit garçon, homme. Un bonheur inouï. Pure extase. Le souvenir de ce baiser transcendé me bouleverse encore alors que j'écris ces lignes. Des larmes de joie me montent aux yeux.

« — Maintenant va, m'a dit mon père. Si tu ne t'échappes pas à la seconde, tu ne passeras plus la rivière. Et tu n'es pas prêt pour ce côté du jardin.

« Je voulais rester, mais j'ai obéi. J'ai traversé le mur impondérable. De retour dans le parc, j'ai fait quelques pas et j'ai regardé derrière moi. Il n'y avait plus rien sur l'autre rive. Pas le vide : une absence, une énigme, dont j'avais perdu la solution.

« Depuis ce rêve, je n'ai plus jamais redouté l'idée de la mort. »

Vadim venait de mourir, et son livre s'était ouvert sur cette scène. C'était un hasard, sans doute, mais comment ne pas y voir un signe ? Une façon de me dire : « Moi aussi je suis là-bas, désormais, sur l'autre rive. Tu ne me vois pas, Barouchka, mais moi je te vois, et je veille sur toi, et je continue de t'aimer. »

Le lendemain, samedi, j'ai dîné chez les Plemiannikov. Il y avait Hélène, bien sûr, son premier mari, Serge Lafaurie, leurs deux enfants, Nathalie et Igor, Propi et les enfants de Vadim... C'est étrange comme dans ce genre de réunion où chacun a à cœur de trouver des mots de consolation on parvient à sourire, et même à rire, en se remémorant des anecdotes minuscules dont on pleurerait si on était seul.

Le dimanche, je suis allée à la messe du soir à Saint-Germain-des-Prés. J'avais envie de me recueillir dans cette église où allait être célébrée le lendemain la messe d'enterrement de Vadim. Et puis j'ai rejoint pour dîner Sophie et Pierre Vaneck, mes plus proches amis.

Le lendemain, lundi, nous sommes allés chercher le cercueil à la morgue de l'hôpital. Tout un cortège de voitures noires. J'étais dans la première, avec notre ami François Bennaceur. Au retour, suivant le fourgon mortuaire, nous avons remonté la rue des Saints-Pères, emprunté le boulevard Saint-Germain, et soudain j'ai aperçu la foule sur le parvis de l'église. Une foule immense, qui venait mordre jusque sur le boulevard. Un instant plus tôt, j'avais demandé à François : « Est-ce un réconfort, dans un tel moment, de voir que l'on n'est pas seul ? »

Eh bien, oui, cette foule silencieuse qui s'écarte pour nous laisser approcher est comme une étreinte fraternelle. « Il était notre ami, et nous partageons ton chagrin », me disent tous ces visages dont certains sont baignés de larmes.

Quand je suis entrée dans l'église, j'ai été bien plus bouleversée encore. Jamais je ne connaîtrai précisément les noms des centaines de personnes qui sont venues lui dire adieu, mais il y avait une telle émotion, soudain, que j'aurais voulu figer ce moment, le garder intact pour y puiser de la force, plus tard, dans les heures de grande solitude que j'allais devoir traverser sans trembler.

Je voulais que Jean-Marie Sénia nous accompagne au piano durant la messe. Dès le samedi, Ariane s'était donc mise en quête d'un piano à louer que nous aurions fait transporter dans l'église.

En dépit de sa pugnacité, Ariane n'a pas eu de piano, se heurtant même à un loueur qui a trouvé le moyen de l'engueuler :

— Quelle idée, aussi, de vous y prendre à la dernière minute !

— Excusez-moi, monsieur, mais la personne n'était pas encore décédée.

Jean-Marie s'est donc rabattu sur l'orgue sur lequel il a joué *Claudel*, lentement, magnifiquement – la chanson que m'avait écrite et dédiée Vadim.

Après la cérémonie, j'ai réuni la famille et ses plus proches amis dans un restaurant voisin de l'église, le Monteverdi. Et c'est alors que j'ai vu venir vers moi Catherine Deneuve, Catherine qui s'était éloignée de Vadim durant toutes ces années et qui était là, émue.

— Je vais vous donner quelque chose, m'a-t-elle dit.

Elle a sorti de son sac une bague ancienne, très belle.

— Vadim me l'avait offerte pour nos fiançailles. Je n'ai jamais voulu m'en séparer. Tenez, prenez-la, c'est à vous de la porter.

J'étais en larmes et nous nous sommes embrassées.

Le lendemain de la messe, je suis partie avec Ariane pour Nîmes où je devais jouer les deux soirs suivants *Un barrage contre le Pacifique*. Les gens savaient pour Vadim, ils avaient lu les journaux, vu des images à la télévision, et toute la salle s'est levée pour me faire une sorte d'ovation quand je suis revenue sur scène, au dernier rappel.

Ils voulaient me remercier d'être venue, d'avoir joué malgré tout, mais c'est moi qui aurais voulu les remercier. J'aurais voulu leur expliquer combien ces deux heures sur scène m'avaient soulagée, reposée de ma douleur. « J'ai laissé en coulisses ma valise de chagrin pour endosser la vie d'une autre, aurais-je voulu leur dire, et vous ne devinez pas combien cette parenthèse m'a rendue plus forte. »

J'ai sûrement très bien joué ces deux soirs à Nîmes, toute la troupe a remarquablement joué, nous étions tous portés par la nécessité de nous dépasser, de placer très haut, au-dessus de notre pauvre condition, notre ambition artistique.

Un demi-siècle plus tôt, petite fille élevée par ma grand-mère, à Yerres, issue de parents séparés qui n'avaient pas pu nous garder auprès d'eux, mon frère et moi, j'avais soudain pris conscience de ma particularité, et au lieu d'en être effondrée et de me replier sur moi-même, j'en avais fait un objet de fierté. « Je suis différente des autres, comme c'est intéressant ! » m'étais-je dit. Quelques années plus tard, lorsque mon père était mort, j'avais eu la même réaction en dépit de mon chagrin. « Mon destin est décidément singulier » m'étais-je répété, et sans me l'avouer tout à fait je n'avais pas été fâchée de devoir assumer des épreuves qui faisaient de moi une héroïne à mes propres yeux.

Eh bien, de nouveau, j'ai conscience que la mort de Vadim, en me frappant à cinquante-six ans, est une épreuve singulière d'où je dois sortir plus grande, plus forte. Vadim m'y a aidée en me laissant des « devoirs de vacance », en me demandant de ne pas baisser les bras, mais ma curiosité passionnée pour ce que m'envoie le ciel m'incite à aller de l'avant, à relever le défi, plutôt que de me laisser emporter, puis noyer par le chagrin. En mourant au beau milieu de notre voyage, et alors qu'aucune ombre ne menaçait notre amour, Vadim lui a donné une forme d'éternité incandescente. Vivre ce deuil de façon ménagère, dans les larmes et l'effondrement, reviendrait à éteindre pitoyablement cette incandescence. Alors oui, je me sens condamnée à la grandeur, à la beauté, pour respecter sa mémoire, *notre* mémoire. Condamnée à la grandeur, et même *à la sainteté*, allais-je écrire, consciente de ce qu'il peut y avoir de ridicule ou d'excessif dans cette image, mais n'en trouvant pas d'autre pour exprimer avec quelle force je veux faire de cette perte un testament de vie, une grâce.

Est-ce prétentieux d'écrire qu'aujourd'hui, dix ans après ce deuil, j'ai le sentiment d'être une bien plus belle personne, à la fois plus forte et plus généreuse ? Parfois, des gens me disent : « Tu vis encore avec lui. » Non, je vis *selon* lui, c'est un peu différent. Je mets toujours la barre très haut pour être digne de ce que nous avons partagé. Et je m'entends parfois murmurer secrètement : « Je suis certaine que tu me regardes d'où tu es. Tu vois, j'essaie de bien faire. J'espère que tu es fier de moi. »

Le vendredi, nous nous sommes tous retrouvés à Saint-Tropez pour mettre en terre Vadim dans le petit cimetière marin du village. Celui où Vadim était venu se promener bien des années plus tôt avec Vanessa. « Elle appelle ce cimetière "*the dead people's village*", le village des gens morts, raconte-t-il dans un de ses livres. Elle me posait des questions sur la mort et la survie de l'âme. Elle penchait pour la probabilité d'une sorte de vie dans l'au-delà, mais craignait qu'il n'y ait pas d'endroit pratique pour s'y donner rendez-vous. Quelques larmes silencieuses coulèrent sur ses joues puis, soudain, son visage s'éclaira.

« — Il faut qu'on meure ensemble, dit-elle.

« C'était un serment difficile à tenir, mais je promis de vivre très, très vieux pour l'attendre[1]. »

Vanessa avait cinq ans le jour de cette promenade. Elle en avait maintenant trente-deux. Son père avait donc fait ce qu'il avait pu pour tenir sa promesse.

Tous les habitants de Saint-Tropez avaient connu Vadim, l'avaient aimé, l'interpellant familièrement d'un commerce à l'autre, et à présent ils étaient tous silencieusement postés sur les trottoirs, aux fenêtres et sur les collines de la citadelle qui dominent la baie pour lui dire adieu, et partager nos larmes.

Brigitte Bardot avait demandé à deux violonistes tsiganes de précéder notre cortège. Ils se sont placés derrière le fourgon mortuaire, puis, portés par cette musique d'une beauté triste et sublime, nous avons entrepris de traverser le village pour descendre jusqu'au littoral et gagner par la petite route le cimetière marin. C'était une longue marche, d'environ trois

1. *Mémoires du diable*, Stock, 1975.

quarts d'heure, mais si belle, si émouvante, que j'aurais aimé qu'elle dure encore. Notre dernière promenade.

Vadim repose aujourd'hui dans ce cimetière, sous une pierre blanche simplement gravée de son nom. Je veux croire que le murmure de la mer berce son sommeil.

Ce soir-là, j'ai dormi chez Catherine Schneider, puis j'ai regagné Paris le lendemain, samedi. Le dimanche soir, je jouais à Bâle, en Suisse.

C'est ce dimanche, neuf jours seulement après la mort de Vadim, et alors que je bouclais ma valise, que Jean-Marie Sénia m'a téléphoné.

— Ça y est, j'ai une date ! Prends ton carnet et note.

— Une date pour qui, pour quoi, Jean-Marie ?

— Mais pour nos chansons ! On démarre le 7 avril à Conques, dans l'Aveyron.

— Le 7 avril... Dans six semaines, tu veux dire ?

— Exactement.

— Mais c'est de la folie, Jean-Marie ! Nous n'avons pas répété la moitié des chansons... Jamais nous ne serons prêts.

— Raison de plus pour se mettre au boulot tout de suite.

— Je pars, je joue ce soir à Bâle, je n'ai pas que ça à faire...

— Très bien, je te prends demain matin à Bâle et je t'emmène à Dijon. Inutile que tu remontes à Paris, nous allons travailler chez moi.

Je suis confusément perdue et excitée en raccrochant. Comment a-t-il pu arrêter cette date sans même m'en parler avant ? Pourquoi me met-il cette pression alors que j'ai déjà tant de choses difficiles à mener de front ?

La tournée du *Barrage*, le chagrin qui ne me laisse pas un instant de répit, l'impérative obligation de ne pas flancher…

Il n'empêche que le lundi matin, il me cueille en bas de mon hôtel. Nous avons quatre jours devant nous puisque la prochaine représentation du *Barrage* est prévue le vendredi soir à Luxembourg.

Je me laisse conduire sans protester de Bâle à Dijon, où nous nous enfermons aussitôt dans son studio d'enregistrement. Et c'est épouvantable. À la première chanson, *L'Homme rêvé*, celle qui va donner son titre à notre spectacle, j'éclate en sanglots.

— Je ne peux pas, Jean-Marie, chaque mot… Chaque mot me le rappelle… C'est trop tôt, je n'y arriverai pas.

— Viens, on va se faire un bon thé, et on recommence.

Il ne lâche rien, et il a raison, bien sûr. La meilleure façon de surmonter la douleur, ce n'est pas de la fuir, c'est d'aller à sa rencontre, de s'installer en elle, de caler son rythme cardiaque sur son pouls et, inlassablement, de la travailler, comme on travaille l'argile, jusqu'à ce que de ce magma sombre et terrifiant surgisse une œuvre.

C'est ce que je devine dans les heures qui suivent, m'entendant chanter *L'Homme rêvé* comme je ne l'ai jamais chanté, portée par une émotion qui me maintient sur cette ligne de crête si fragile, au bord des sanglots et de l'effondrement, accrochant obstinément mes yeux au ciel pour ne céder ni aux uns ni à l'autre. Oh, bien sûr, je m'effondre de temps en temps, et alors nous nous réfugions dans la cuisine où Jean-Marie a mille petites recettes pour nous réchauffer le cœur.

— Ça va aller. Tu chantes merveilleusement, Marie Christine.

— Jamais, de toute ma vie, je n'ai fait une chose aussi difficile.

— Je sais, je le vois. Mais si Vadim nous regarde, je suis sûr qu'il est fier de nous.

Jean-Marie me fait le plus beau cadeau qu'on puisse imaginer, et je le comprends petit à petit. Ce spectacle, ce sera notre façon de donner à entendre la voix de Vadim aussi longtemps que nous vivrons.

J'alterne systématiquement les représentations du *Barrage* et mes séjours à Dijon où nous travaillons sans relâche.

Un soir, Jean-Marie m'appelle.

— Marie Christine, j'ai écrit une dernière chanson. Paroles et musique, cette fois. Est-ce que je peux te la chanter au téléphone ?

— Oui, laisse-moi seulement m'asseoir. Vas-y, je t'écoute.

Et alors j'entends :

« Ne meurs pas sans me dire où tu vas... Où tu vis ? Où es-tu ?... Ne meurs pas sans laisser une adresse... Est-il rose ton royaume de là-bas ? Qu'il fait noir dans mon cœur ici-bas... »

Et quand il a fini, je ne parviens même pas à lui dire combien sa chanson me touche parce que, évidemment, je pleure comme une madeleine.

— Je ne pourrais jamais la chanter, Jean-Marie... Comment veux-tu ? Je vais m'effondrer.

— Non, je suis sûr que tu vas y arriver. Et mon idée, tu sais, c'est qu'il faut ouvrir le spectacle avec cette chanson-là...

27.

En six semaines, nous construisons *L'Homme rêvé*. Quand les chansons sont pratiquement prêtes, je me mets à la recherche des textes que je vais lire sur scène.

Les textes, c'est encore une idée de Jean-Marie.

— Ce n'est pas tout, me dit-il. Maintenant il faut mettre des mots entre les chansons. Des mots qui nous racontent Vadim, le chagrin d'une disparition, la vie après la mort…

Ni Jean-Marie ni moi ne nous doutons alors combien son idée va être porteuse pour moi dans les années à venir, m'ouvrant de nouveaux horizons artistiques.

Pour entamer le spectacle, j'ai retrouvé la voix de Vadim dans un entretien à France-Culture dont je passe un extrait, puis je lis le texte où il relate la mort de son père avec ses yeux d'enfant. « Quand mon père est tombé en avant sur la table du petit déjeuner, j'ai compris que la mort s'était invitée… Une tache de soleil sur le papier imprimé était devenue mon univers. J'entendais la voix de ma mère, ma sœur qui hurlait, mais moi je ne voyais qu'une petite fleur mauve sur fond jaune… »

Puis je chante *Ne meurs pas sans me dire où tu vas.* Puis je raconte le rêve où il retrouve son père de l'autre côté de la rivière. Et alors je lis quelques lignes somptueuses des *Élégies de Duino*, de Rilke, celles-là mêmes que j'avais lues à sa messe d'enterrement :

« Certes, il est étrange de ne plus habiter sur terre,
de ne plus se servir de ce qu'on a tout juste appris,
de ne plus voir devant les roses,
devant tout ce qui est promesses,
les signes de l'avenir des hommes ;
de n'être plus ce que l'on fut dans l'incessante fébrilité des mains,
et de laisser même son nom à l'abandon,
jouet brisé ;
étrange de ne plus désirer les désirs ;
étrange de voir ce qui naguère était lié
si librement flotter dans l'espace, délié...
– La vie des morts est épuisante :
elle va, d'effort en effort, à sa part d'éternité[1]... »

Puis je chante. Puis je lis la première lettre d'amour que je lui ai écrite, pleine de ce désir qu'évoque Rilke et qui est la marque même de la vie. « Je suis prise – et je suis là, en face de toi, consentante – que dis-je consentante : ouverte, désirante, nue... »

Puis je chante encore, et à un moment je lis cet extrait d'une tirade de Doña Musique dans *Le Soulier de satin* qui pourrait être la clé de cet étrange spectacle :

1. *Élégies de Duino*, R. M. Rilke, traduit de l'allemand par Maximine, Actes sud, 1991.

« Mon Dieu, vous m'avez donné ce pouvoir que tous ceux qui me regardent aient envie de chanter ; c'est comme si je leur communiquais la mesure tout bas.

« Je leur donne rendez-vous sur un lac d'or !

« Quand on ne peut faire un pas sans trouver de toutes parts des barrières et des coupures, quand on ne peut plus se servir de la parole que pour se disputer, alors pourquoi ne pas s'apercevoir qu'à travers le chaos il y a une mer invisible à notre disposition ?

« Celui qui ne sait plus parler, qu'il chante !

« Il suffit qu'une petite âme ait la simplicité de commencer et voici que toutes sans qu'elles le veuillent se mettent à l'écouter et répondent, elles sont d'accord.

« Par-dessus les frontières, nous établirons cette république enchantée où les âmes se rendent visite sur ces nacelles qu'une seule larme suffit à lester.

« Ce n'est pas nous qui faisons la musique, elle est là, rien n'y échappe, il n'y a qu'à s'adapter, il n'y a qu'à nous y enfoncer jusque par-dessus les oreilles. »

Puis je chante encore et encore.

À la fin de la représentation, je crois que toute la salle est en larmes, à Conques. Mais parce que Jean-Marie et moi le sommes et que notre émotion est contagieuse.

Nous donnons le spectacle aux Bouffes du Nord à Paris, puis dans différentes villes de France, puis dans le monde entier : Russie, Allemagne, Canada…

Cet été 2000, tandis que je joue *L'Homme rêvé* dans un village proche de Perpignan, le producteur et agent Olivier Gluzman est dans la salle. Il vient me saluer, très ému, à la fin. Il a beaucoup aimé le spectacle et me propose d'en être l'ambassadeur, ce que j'accepte immédiatement. J'ai toujours confiance en ces rencontres qui se nouent à chaud, sur une émotion artistique. Il a peut-être autre chose à me proposer, me dit-il, et, en attendant, il souhaite me présenter la chanteuse lyrique Hélène Delavault.

Je rencontre donc Hélène quelques semaines plus tard à Paris, chez Olivier Gluzman. Ancienne élève de la prestigieuse Juilliard School de New York, elle a été notamment la Carmen de Peter Brook, mais elle ne suit pas le chemin classique d'une cantatrice et elle en vient à me parler du spectacle qu'elle prépare. Il s'inspirera de l'aspiration des hommes, depuis la nuit des temps, à trouver un sens à leur vie au travers des trois grandes religions monothéistes.

Et je comprends soudain pourquoi Olivier Gluzman souhaitait qu'on se connaisse : le spectacle qu'envisage Hélène Delavault sera fait d'une alternance de textes et de chants sacrés, selon un principe semblable à celui que nous avons imaginé pour *L'Homme rêvé*. Or Hélène est en quête d'un comédien, ou d'une comédienne, pour dire les textes religieux. Elle chantera, bien sûr, accompagnée de la pianiste Susan Manoff. Mais qui récitera ?

— Jusqu'à présent, me dit-elle, je ne savais pas si j'allais choisir un homme ou une femme. Mais si vous acceptiez de dire les textes, Marie Christine, nous serions trois femmes sur scène et, au fond, je trouve cela très joli.

— Si j'accepte ? Mais avec un immense plaisir !

Nous commençons les répétitions dès l'automne, et il me revient de dire alternativement des textes musulmans, juifs et chrétiens. Entre les mots s'élève la voix magnifique d'Hélène, portée par les notes de Susan Manoff. Un an avant la tragédie des Twins Towers (11 septembre 2001) nous inventons, grâce à l'humanité d'Hélène Delavault, *Liturgies pour un monde de paix*. Comme un antidote à la haine des intégristes de tous bords qui semble devoir être la marque du siècle qui commence.

Le spectacle est créé le 23 décembre, avant-veille de Noël, à Mulhouse. Et lui aussi va beaucoup voyager.

Quelques mois plus tard, ce sont les musiciens du Quatuor Ludwig qui m'appellent. Ils donnent un spectacle musical autour de Victor Hugo et le comédien François Marthouret, avec lequel ils travaillent habituellement, a un empêchement. Est-ce que j'accepterais de le remplacer au pied levé ?

— Mais bien sûr !

La semaine suivante, je suis sur scène avec le quatuor, disant des textes de Victor Hugo.

Le Quatuor Ludwig et moi n'allons plus nous séparer, et, après Victor Hugo, nous créerons ensemble un spectacle autour de Berlioz écrivain qui m'incitera à lire toute son œuvre, ses célèbres critiques musicales, bien sûr, mais aussi sa correspondance et ses Mémoires, passionnants. Puis ce sera Rimbaud, et aujourd'hui, tandis que j'achève ce livre, Schumann, un spectacle créé en mai 2010 d'après les lettres qu'échangèrent le compositeur et Clara Wieck, son grand amour, et leurs carnets intimes.

Comment ne pas voir que le destin semble me pousser dans cette direction, vers ces spectacles si particuliers qui associent musique et littérature et dont Jean-

Marie Sénia m'a montré le chemin quand nous avons créé *L'Homme rêvé* ? Depuis la mort de Vadim et l'invention de ce spectacle dédié à sa mémoire, tout se passe comme si le hasard, ou plutôt, je crois, le doigt de Dieu, souhaitait me voir opérer un tournant dans ma vie artistique. Peu de propositions, soudain, émanant du cinéma et de la télévision, pour lesquels j'ai énormément travaillé durant trente ans, mais en revanche une multitude d'occasions de monter sur scène avec des musiciens.

Oui, il me semble aujourd'hui, avec le recul des années, que le destin se préoccupe brusquement de me ramener à mes premières passions d'enfant : les textes et la musique. Les textes qui m'ont sauvée de l'univers silencieux et clos dans lequel je me sentais enfermée, entre ma mère et mon beau-père. Qu'aurais-je compris de la grandeur du monde, de sa beauté et de son drame, si je n'avais pas lu Claudel, Racine, Rilke, Balzac, Victor Hugo ? Ce sont eux qui m'en ont donné les clés, qui m'en ont ouvert les portes, m'apprenant à nommer les sentiments, à dire mes émotions, quand à la maison on se taisait. Mon âme serait morte de ce silence si les écrivains n'étaient pas venus à mon secours. Et c'est la conscience de l'importance des mots qui m'avait conduite à devenir comédienne. Toutes ces émotions si fortes qui nous traversaient enfants, et que nous devions enfouir dans le non-dit, j'allais les exprimer sur scène inlassablement, prêtant ma voix à Claudel, Tchekhov, García Lorca, Giraudoux, O'Neill, Albee, Williams et tant d'autres...

Je n'ai jamais cessé de lire, ma vie durant, éprouvant invariablement le désir de réciter tout haut les plus belles pages que je venais de découvrir. Combien de fois, sur le point de refermer un livre, ai-je dit à Vadim : « Mon amour, écoute-moi s'il te plaît : il faut absolument que je te lise ce passage ! » Ou alors, je mettais le livre de côté, me disant : « Celui-ci, il faut que je trouve un moyen d'en faire une lecture publique. Il est impensable que les gens passent à côté. Puisque moi je l'ai découvert, j'ai maintenant le devoir de le faire partager. »

Quant à la musique, elle était à la maison le seul mode d'expression autorisé, vénéré. Maman s'asseyant à son piano et nous invitant à chanter, tandis que mon beau-père nous écoutait avec ravissement.

Et voilà donc qu'après la mort de Vadim les événements me poussent à revenir à l'essentiel : les textes, les mots, récités sur scène dans leur dénuement, interpellant l'intelligence et le cœur, tandis que la musique se charge de nos âmes.

Je joue dans *Liturgies pour un monde de paix* quand maman nous quitte à la veille de ses quatre-vingt-neuf ans. Maman qui, apprenant que Vadim avait été enterré à Saint-Tropez, et supposant que je le serais aussi, s'était écriée, avec ce sentiment d'éternité qui la maintenait debout : « Marie Christine à Saint-Tropez... Eh bien, ça va faire loin pour aller sur sa tombe ! » Mais c'est elle, finalement, qui s'en va la première.

Son anniversaire est le 6 janvier, c'est un samedi en cette année 2001, et nous avons tous prévu d'être présents pour une fête que nous voulons inoubliable : ses quatre enfants, Alain, Anne, Emmanuelle et moi, leurs conjoints, ses petits-enfants, et ses arrière-petits-enfants.

Mais maman meurt dans son sommeil dans la nuit du 5 au 6, de sorte que nous la découvrons dans son lit, plongée dans une paix profonde, à l'heure où nous débarquons joyeusement pour préparer le repas de famille.

Bientôt, nous sommes tous là, petits et grands, les bras chargés de cadeaux, les plus perspicaces ayant compris que le bon Dieu venait de nous jouer un drôle de tour, mais la plupart continuant de sourire comme si maman allait se réveiller d'un moment à l'autre et nous ouvrir ses bras, et fondre d'émotion devant tant d'amour. D'ailleurs, la preuve qu'elle va se réveiller, c'est que nous chuchotons. Et empilons les cadeaux dans un débarras, qu'elle n'aille pas tomber dessus avant l'heure dite, surtout. Et puis on sonne à la porte, et c'est Interflora, le premier bouquet d'anniversaire livré à domicile ! Brusquement, il en arrive de partout, des bouquets. C'est que maman a beaucoup d'amis, et comment pourraient-ils deviner qu'elle a profité de son anniversaire pour s'éclipser ?

On devrait pleurer, mais on se surprend à sourire, et même à rire. Pensez, toutes ces petites cartes épinglées sur le papier Cellophane, pleines de souhaits de longue vie, ponctuées de points d'exclamation et de baisers tendres, le jour où justement elle a décidé de mettre la clé sous la porte !

— Qu'est-ce qu'on va faire de toutes ces fleurs ? s'inquiète ma sœur Emmanuelle, certainement la plus pragmatique d'entre nous.

— Mettons-les dans sa chambre, qu'elle en profite, dis-je.

Et jamais cette chambre n'a été si délicieusement parfumée, si joyeuse.

— Et qu'est-ce qu'on va faire du gâteau d'anniversaire ? s'inquiète une voix d'enfant.

— Eh bien, on va le manger, tiens ! s'écrie Ariane, que rien ne démonte jamais.

C'est un gâteau que nous a préparé la mère d'Alicia, la dame d'origine polonaise qui tient mon appartement et est devenue au fil des années une amie intime, un gâteau énorme et coloré comme seuls les Polonais savent en confectionner.

Nous faisons le repas d'anniversaire, dévorons le gâteau, et l'après-midi, tout en recevant les amis de maman qui arrivent eux aussi les bras chargés de cadeaux – et tombent des nues ! –, nous commençons à organiser les obsèques.

Cette nuit-là, nous restons à deux ou trois dormir dans le salon pour ne pas laisser maman toute seule.

Et le lendemain, dimanche, nous nous retrouvons tous chez elle.

Depuis quelques années, elle regrettait amèrement les fameux déjeuners dominicaux bien français.

— Il faut vivre avec son temps, maman, lui disais-je, les déjeuners du dimanche c'est fini. Ça embête tout le monde.

— Tu dis des bêtises, ma chérie. Je peux te citer Unetelle et Unetelle dont les enfants viennent déjeuner tous les dimanches.

— Oui, eh bien, nous, on a autre chose à faire.

— C'est bien ce que je vous reproche !

Et voilà que maman morte, on ne trouve rien de mieux que d'organiser le déjeuner dominical...

— Elle doit être contente, dis-je stupidement, c'est dimanche et pour une fois nous sommes tous là !

En sortant de table, nous nous mettons tout naturellement à ouvrir les armoires. Cette fois, ça y est, nous avons compris qu'elle ne reviendrait pas, et qu'il nous appartient désormais de mettre de l'ordre dans ses affaires. Alors il se passe une chose magnifique, que jamais je n'oublierai : chacun s'avance dans la mémoire de notre mère, mais avec son âme d'enfant en bandoulière, soucieux de découvrir les clés d'une relation qui n'a pas toujours été facile, loin de là. Nous répartissons les lettres selon qu'elles évoquent l'un ou l'autre, les photos, les souvenirs… Je songe combien Anne, la mal-aimée, doit être soucieuse de trouver une explication à cette injustice, ou mieux : un mot de maman à son propos susceptible de la réconforter. Le trouve-t-elle ? Je ne le crois pas, malheureusement. Mais bientôt chacun est dans son coin, le nez plongé dans son petit tas de papiers. Pour ma part, je suis tombée sur une multitude d'articles de presse, portraits et critiques, soigneusement découpés et rangés chronologiquement, de mes débuts à Aubervilliers dans *Andorra* avec Gabriel Garran, au *Barrage contre le Pacifique* avec le même Garran. Maman était donc curieuse de ce qui s'écrivait sur mon compte ! Quelle fierté soudain ! Quel bonheur ! Alors il me revient qu'un soir, sortant d'une pièce où je jouais, elle m'avait lancé cette phrase : « Tu sais, j'ai oublié que tu étais ma fille ! » Quel plus beau compliment adresser à son enfant devenu comédien ?

J'écrivais que le cinéma ne me proposait plus grand-chose, mais il me revient soudain qu'en ce mois de janvier 2001, quelques jours après la mort de maman, je m'envole pour un tournage au Maroc. C'est un film du réalisateur marocain Souheil Ben Barka, *Les Amants de Mogador*. Le scénario ne m'a pas convaincue, en d'autres temps j'aurais sans doute refusé de m'embarquer dans cette aventure, mais Vadim est mort depuis à peine un an et je me soigne par le travail.

Et puis Mogador (aujourd'hui Essaouira), c'est *Le Soulier de satin*, n'est-ce pas, cette scène sublime sur le bateau où doña Prouhèze retrouve don Rodrigue, son amant qu'elle perdra à jamais. Rien que pour cela j'aurais dit oui à un film portant ce titre.

Le tournage est décevant, brouillon, bâclé, mais j'y retrouve trois hommes que j'aime, Claude Rich, Bernard Fresson et Max von Sydow, l'acteur de Bergman. Tous les trois sont également sceptiques, mais nous choisissons d'en rire, et ces deux mois au Maroc deviennent une extraordinaire parenthèse pour moi.

Cependant, je n'ai pas dit l'essentiel : le sentiment d'apaisement qui m'a saisie à l'instant où je suis arrivée à Essaouira. J'en aurai l'explication deux années plus tard, en revenant à Essaouira accompagnée d'une jeune actrice marocaine.

— C'est étrange comme je me sens bien dans cet endroit, lui dirai-je.

Et elle :

— Je ne devrais peut-être pas te le révéler, mais on dit chez nous que les veuves viennent à Essaouira pour trouver la sérénité, et parfois un nouveau mari, aussi. On dit que c'est un lieu de consolation qui permet de renouer avec la vie.

Tandis que nous jouons *Liturgies pour un monde de paix*, je donne également une lecture spectacle George

Sand-Chopin avec le talentueux pianiste Yves Henry. On m'avait sollicitée durant l'été 1999 pour une première lecture en Bretagne, et devant le succès rencontré, nous avons poursuivi notre George Sand-Chopin un peu partout en France, et notamment à Nohant (Berry) dans la maison de George Sand.

Au fil des spectacles, je suis devenue une familière de George Sand dont j'ai fini par lire l'œuvre complète. Et je suis tombée amoureuse de son univers, en particulier de sa maison de Nohant. Il faut y aller pour toucher des yeux l'âme de cette écrivaine. Un siècle et demi après sa mort, rien n'a été changé dans sa maison, la table est restée dressée avec les noms des invités du jour, de sorte qu'on a le sentiment que George Sand pourrait apparaître d'une seconde à l'autre.

Cette lecture-spectacle m'a permis de connaître Alain Duault, journaliste musicologue qui a l'idée, en 2004, pour le bicentenaire de George Sand, d'écrire un spectacle mettant en scène un journaliste (lui) qui vient interviewer George Sand un an après la mort de Chopin. Nous jouons ce nouveau spectacle – *George Sand, une passion flamboyante* – à travers toute la France, avec toujours Yves Henry au piano. Et nous le donnons naturellement au festival de Nohant, dont je suis finalement devenue la présidente d'honneur, après Jean-Claude Brialy.

On connaît maintenant mon intérêt pour les spectacles mêlant littérature et musique, et les idées, comme les propositions, affluent.

C'est moi qui exprime par exemple le désir de monter quelque chose autour du livre de la musicologue Esther

Meynell, écrit dans les années 1920 : *La Petite Chronique d'Anna Magdalena Bach*. J'étais attirée par ce texte qui raconte avec sensibilité la vie quotidienne des Bach, le regard amoureux d'Anna Magdalena sur Jean-Sébastien qui lui donna treize enfants, l'amoureux, le père, l'artiste et le professeur qu'il fut.

La musique tenait une grande place dans ma vie depuis mon enfance, mais je ne créais rien à partir d'elle, je me contentais de m'asseoir et de l'écouter. Avec la naissance de ces spectacles, je la fais entrer dans ma vie artistique et je l'associe étroitement aux textes que j'aime, ou découvre. J'en viens à voir la littérature, puis bientôt le monde entier, à travers le prisme de la musique.

Pour ce spectacle que j'imagine, et que nous appellerons *Carnets intimes d'Anna Magdalena Bach*, je m'associe avec Jean-Philippe Audoli, le premier violon du Quatuor Ludwig. À chacune de nos séances de travail, il arrive avec plusieurs morceaux de Bach qu'il me joue, et c'est à moi de découvrir les pages d'Esther Meynell qui vont s'accorder à cette musique. Ou nous faisons le contraire, je lui donne lecture des textes que j'ai retenus, et il me propose des extraits de Bach qui, à son sens, pourraient porter le texte. C'est plus qu'un accord intellectuel que nous cherchons, un accord musical. Nous sommes dans une recherche d'émotion artistique, et l'un ou l'autre pouvons dire : « Voilà, après ce morceau, c'est cette page qu'il faut lire. » Si nous partageons cette impression, nous essayons. Parfois, nous y sommes, c'est un moment de grâce extraordinaire, et nous pouvons avancer. Parfois, cela sonne faux, et il faut tenter autre chose.

Nous parvenons à créer un dialogue théâtral où le texte suggère la musique, où la musique annonce le texte, où l'un et l'autre inventent une harmonie pour nous raconter, deux siècles et demi après la disparition des Bach, quelle fut l'âme de cette famille. Les tablées joyeuses, les nuits où un enfant pleurait et où Magdalena demandait à Jean-Sébastien, qui jamais ne s'énervait, de bien vouloir chanter une berceuse à l'enfant et où Jean-Sébastien lui jouait plutôt quelques notes d'une douceur inimaginable. « On a eu le sentiment de l'entendre bercer cet enfant », nous diront des spectateurs bouleversés.

En 2007, je fais ma première expérience de mise en scène avec *La Vie passionnée et douloureuse de Robert et Clara Schumann*, un texte de Jacques Beauvois. Ce sont les deux comédiens, Anne Constantin et Jean-Louis Cassarino, qui sont venus me chercher. Anne Constantin est une magnifique pianiste, capable de passer sur scène avec beaucoup de talent du piano à la comédie, de la musique au texte. Jean-Louis Cassarino incarne un Robert Schumann fragile, douloureux et passionné. Bref, ce sont deux grands artistes, et nous obtenons un très beau succès au Festival d'Avignon qui nous encourage à poursuivre.

Plus tard, c'est ma rencontre avec Pascal Contet, accordéoniste de génie, qui nous permet de créer ensemble *Au-delà de l'horizon*, un voyage à travers le monde, à travers la vie, avec des textes de Louise de Vilmorin, Georges Perec, Nicolas Bouvier, Albert Londres, Victor Hugo et bien d'autres... Pourquoi voyageons-nous ? Qu'est-ce qui nous attire derrière l'horizon ? Porteur d'espoir et de joie pour certains, le départ peut être une peine inconsolable pour ceux qui doivent tout quitter… Qui saurait nous dire où est notre avenir ? Et qu'allons-nous faire de toutes les questions qui continuent de nous hanter cependant que le temps passe et que la vie s'amenuise ? Pascal Contet improvise selon ce que lui inspire le texte qu'il m'entend dire. Il joue du François Couperin, du Luciano Berio, du Bruno Mantovani. Nous voyageons de même avec ce spectacle, rencontrant une émotion particulière lorsque le public, comme dans certains pays d'Afrique, se sent proche des thèmes que nous développons autour du départ, de l'exil, ou encore du chagrin de ceux qui restent.

Puis on me demande un *Malraux*, et je me replonge dans ses livres. Je suis de nouveau bouleversée par *L'Espoir* dans lequel je puise les textes que je lirai. Cette fois, je m'entoure de ma sœur Anne, au piano, et d'une flûtiste extrêmement talentueuse, Claire Sala. Quand je décide de reprendre le fameux discours sur Jean Moulin, on me fait discrètement comprendre que j'ai tort, que certains textes de la grande Histoire, et celui-ci en particulier, sont intimement liés à la voix qui les a prononcés, et que je risque de choquer, voire de nous couper du public. Mais je ne veux pas entendre. Il me semble impossible d'évoquer Malraux sans donner une place particulière à cet hommage à Moulin que nous avons tous en mémoire. Anne et Claire Sala ont l'idée de recourir à Schubert, nous tâtonnons, puis nous approchons, et enfin nous sommes certaines d'être justes.

À la fin du spectacle, toute la salle est en larmes. Et nous aussi, de reconnaissance.

28.

Un cancer du sein.

La nouvelle tombe pratiquement le jour de mon anniversaire, au milieu du mois de mars 2004. Vous venez pour la rituelle mammographie, puis vous retournez patienter au salon, le nez dans un magazine féminin écorné, en attendant qu'on vous libère. Quand on vous appelle, vous avez déjà oublié la raison de votre présence dans un tel endroit.

De sorte que vous êtes sidérée que les choses ne se passent pas exactement comme la fois précédente.

— Rien de véritablement inquiétant pour le moment, entendez-vous, mais nous souhaiterions pratiquer une biopsie. Quand pourriez-vous revenir ?

— Une biopsie ? Eh bien... la semaine prochaine, si vous voulez.

— Vous ne pouvez pas plus tôt ?

Le lendemain, vous êtes de retour.

Et la semaine suivante, le médecin vous annonce que vous avez un cancer.

Je me souviens de tout ce qui m'a traversée en apprenant la nouvelle. J'ai immédiatement pensé à Vadim.

Songé qu'au-delà du temps j'allais suivre le même chemin que le sien, mettre mes pas dans les siens, et cela m'a rempli le cœur et l'esprit d'une sourde satisfaction, inexprimable, une forme de reconnaissance envers le ciel, comme si peut-être j'avais espéré secrètement cet événement pour me rapprocher de lui.

Puis la curiosité a pris le relais. Cette curiosité pour mon petit destin qui ne me lâche pas depuis l'enfance et qui fait que toujours je me suis félicitée d'être différente des autres. « Te voilà donc, pour tes soixante ans, frappée d'un cancer ! me suis-je dit. Certes, c'est embêtant, mais c'est également singulier, intéressant, tu ne peux pas le nier. En tout cas, c'est dans de telles circonstances qu'il nous est donné d'éprouver notre sang-froid, notre courage, et aussi notre capacité à gérer ce qui ne dépend pas de nous. »

Ces paroles énoncées, dans l'habitacle de ma vieille Renault, et tandis que je regagnais mon appartement, je suis revenue à Vadim. J'avais évité de repenser jusqu'à présent au calvaire que lui ont imposé les médecins. Certes, il avait survécu deux années et demie à son cancer, mais sur ces deux années et demie, deux n'avaient été qu'un long cauchemar, entre chirurgie et chimiothérapie, si bien qu'il n'avait eu que six mois d'heureux. Or ces six mois, il les aurait eus de la même façon si on ne l'avait pas soigné.

« Conclusion, me dis-je, arrêtée au feu rouge si demain on m'annonce que mon cancer ne peut être circonscrit au sein, je refuserai qu'on me soigne. Je me satisferai du minimum pour ne pas souffrir. Et point final. »

On me prend un rendez-vous avec le chirurgien qui doit m'opérer, et trois jours plus tard l'homme me reçoit.

— Que diriez-vous d'une intervention la semaine prochaine ?

— Ça ne va pas être possible. La semaine prochaine, je joue tous les soirs.

Je mène alors de front *Liturgies pour un monde de paix* et *George Sand, une passion flamboyante*.

— Alors quand seriez-vous libre ?

— À la fin du mois, docteur, pas avant.

— Vous me surprenez, la plupart des femmes dans votre situation souhaitent être opérées le plus vite possible.

— La tumeur va-t-elle doubler de volume si on attend trois semaines ?

— Non.

— Alors je préfère attendre plutôt que d'annuler des spectacles.

Le chirurgien ne s'en doute pas, mais moi aussi je me surprends. Je n'ai pas peur, je me sens extrêmement sereine. Ce cancer ne m'empêche ni de jouer ni de dormir. Je crois que je suis bien trop intéressée par la vie pour que quoi que ce soit, y compris un cancer, ait la force de m'en détourner. Au fond de moi, je dois sans doute avoir la certitude qu'il ne fait pas le poids.

J'ai tenu le secret, je me suis bien gardée d'en parler autour de moi. Je déteste tellement être plainte ! Mais le week-end qui précède l'opération, prévue le lundi 26 avril, j'invite à déjeuner David et Ariane. Et au milieu du repas, je glisse :

— Ah ! au fait, je vais être opérée lundi d'un cancer du sein.

— Mais maman…

— Pas d'inquiétude, tout va bien.

— Depuis quand sais-tu que tu as un cancer ?

— Je ne sais pas… Un mois peut-être.

— Et c'est aujourd'hui que tu nous l'annonces !

— Si ç'avait été grave, je vous aurais prévenus. Et maintenant, regardez ce que j'ai prévu pour le dessert…

Ils sont un peu déconcertés, oui, sans doute, mais je ne donne aucune prise à l'angoisse, je ne laisse aucune place à la compassion et à son triste cortège d'images et de souvenirs.

Depuis le nouveau siècle, ils ont eu leur comptant pour ce qui est des morts : Vadim, le 11 février 2000, Philippe Toscan du Plantier, leur oncle, deux mois après Vadim, ma mère, leur grand-mère, le 6 janvier 2001, leurs deux grands-parents Toscan, en 2001 et 2002, Michel Boisrond, qu'ils adoraient, le 10 novembre 2002, et, trois mois plus tard seulement, le 11 février 2003, leur père, Daniel, foudroyé à soixante-deux ans d'une rupture d'anévrisme en plein Festival de Berlin. Alors surtout, surtout, éviter qu'ils établissent des ponts et cèdent à la fatalité.

L'opération se déroule parfaitement. Je l'ai programmée au début d'une semaine creuse, si bien que je n'ai pas eu à annuler de spectacles. Mon retour à la maison est prévu pour le jeudi soir.

— Vous faites quoi en fin de semaine ? s'inquiète mon chirurgien.

— Je joue dimanche en Suisse.

— Très bien, alors je vais vous garder un jour de plus pour être certain que vous vous reposiez.

Le séjour en Suisse n'est pas facile, je suis plus fatiguée que je ne l'avais prévu et ma cicatrice est douloureuse. Mais je sais bien qu'une fois sur scène l'émotion et l'excitation sont telles qu'on ne souffre plus de nulle part.

Ensuite, la cicatrisation finie, commence la radiothérapie : six semaines, à raison d'une séance par jour. Or, en plus de mes spectacles qui me prennent pratiquement tous les soirs, j'ai accepté de jouer dans un très joli téléfilm, *Parlez-moi d'amour*, de Lorenzo Gabriele, aux côtés de Jean-Luc Bideau et Julie Judd. Le tournage a lieu en Suisse, mes spectacles aux quatre coins de la France : comment mener tout ça de conserve tout en passant une fois par jour par la clinique Hartmann, à Neuilly, pour y subir une séance de radiothérapie d'environ deux minutes ?

La clinique exige théoriquement que ses patients soient présents chaque jour à la même heure, mais ils comprennent rapidement qu'avec moi ça ne va pas être possible. Ils auraient pu s'énerver, m'envoyer promener, mais non, pas du tout.

— Eh bien, tant pis, me disent-ils, venez quand vous pouvez et on tâchera de vous prendre immédiatement pour que vous puissiez repartir aussitôt.

Je jongle avec les horaires d'avion et de train, suspendue en permanence à mon téléphone :

— Demain, mercredi, il faudrait que je vienne très tôt, parce que je joue le soir même à Ramatuelle.

— Venez à huit heures.

— En revanche, après-demain, je ne pourrai pas être

là avant le soir, je suis toute la journée en tournage à Genève.

— Bon, ce n'est pas idéal, mais c'est mieux que pas de séance du tout…

Je leur rapporte des chocolats, je les embrasserais, leur souplesse et leur gentillesse me permettent de tenir la dragée haute à mon cancer : certes, il me dérange, il me fait courir, mais je ne lui ai rien sacrifié, ce n'est pas lui qui dirige ma vie, c'est toujours moi. Et ça, c'est essentiel à mes yeux.

Je ne sais plus ce que je raconte sur le tournage pour justifier mes allers et retours frénétiques. Seule la costumière est dans la confidence parce que j'arrive invariablement avec la cible qu'a dessinée sur mon sein (à l'encre indélébile) le radiothérapeute. Elle s'en arrange, trouve chaque fois une astuce pour cacher les pointillés. Et la vie continue.

Le sein à peine guéri, c'est le genou qui prend le relais. J'en viens bientôt à ne plus pouvoir traverser la rue sans gémir comme une bête blessée. Je me bourre de calmants, mais marcher n'en reste pas moins une torture.

Je vois plusieurs médecins, on me fait toutes sortes d'examens, des infiltrations qui ne servent à rien, jusqu'à ce qu'un rhumatologue tranche pour l'opération.

Nous sommes alors en juin 2006, à la veille du Festival d'Avignon et d'une saison 2006-2007 où je n'ai déjà pratiquement plus une soirée de libre.

— Il va falloir attendre quelques mois, dis-je, parce que là je n'ai pas le temps pour une opération.

— C'est vous qui voyez, madame, ce n'est pas moi qui souffre.

Et pour souffrir, je souffre, au point d'en pleurer toute seule, parfois. Il n'y a que la scène qui a le pouvoir quasi miraculeux de m'anesthésier.

En attendant, je me mets discrètement en quête d'un chirurgien qui me plaise. C'est une opération lourde, qui va nécessiter de me greffer une prothèse : je ne veux pas confier le remplacement de mon genou usé à n'importe qui et prendre le risque de terminer infirme.

Et voilà comment je découvre mon chirurgien.

Cet été 2006, je viens passer quelques jours à Saint-Tropez chez Catherine Schneider. Un soir, nous sommes invitées chez des gens que nous connaissons peu.

— Oh ! là là, me dis-je en arrivant, ça va être difficile, je ne connais personne…

Nous sommes à peine assises, cependant, qu'un homme extrêmement sympathique vient nous rejoindre – comme pour infirmer tout ce que je m'étais stupidement mis en tête.

— Marie Christine Barrault ! Je suis heureux de vous rencontrer…

La conversation s'engage agréablement, jusqu'au moment où j'en viens à lui demander ce qu'il fait dans la vie.

— Chirurgien.

— Ça alors ! Vous ne connaîtriez pas un spécialiste du genou, par hasard ?

— J'en suis un, j'opère énormément de genoux. Pourquoi me demandez-vous ça ?

Un mois plus tard, nous nous retrouvons à Paris dans son cabinet.

— Quand voulez-vous que je vous opère ?

— Le 21 mai.

— Pardon ? Nous sommes en septembre, pourquoi le 21 mai ?

— Parce que je ne suis pas libre avant. Et pour vous, ca irait ?

Il se retient de rire.

— Voyons, c'est dans huit mois, je pense pouvoir me libérer...

Voilà donc le rendez-vous pris. Je suis confiante et contente.

À l'occasion d'un spectacle à Granville avec le Quatuor Ludwig, j'avais repéré un centre de rééducation sur la mer, en face du casino où nous jouions.

— Et pour ma rééducation, dis-je, j'aimerais aller à Granville.

— Vous avez bon goût, me rétorque-t-il, c'est ce qu'il y a de mieux.

Je n'oublierai jamais mon arrivée à Granville, équipée de mon genou tout neuf. Le directeur me reçoit très aimablement à ma descente d'ambulance.

— Je suis là jusqu'au 15 juin, lui dis-je.

Alors lui, soudain glacial :

— Depuis quand est-ce que ce sont les patients qui décident de la durée de leur séjour ? Vous êtes là jusqu'à ce qu'on vous donne la permission de repartir.

— Heu... oui, bon, d'accord. Mais enfin ça serait tout de même bien que je parte le 15 parce que je joue le 16.

— Eh bien, nous verrons, tout dépendra des progrès de votre rééducation.

De mémoire de kinésithérapeutes, je pense qu'on n'avait jamais vu patiente plus assidue que moi. Tous les matins dans la piscine, puis séance de kiné, puis ateliers, puis retour à la piscine, puis reséance de kiné. J'ai demandé et obtenu qu'on place dans ma chambre le succédané de vélo destiné à faire fonctionner mon genou, et à chaque seconde de libre je m'y installe. Quand je veux varier les plaisirs, je prends mes quartiers dans l'escalier que je grimpe et descends consciencieusement. Je progresse, je me détends, j'ai largement le temps de lire le soir – il me semble que depuis la mort de Vadim, sept ans plus tôt, jamais je ne me suis sentie si bien, si confiante en la vie, si désireuse d'entreprendre.

Non seulement je m'en vais le 15 juin, mais je pars de Granville... au volant de ma voiture !

Et c'est alors que le théâtre, ma grande passion, me fait un immense cadeau avec la proposition qui m'est faite d'interpréter la marquise de Maintenon, dans *L'Allée du Roi*, d'après la biographie de Françoise Chandernagor. C'est un rôle immense qui m'est offert : être seule sur scène durant deux heures pour incarner toute la vie d'une femme peu ordinaire, née en prison, pauvre et mendiante à seize ans sur l'île de Marie-Galante, puis épouse du poète libertin Paul Scarron, avant de devenir, à son veuvage, la maîtresse, puis l'épouse de Louis XIV. À la mort de celui-ci, elle se retire à Saint-Cyr, la maison qu'elle avait fondée pour l'éducation des jeunes filles nobles mais sans fortune, où elle mourra.

Mise en scène par Jean-Claude Idée, j'ai quatre-vingt-quatre ans quand le rideau se lève. Mais un instant plus tard, le temps d'une pirouette, j'en ai dix-huit.

Puis je fais ainsi des allers et retours, me jouant de l'âge et du temps, parvenant à être tous les personnages d'une vie, toutes les émotions, *toutes les voix* d'une vie.

L'accueil est chaleureux, cela me remplit de fierté, et au fond de moi j'offre toutes ces belles critiques à Geneviève Rex, morte le 24 août 2002, et dont je me sens orpheline, comme d'une mère. Geneviève qui m'a accouchée, qui ne m'a pas lâchée, et sans laquelle jamais je n'aurais su porter ce rôle. J'aurais tellement aimé qu'elle soit présente à notre première, comme elle le fut à la création de tous mes rôles !

Tandis que je suis tous les soirs Mme de Maintenon au Théâtre Daunou à Paris, je me libère le plus possible pour me rendre certains jeudis matin à Bourges, à la Fondation Abbé-Pierre pour le logement. J'ai accepté l'invitation qui m'a été lancée d'apporter ma contribution à l'une des vingt-sept « boutiques de solidarité » créées par la Fondation. Ces « boutiques » sont des lieux d'accueil de jour pour des personnes en grande précarité. À chacune d'inventer son programme : cela peut aller de simples repas chauds, accompagnés de quelques instants d'écoute et de réconfort, d'aide administrative aussi, à des initiatives plus ambitieuses. La « boutique » de Bourges, qui est animée par des personnes exceptionnelles, Sylvie, Claudy et sa présidente, Bernadette, a de grandes ambitions pour ses visiteurs. Nous réfléchissons à un projet qui permettrait à chacun de mettre en valeur ses qualités et, songeant évidemment à mon propre parcours, nous envisageons ensemble une approche théâtrale – où serais-je aujourd'hui sans le théâtre, sans les mots pour exprimer ce que j'imaginais indicible au temps lointain de mon enfance ? Où serais-je ? Donnons-leur l'accès aux mots, nous disons-nous, à la création, à cette chose que nous appelons « culture », et qui nous permet d'échapper à notre condition en nous fournissant des ailes. Nous sommes tous les trois profondément d'accord pour estimer que moins on a de richesses matérielles sur cette terre, plus on a besoin de culture.

Ainsi naît l'idée de créer un atelier d'écriture, qui sera suivi d'une mise en jeu, sur scène, des différents textes qui sortiront du travail des participants.

Nous leur proposons d'écrire ce qui leur tient à cœur, ce qui leur passe par la tête, ça peut être autobiographique, mais ça peut être aussi une histoire tout à fait fantaisiste, sans aucun lien avec leur propre vie.

— Et à quoi ça va nous servir, tout ça ? s'étonne un matin Véronique, un peu en colère, me semble-t-il.

— Je ne sais pas. Mais si nous avons la force de mener le projet jusqu'au bout, je suis certaine qu'à l'arrivée aucun de nous ne sera plus le même.

Et je repense secrètement à ce qu'a été Geneviève Rex pour moi. Dans quel état elle m'a trouvée, trente ans plus tôt, et l'immense travail que nous avons accompli ensemble. Je sais que sans elle, sans ce travail qui a fait de moi une autre, jamais je n'aurais pu jouer *L'Allée du Roi*.

Nous démarrons comme ça, cahin-caha. Bientôt, nous sommes sept ou huit. Je remarque qu'en dépit de leurs conditions de vie très difficiles les participants font un effort pour se présenter toujours décemment habillés et le visage soigné. Au début, certains manquent notre rendez-vous, sans bien mesurer, sans doute, combien leur absence désorganise notre travail. Mais malgré tout nous avançons.

Je me rappelle l'étonnement de Brigitte, l'une des fidèles du groupe.

— Vous venez de Paris rien que pour nous, Marie Christine ?

— Eh bien, oui, rien que pour vous. Et pour ne pas vous faire attendre, je me lève à cinq heures du matin pour attraper mon train, alors que je me suis couchée à deux heures.

Des liens de confiance et d'amitié commencent à nous lier. Ça y est, nous nous connaissons, nous savons un peu mieux comment nous parler, nous avons repéré nos sensibilités mutuelles, nos fragilités, l'humour de l'un, la susceptibilité de l'autre, et c'est maintenant un réel plaisir de nous retrouver tous ensemble. Nous bavardons sans retenue, nous rions beaucoup, et parfois nous nous engueulons. Mais le travail avance.

Ils tâtonnaient au début – à présent aucun des textes qu'ils écrivent ne peut laisser indifférent. Ce sont des contes philosophiques dotés d'une grande force d'évocation, ou des récits extravagants, pleins de poésie, qui peuvent s'apparenter à des rêves.

Au fil des mois, nous prenons mieux conscience de l'importance du travail que nous menons. Nous espérions que tout cela déboucherait un jour sur un spectacle, et le rêve se matérialise grâce à Chantal, une scénographe.

Nous commençons à répéter. Les textes ont été choisis, appris, disposés de telle façon qu'ils se font écho, ou se donnent la réplique, et chacun des auteurs apparaît sur scène pour interpréter son histoire en y mettant toute sa force de conviction, toute son émotion. Et le miracle qui s'attache à un moment à toute création se produit : nous sommes touchés et fascinés par ce que nous avons accompli. L'œuvre est là, qui maintenant nous échappe, avec cette grâce mystérieuse que nous avions tant espérée.

Le vendredi 26 mars 2010, après quatre jours de répétitions intenses, la troupe se donne enfin sur la scène du théâtre de Bourges. La salle est pleine, toutes les places ont été vendues, et ce soir-là nous passons tour à tour du rire aux larmes.

Quelques jours plus tard, nous reprenons le spectacle au théâtre de Vierzon, celui-là même où ils sont venus me voir jouer dans *Les Monologues du vagin* quelques semaines plus tôt. Et de nouveau ils font un triomphe.

Aujourd'hui, nous nous interrogeons sur la meilleure manière de prolonger cette réussite. Faire tourner ce spectacle ? En témoigner ici et là ? Présenter le film qui a été tourné tout au long de l'expérience et dont le montage est en cours ?

Entre-temps, le cinéma est revenu à moi. On ne m'avait plus offert que des rôles très discrets depuis la mort de Vadim, et jamais je ne serais allée réclamer quoi que ce soit. Je trouve pathétique, à mon âge, de quémander un rôle auprès d'un réalisateur. S'il ne pense pas à moi, me dis-je, c'est qu'il n'a pas envie de travailler avec moi. Je ne vais pas me ridiculiser en l'appelant, et le mettre dans la situation impossible de me répondre que la place est déjà prise mais que la prochaine fois peut-être, etc. Or voilà que n'ayant rien demandé je reçois un coup de téléphone de Christophe

Honoré, jeune réalisateur, romancier et dramaturge, dont j'ai lu *L'Infamille*, roman paru dix ans plus tôt, et dont j'ai vu le dernier film, *Les Chansons d'amour*[1].

Christophe Honoré veut me rencontrer, et je le reçois chez moi. Avec cette simplicité bienveillante qui est sa marque, il me raconte à grands traits son prochain film, le portrait d'une jeune femme, Lena, qu'incarnera Chiara Mastroianni, épouse et mère dont la vie chancelle, la quarantaine approchant, et qui se retrouve avec ses deux jeunes enfants parmi les siens, dans la maison de famille bretonne, le temps d'un bref séjour. La mère, le père, la sœur, tous n'ont qu'un souci : le bien de Lena, la vie de Lena. Or, on devine que la jeune femme, indécise et fragile à ce moment de sa vie, ne survivra qu'à la condition de s'affranchir d'eux. Dans le concert de ces voix qui se veulent toutes bienveillantes, domine celle de la mère, matriarche redoutable, catholique non dénuée de perversité, dont le rôle me serait dévolu.

Je n'ai pas encore lu le scénario que déjà je veux être cette femme. Parce que j'en pressens tous les ressorts secrets, songeant peut-être à ma propre mère, mais plus généralement à la nocivité de tant de ces mères qui se sentent investies d'une vérité, d'un sens du devoir qui ne seraient pas négociables. Et qui, voulant faire le bien de leurs enfants, achèvent consciencieusement de les détruire.

— Qu'est-ce que je peux faire, dis-je, pour vous donner envie de faire ce film avec moi ?

Et lui :

— Si je suis ici, c'est que j'en ai déjà envie. Mais je dois inventer cette famille, et avant de vous dire oui je

1. *L'Infamille*, Éditions de l'Olivier, 1997. *Les Chansons d'amour*, 2007.

dois m'assurer que vous vous sentirez bien avec Chiara Mastroianni, et que Chiara sera à l'aise avec vous. Ce couple mère-fille est-il plausible ? Il faut l'essayer.

C'est ce que nous faisons quelques jours plus tard.

Cette fois, j'ai bien lu le scénario, et Chiara aussi, qui vient chez moi accompagnée de Christophe Honoré.

Devant sa petite caméra, nous interprétons quelques scènes choisies ici et là dans le scénario. Le résultat est tout à fait satisfaisant. Tant Chiara que moi nous sentons à l'aise, et prêtes à endosser l'infinie complexité de nos personnages respectifs.

Quelques mois plus tard démarre le tournage de *Non ma fille, tu n'iras pas danser*, qui sera présenté au Festival de Cannes 2009, dans la sélection « Un certain regard ».

Ce film de Christophe Honoré, c'est à mes yeux un cadeau du destin, oui. Mais ce cadeau n'est pas le fruit du hasard. Si j'ai tellement aimé que ce jeune cinéaste vienne me chercher, moi qui ai soixante-quatre ans, c'est que j'y vois le résultat de toute une vie de travail. On sème inlassablement des petits cailloux derrière soi au fil des années, et soudain quelqu'un qui est bien plus jeune que vous, qui ne vous a jamais croisé(e), ramasse un de ces petits cailloux et vient sonner à votre porte. Je devine que Christophe Honoré n'aurait sans doute pas pensé à moi s'il n'avait pas eu en mémoire *Ma nuit chez Maud*, mon premier film, tourné deux ans avant sa naissance. Il n'y a apparemment aucune filiation entre la jeune fille pieuse de *Ma nuit chez Maud* et la matriarche catholique et bretonne de *Non ma fille*, et pourtant Christophe Honoré a dû, consciemment ou non, établir un pont entre les deux femmes puisque dès notre première rencontre il s'est soucié de mon rapport à la religion.

— Je vais vous poser une question indiscrète, Marie Christine : avez-vous la foi ?

— Oui.

— Alors ça me va très bien pour le personnage.

La jeune fille de *Ma nuit chez Maud* avait la foi, il le savait, et tant d'années après il était satisfait de constater que pour une part je continuais de me confondre avec le personnage d'Éric Rohmer.

Oui, toute sa vie on sème des petits cailloux, à travers des créations artistiques, mais aussi à travers nos enfants, nos relations amoureuses, nos amitiés... Toutes ces empreintes laissées en chemin continuent d'incarner ce que nous avons été, et elles décident ainsi de notre devenir, de ce que seront les dernières années de notre vie. Rien ne meurt complètement, rien ne s'efface de ce qui a existé, et on peut être sûr que ce qu'on a semé de plus beau continuera à engendrer de la beauté.

C'est en cela que je ressens comme un cadeau le beau film de Christophe Honoré, ou encore le petit texto de ma fille Ariane à laquelle je venais de dire tout mon amour, et surtout mon admiration pour la manière intelligente, libre et généreuse dont elle mène sa vie : « Merci maman, heureusement que les mères sont là... Pour les compliments, et le modèle surtout ! »

Saint-Tropez, juin 2010.

Vanessa se marie ! Un événement qui nous met à tous le cœur en joie. C'est Catherine Schneider qui lui a proposé que la fête soit tropézienne. Non seulement elle a mis sa maison à notre disposition, mais elle nous a tous réunis. Tous les Plemiannikov sont là. La dernière fois que nous nous sommes embrassés dans ce même lieu, c'était dix ans plus tôt, pour l'enterrement de Vadim au cimetière marin, en contrebas de la maison (on peut voir sa tombe depuis la terrasse).

Fête merveilleusement réussie. Tous les êtres qui ont traversé la vie de Vadim et compté pour lui ont fait le voyage : enfants, ex-femmes, ex-conjoints des ex-femmes ! Une cinquantaine de personnes, famille et amis de toujours. Et miraculeusement, nous semblons tous à notre place. Des fleurs, des souvenirs, une émotion à couper le souffle.

C'est que Vadim est bien là, au milieu de nous. Nous sentons tous sa présence, les larmes affleurent, recouvertes par la joie de réaliser l'héritage qu'il nous a laissé : cette capacité à nous aimer, à continuer de nous aimer à travers sa mémoire, plus vivante que jamais.

Cet ouvrage a été composé et imprimé par
CPI Firmin Didot
Mesnil-sur-l'Estrée en octobre 2010

Imprimé en France
Dépôt légal : octobre 2010
N° d'édition : 1791/01 – N° d'impression : 101563